子会社事業の被害者に対する
親会社の不法行為責任

木下岳人
Taketo Kinoshita

商事法務

はしがき

　本書は、大学院に在籍中に執筆した博士論文に、大幅な加筆・修正を加えたものとなります。

　本書のテーマは、表題どおり「子会社の事業活動により第三者に加害結果が生じた場合、（子会社のみならず）親会社も被害者に対して不法行為責任を負う場面があるのではないか」というもので、これはリーズ大学へ留学中に履修した会社法の授業のエッセイ課題でもありました。当時の英国では、子会社の危険な活動に関する親会社の注意義務違反を認め、被害者に対する不法行為責任の成立を肯定した Chandler 事件判決を皮切りに、同種事件の判決がたて続けに現れており、大きな注目を集めていたのです。

　私自身、弁護士業務を通じて株主と債権者間の利害調整に関心をもっていたことから、このテーマを非常に面白く感じました。もっと掘り下げたかったのですが、運悪く新型コロナウィルスにより街も大学もロックダウンとなったため、帰国を前倒しにせざるを得ませんでした。どうしても心残りが拭えず、日本でも勉強を続ける道を模索したところ、社会人学生として京都大学に受け入れていただくことができました。

　事務所に復帰してからの数年間は、海外子会社や取引先における人権リスクへの対応に関連したご相談を頂くことが増えた時期でもありました。案件を通じて米国法への関心が高まった頃、弁護士会の派遣プログラムでイリノイ大学アーバナ・シャンペーン校に客員研究員として滞在する機会に恵まれました。冬は氷点下 15 度に達するシャンペーンの気候に凍えつつ、それを補って余りあるほど多くの学びを得ることができました。再帰国後は更に仕事が忙しくなったものの、周囲の皆様の支えのおかげで、どうにか大学院を修了して今に至ります。

　このように、よく言えばご縁、正直に申し上げればご厚意に支えられた偶然の産物に近い研究成果ではあるのですが、親会社の不法行為責任には、次

はしがき

の2つの点で大きな可能性を感じています。

第1に、株主有限責任制度下における債権者保護の問題、とりわけ不法行為コストの外部化問題において一定の有力な解決策となりうるということです。他にも有力な法律構成はありますが、法人格の独立性と両立できる点をはじめ、不法行為責任構成には幾つかの長所があるように思います。また、日本法においても親会社に不法行為責任が成立することが明確になれば、グループ子会社のリスク管理に関する議論にも影響が及ぶかもしれません。

第2は、ビジネスと人権の観点です。投資先・契約先における人権リスクの軽減は、今や企業自身にとっても重要な経営課題になりつつあります。しかし、道義的責任と法的責任の境界を曖昧にしたまま、「責任」という言葉で一括りに論じることが困難な場面が存在するのも事実です。日本法における不法行為責任構成の射程を分析することは、サプライチェーン上の人権リスクに対して、企業がどのように対応すべきかを考える際の参考材料にもなるかもしれません。

どちらの点についても未だに悩みはつきませんが、1つの叩き台として、今後の研究や実務のお役に立つことができればとても嬉しく思います。

本書の出版にあたっては多くの方々のお力添えを頂きました。京都大学の先生方、とりわけ指導教授をお引き受けくださった齊藤真紀先生には、常に温かく、また的確なご指導を頂きました。橋本佳幸先生、西谷祐子先生、白井正和先生からも、それぞれのご専門の見地から示唆に富むご指摘を頂戴しています。

早稲田大学の川島いづみ先生とは、15年前に学部のゼミでご指導いただいて以来のご縁になります。先生との出会いがきっかけで英国法に興味を持ち、渡英前・渡英中にも貴重なご助言を頂きました（ホルボーンの街を一緒に散策させていただけたことも、留学中の忘れられない思い出です。）。また、同大学の中村信男先生には、これまでのご研究から学ばせていただくだけでなく、文献調査においても寛大なお力添えを賜りました。

弁護士登録以来、9年間在籍した前職の法律事務所では、常に最善を追求するストイックさと、自由や多様性を尊重する風通しの良さを兼ね備えた最高の環境の中で、大きく成長させていただきました。現在の職場でも素晴らしい同僚の皆様に恵まれ、社業を通じて地域に貢献できることの喜びと同時

に社会的責任を感じつつ、毎日楽しく勤務しています。

　株式会社商事法務の浅沼亨さん、宮尾悠子さん、関西事務所の平山幸太郎さん（公益社団法人商事法務研究会）、加藤拓真さんにおかれましては、ご多忙にもかかわらず本書の刊行にお力添えを頂き誠にありがとうございました。

　なお、本書の内容はすべて私の個人的見解であり、現在又は過去における所属組織の見解を示すものではありません。また、本書の出版にあたっては、「京都大学人と社会の未来研究院若手出版助成」（「令和6年度京都大学大学院法学研究科附属法政策共同研究センター出版助成」）から多大なご支援を頂いております。末筆にて恐縮ながら、重ねて御礼を申し上げます。

令和6年12月20日

木下　岳人

目　　次

はしがき・i

凡　　例・ix

はじめに……………………………………………………………………I

第1章　株主有限責任の弊害と外部化問題……………………5

第1節　直接損害型………………………………………………………6

第2節　間接損害型………………………………………………………9

第3節　両類型の比較……………………………………………………11

第4節　大規模企業グループ……………………………………………13

第5節　小　　括…………………………………………………………15

第2章　外部化問題への対処方法………………………………17

第1節　親会社の被害者に対する直接責任……………………………18

　第1項　株主有限責任の制度的変更………………………………18

　　1　先行研究（18）／　2　本書の見解（24）

　第2項　法人格否認の法理…………………………………………25

　　1　判例の立場（25）／　2　インセンティブの歪みに着目する見解（29）

　　／　3　本書の立場（34）

　第3項　会社法429条に基づく対第三者責任……………………36

　第4項　使用者責任…………………………………………………41

第2節　親会社の子会社に対する責任…………………………………44

　第1項　実体法に関する問題………………………………………44

iv

第2項　実効性に関する問題……………………………………… 46

第3節　取締役個人の被害者に対する第三者責任………………… 48

第1項　子会社取締役の被害者に対する責任………………… 48

第2項　親会社取締役の被害者に対する責任………………… 50

第4節　その他の政策的アプローチ……………………………… 53

第1項　強制保険…………………………………………………… 53

第2項　最低資本金………………………………………………… 54

第5節　小　　　括…………………………………………………… 56

第3章　英国法の分析……………………………………………… 57

第1節　有限責任制度の形成と発展……………………………… 58

第1項　英国における有限責任制度の導入………………… 58

1　1855年法と1856年法（58）／　2　"特権"から"権利"への質的転換
（59）／　3　実質的一人会社の増加（61）

第2項　Salomon事件判決………………………………………… 62

1　事案の概要と判旨（62）／　2　判決への評価とその影響（64）

第2節　法人格否認の法理………………………………………… 67

第1項　Adams事件判決以前……………………………………… 67

1　Gilford Motor事件（68）／　2　Lipman事件（68）／　3　DHN事件
（69）／　4　Woolfson事件（70）

第2項　Adams事件判決…………………………………………… 71

1　事案の概要（72）／　2　判示事項（73）／　3　分　　析（75）

第3項　Prest事件判決……………………………………………… 76

1　事案の概要（76）／　2　判示事項（78）／　3　分　　析（82）

第4項　小　　　括…………………………………………………… 85

第3節　親会社の直接責任を巡る議論の変遷…………………… 87

第1項　Chandler事件判決以前…………………………………… 87

1　Connelly事件（87）／　2　Lubbe事件（89）／　3　会社法改正（2006
年会社法の制定）（91）

第2項　Chandler事件判決………………………………………… 95

目　次

　　　1　事案の概要（95）／　2　判示事項（96）／　3　分　　析（102）

　　第3項　Chandler 事件以降 ·· 117

　　　1　Renwick 事件（119）／　2　Unilever 事件（123）／　3　Vedanta 事

　　件（129）／　4　Okpabi 事件（137）

　　第4項　小　　括 ·· 143

第4節　代位責任 ·· 145

　第1項　代位責任の概要 ·· 145

　第2項　近時の判例法理の発展 ·· 146

　　　1　JGE 事件（147）／　2　CCWS 事件（148）／　3　Cox 事件（149）／

　　4　小　　括（151）

　第3項　親子会社関係への適用に関する議論 ·· 151

　　　1　代位責任の拡張を支持する見解（151）／　2　代位責任の拡張を支持し

　　ない見解（153）／　3　小　　括（154）

第4章　英米法諸国における親会社の不法行為責任 ·············· 157

第1節　米　国　法 ·· 158

　第1項　取締役の参加責任 ·· 158

　第2項　親会社の参加責任 ·· 162

　　　1　Esmark 事件（164）／　2　Bestfoods 事件（165）／　3　Coastal 事件

　　（167）／　4　Waste Management 事 件（168）／　5　Forsythe 事 件

　　（169）／　6　小　　括（179）

第2節　カナダ法 ·· 180

　　　1　事案の概要（180）／　2　判示事項（182）／　3　分　　析（185）

第3節　小　　括 ·· 188

第5章　日本法における親会社の不法行為責任 ···················· 189

第1節　不作為不法行為について ·· 190

　第1項　学説の検討 ·· 190

　　　1　不作為不法行為の位置付け（190）／　2　作為義務の実質的根拠（192）

第2項　判例の検討……………………………………………………194

　　1　2つの最高裁判決（194）／　2　フランチャイザーの不法行為責任
　（198）／　3　デジタルプラットフォーム事業者の不法行為責任（203）／
　　4　小　　括（207）

第3項　小　　括………………………………………………………208

第2節　親会社の作為義務の検討プロセス……………………………210

第1項　危険の分析……………………………………………………210

　　1　危険源の特定（210）／　2　危険性の評価（212）

第2項　危険の支配又は創設の認定…………………………………213

　　1　支配領域基準（213）／　2　先行行為基準（221）／　3　その他の考慮
　要素（222）

第3項　結果発生に対する予見可能性の認定………………………224

第4項　義務内容の特定………………………………………………225

第5項　親会社（法人）自身の不法行為……………………………228

第6項　小　　括………………………………………………………230

第3節　予想される論点とその分析……………………………………231

第1項　合理的無関心…………………………………………………231

　　1　問題の所在（231）／　2　検　　討（232）／　3　小　　括（236）

第2項　株主有限責任制度との関係…………………………………236

　　1　問題の所在（236）／　2　検　　討（237）／　3　小　　括（240）

第3項　役員の個人責任………………………………………………240

　　1　親会社取締役の個人責任（240）／　2　子会社取締役の個人責任（244）

第4節　不法行為責任構成の評価………………………………………246

第1項　不法行為責任構成の利点……………………………………246

　　1　判例・裁判例との整合性（246）／　2　検討プロセスの柔軟性（246）

第2項　他の法律構成との比較………………………………………247

　　1　法人格否認の法理（247）／　2　事実上の取締役（252）

第5節　小　　括…………………………………………………………253

目　次

終　章 ………………………………………………………… 255

第1節　本書のまとめ ………………………………………… 255
第2節　派生論点と今後の課題 ……………………………… 257
第1項　契約関係への適用 ………………………………… 257
　　1　契約関係における外部化問題（257）／　2　親子会社関係との違い（259）／　3　近時の英国における裁判例（Maran 事件）（260）
第2項　外国子会社における加害行為 …………………… 262
第3項　親会社による子会社債務の損失負担 ………………… 264
第3節　結　語 ………………………………………………… 267

事項索引 ………………………………………………………… 268
判例索引 ………………………………………………………… 271

凡　例

○判例の年月日・出典の示し方は以下のとおりとした。
　最判昭和 37 年 12 月 14 日民集 16 巻 12 号 2368 頁　＝
　　最高裁判所昭和 37 年 12 月 14 日判決最高裁判所民事判例集 16 巻 12 号 2368 頁

○主な判例集の略語は以下のとおりとした。
民集	大審院・最高裁判所民事判例集
労民集	労働関係民事事件裁判集
判時	判例時報
判タ	判例タイムズ
金判	金融・商事判例
労判	労働判例

○主な雑誌の略語は以下のとおりとした。
ジュリ	ジュリスト
判タ	判例タイムズ
商事	旬刊商事法務

○主な文献の略語は以下のとおりとした。
会社法コンメ(1)	江頭憲治郎編『会社法コンメンタール(1)総則・設立(1)』（商事法務、2008 年）
会社法コンメ(8)	落合誠一編『会社法コンメンタール(8)機関(2)』（商事法務、2009 年）
会社法コンメ(9)	岩原紳作編『会社法コンメンタール(9)機関(3)』（商事法務、2014 年）
新注釈民法(15)	窪田充見編『新注釈民法(15)』」（有斐閣、2017 年）
幾代＝徳本	幾代通＝徳本伸一『不法行為法』（有斐閣、1993 年）
江頭	江頭憲治郎『会社法人格否認の法理－小規模会社と親子会社に関する基礎理論－』（東京大学出版会、1980 年）

凡　例

後藤	後藤元『株主有限責任制度の弊害と過少資本による株主の責任－自己資本の水準から株主のインセンティブへ－』（商事法務、2007 年）
潮見	潮見佳男『不法行為法 I 〔第 2 版〕』（信山社、2009 年）
田中	田中亘『会社法〔第 4 版〕』（東京大学出版会、2023 年）
野上	野上誠一『判例法理から読み解く裁判実務－取締役の責任－』（第一法規、2022 年）
橋本	橋本佳幸『責任法の多元的構造－不作為不法行為・危険責任をめぐって－』（有斐閣、2006 年）
舩津	舩津浩司『「グループ経営」の義務と責任』（商事法務、2010 年）
向井	向井貴子「株主有限責任のモラル・ハザード問題と非任意債権者の保護」九大法学 91 号（2005 年）267 頁
法制審第○回	法制審議会会社法制部会　第 1 回（平成 22 年 4 月 28 日開催）～第 24 回（平成 24 年 8 月 1 日開催）
Ireland	Paddy Ireland, "The Rise of the Limited Liability Company" (1984) 12 International Journal of Sociology of Law, 239.
Goudkamp	James Goudkamp & Donal Nolan, *Winfield & Jolowicz on Tort* (20th edn, Sweet & Maxwell 2020)
Lipton	Phillip Lipton "The Mythology of Salomon's Case and the Law Dealing with the Tort Liabilities of Corporate Groups: An Historical Perspective" (2015) 40 (2) Monash University Law Revie 452.
McQueen	Rob McQueen, *A Social History of Company Law Great Britain and the Australian Colonies 1854-1920* (Routledge, 2016)
Petrin	Martin Petrin, "Assumption of Responsibility in Corporate Groups Chandler v Cape plc" (2013) 76 Modern Law Review 603
Witting	Christian Witting, *Liability of Corporate Groups and Networks* (OUP 2018)

はじめに

株式会社Ａ社は、株式会社Ｂ社を完全親会社とするメーカーであるところ、Ａ社の工場から汚染物質が流出する事故が発生し、従業員や周辺住民など多数の者に健康被害が発生した。流出事故はＡ社の不適切な安全管理に起因するものであったため、被害者は同社に対して損害賠償を求めたが、その金額はＡ社の弁済能力を超える規模に膨れ上がった。まもなくＡ社は破産手続に入ったため、被害者は僅かな賠償金しか受け取ることができなかった。親会社であるＢ社は、Ａ社の操業に日頃から深く関与しており、流出事故の原因となった不適切な安全管理もＢ社の意向が反映されたものであった。

　企業がその事業活動に内在する加害リスクを軽視し、不適切なリスク・マネジメントを行った結果、事故の発生により第三者の重要な法益が侵害され、その被害範囲が極めて広範囲に及ぶことがある。いわゆる大規模不法行為（mass tort liability）と呼ばれる加害類型はその典型であり、日本でも高度経済成長期の公害問題をはじめ、現代に至るまで様々な形でこのような事故が社会問題となってきた[1]。

　大規模不法行為による法益侵害が生じた場合、被害者が十分な補償を受け

---

1)　近時における代表的な事例としては、東日本大震災における原子力発電所の事故が挙げられる。同事案では、電力会社が大地震と津波による電源喪失のリスクを軽視し、必要な安全措置を怠った結果、多数の周辺住民が故郷からの避難を余儀なくされ、原発関連死をはじめとする生命・身体の利益が害された。原発事故のほかにも、必要な品質管理を怠り大規模な食中毒を引き起こした事例、アスベストの有害性を軽視して防塵措置を怠った結果、多数の従業員の生命・身体に重篤な結果が生じた事例、衛生製品に含まれる成分の有害性を看過し、当該製品の消費者に不可逆的なアレルギー被害を発生させた事例、過度な土砂搬入と盛り土を行い、豪雨を契機として土砂災害が発生し多数の死者が出た事例など、事業者が事故発生のリスクを軽視した結果として、深刻な法益侵害が生じた事案は記憶に新しい。

I

られるかどうかは原則として加害企業の弁済能力に依存する。そして、株主有限責任制度により株主の損失は自己の出資分に限定される。よって、たとえ株主に十分な財産があったとしても、加害企業に十分な弁済原資がなければ被害回復は果たされない。株主有限責任制度を採用する以上はやむを得ない側面もあるものの、株主が会社の事業運営やリスク管理に対して強い影響力を行使していた場合など、株主を一切の責任から遮断することが許容しがたい状況も想定される。とりわけ、株主有限責任制度そのものが会社による不適切なリスク・マネジメントを助長するという批判も有力であり、そのような構造的な弊害に対して何らかの対処を行うことの必要性も意識せざるを得ない。

　日本でも、会社の経済活動によって生じた加害結果につき、一定の条件のもとで株主に責任を賦課する様々な法律構成が提唱されてきた。しかし、それらは裁判所の支持を得られるには至っていないか、適用可能な場面が極めて限定されているといった制約があり、現実の訴訟活動において依拠することが難しいものも少なくない。そのため、冒頭のような事例においては、基本的に被害者が親会社の責任を追及することはできず、子会社の資力の限度において賠償を受けられる（それを超える部分については泣き寝入りするほかない）というのが、現在の実務上の基本的な認識であるように思われる。

　株主有限責任制度を採用する諸外国においても似たような状況であったが、近時この分野において急進的な動きを見せているのが英国法である。英国では、子会社従業員の健康被害に対する親会社の不法行為責任を認めた 2012 年の Chandler 事件判決を皮切りに、子会社によって引き起こされた加害結果に関して親会社の直接責任を追及する訴訟が多数提起された。そして、2021 年までに判決が出された 5 つの事件のうち、3 つの事件の上級審判決（うち 2 件は最高裁判決）において、親会社には子会社の事業活動によって加害結果が生じることを防止すべく指導・監督を行う義務があり、被害者に対して直接に不法行為責任を負うこと（あるいはその現実的可能性があること）が肯定された。

　株主有限責任によってもたらされる不当な結果をいかに克服するかという問題は、外国においても長らく議論されてきた古典的なテーマである。親会社の作為義務違反を根拠に不法行為責任を追及するという手法（不法行為責

任構成）もかかる議論の蓄積の過程で誕生したものであり、英国においては最高裁判決によってその地位を確立するに至った。本書はこのような学説・判例の発展が日本法の解釈においても有益な示唆を含むのではないかという期待のもと、子会社が引き起こした加害結果に対する親会社の法的責任の在り方の再構成を試みるものである。

　本書は6つの章によって構成される。第1章では本書の問題意識の説明の1つとして外部化問題を取り上げる。第2章では日本法上の議論を分析し、先行研究において提唱されてきた法律構成のみでは外部化問題へ十分な対処ができず、それらを補完しうる法律構成を別途検討する必要があることを示す。第3章では、株主有限責任を巡り、英国の判例や学説がどのような発展を遂げてきたのかを分析した上で、不法行為責任構成を確立させた近時の判例群を検討する。第4章では、米国法とカナダ法における近時の事案を分析し、不法行為責任構成は英国法においてのみ存在する特殊な法律構成ではないことを示すとともに、これをどこまで広く認めるかは法域によって差が存在することを明らかにする。第5章では、日本法における不法行為責任構成の可能性と有用性について検討する。従来の判例・学説を前提とすれば、親会社にも注意義務が課されうることを示した上で、作為義務の検討プロセスの具体化を試みるとともに、関連する論点の検討を行う。終章では結論をまとめ、本書では十分に取り扱うことができなかったものの、実務上重要となりうる論点について若干の分析を行う。

　なお、分量が多くなってしまった第2章から第5章までについては、各章の冒頭に＜summary＞と表記してその章の内容の骨子を記載している。また、判決文を引用した箇所のうち長くなってしまったものについては、筆者が重要と考える箇所に下線を引いた。

第 1 章

株主有限責任の弊害と外部化問題

　株主有限責任に基づき株主の損失の上限が設定されることで、客観的な経済合理性を欠いたリスク・マネジメントが動機付けられ、債権者の利益や社会的利益が害されるという事象が起こりうる。このような事象はモラル・ハザードやインセンティブの歪みの問題として、批判的な分析の対象となってきた[1]。

　不合理なリスク・マネジメントの態様は様々であるが、第三者に不利益が生じるプロセスによって大きく2つの類型に分類することが可能である。第1の類型は、不合理なリスク・マネジメントによって第三者に直接的な加害結果が生じる類型である。具体的には、当該事業における第三者加害のリスクに対して適切な対応がなされなかった結果、危険が現実化して第三者の利益が直接的に侵害されるという因果経過を辿る。第2の類型は、不合理なリスク・マネジメントにより会社の財務状態が悪化し、これによって会社の既存債権者の利益が害される類型である。具体的には、過度に投機性の高い事業が実施された結果、当該事業の失敗により会社の弁済能力が低下し、既存債権者の債権回収が滞るという経過を辿る。便宜上、本書では前者を「直接損害型」、後者を「間接損害型」と称し、以下ではそれぞれの具体的内容と弊害につき、架空の事例を通じて詳述する。

---

　1)　日本における近時の主要な論稿としては、藤田友敬「株主の有限責任と債権者保護(2)」法学教室 263 号（2002 年）122 頁以下、向井貴子「株主有限責任のモラル・ハザード問題と非任意債権者の保護」九大法学 91 号（2005 年）267 頁以下、後藤元『株主有限責任制度の弊害と過少資本による株主の責任』（商事法務、2007 年）、田中亘編著『数字でわかる会社法〔第 2 版〕』（有斐閣、2021 年）44 頁以下等が挙げられる。

第1節　直接損害型

　株主有限責任下では、当該事業の遂行によって第三者に不法行為被害が発生する危険があり、客観的にはそのような危険を回避する手段をとることが合理的であるにもかかわらず、株主にとっては危険を放置することが動機付けられる場面が生じうる。具体的には以下のような場面である。

【事例1】

> 　A社が株主となって設立したB社（資本金1,000万円）において行われている事業は、10%の確率で事故が発生し、事故が発生した場合は3億円の損害が生じることが見込まれる。仮に500万円を投じて事故防止のための設備投資をした場合、事故の発生可能性は0%になる。

　上記の事例において、事故の発生確率を考慮した期待損失は、0.1（10%）×3億＝3,000万である。500万円の設備投資で期待損失を3,000万円から0円にできるのであるから、社会全体にとってはこの設備投資（損害防止措置）を実行することが合理的である。

　しかし、株主であるA社にとっての利益状況は異なる。株主有限責任により、A社の最大損失は投資した1,000万円に限定されるため、その期待損失は0.1（10%）×1,000万＝100万円となる。よって、100万円の期待損失を回避するために500万円の設備投資を行うこととなり、A社にとっては事故防止の設備投資は実行しない方が、自社に帰属する経済的利益の期待値は大きいこととなる。その結果、株主であるA社には、B社に設備投資を行わせず、B社の不適切なリスク・マネジメントを促進又は意図的に放置する動機付け（インセンティブの歪み）が形成される。このように、株主責任が有限であることにより、株主にとって経済合理性のある行動と社会にとっての経済合理性のある行動が一致せず、株主が前者を選好する結果として社会に不利益がもたらされる。

　また、企業や消費者の経済活動が市場を介さずに他の経済主体に与えるマイナスの影響を負の外部性といい、事業活動によってもたらされる環境汚染

や健康被害はまさにその典型例とされる。これらは市場を経由せずにもたらされる不利益であるため、何も手当てをしなければ企業が負担するコスト（私的費用）には含まれず、社会全体が負担するコスト（社会的費用）との間にギャップ（外部費用）が生じる。そして、かかる不利益が私的費用に取り込まれなければ（＝上記のギャップが放置されれば）他の経済主体にもたらされる負の影響を考慮せずに企業の生産活動が継続されてしまう。

　このような状態を是正するためには、生産活動によって発生するマイナスの影響を企業の私的費用に取り込ませる必要があり、不法行為法に基づき損害賠償責任（不法行為責任）を企業に課すことはその有力な手段の１つである。外部費用を内部化させることで、他者を害する危険性のある活動について抑制的な対応を動機付けることが可能となり、これは不法行為法の重要な役割の１つとされる[2]。しかし、せっかく企業に対して不法行為に基づく賠償責任を割り当てても、その責任額が企業の支払能力を超過する場合は、株主において出資額以上の責任を負担する必要はなく、生産活動によって発生した不利益（コスト）は再び第三者（社会）が負担することとなる。すなわち、株主有限責任制度下においては、企業に対して加害結果に対する損賠賠償責任を割り当てたところで、株主には事故の発生リスクを抑制する動機が形成されず、会社においても合理的なリスク回避行動がとられないという状況が生じうる。本書ではこのような事象を便宜的に外部化問題と呼称する。

　外部化問題はインセンティブの歪みが発生していなくても起こりうる。具体的には以下のような場面である。

【事例2】

A社が株主となって設立したB社（資本金3,000万円）において行われている事業は、20％の確率で事故が発生し、事故が発生した場合は1億円の損害が生じることが見込まれる。仮に300万円を投じて事故防止のための設備投

2）　林田清明「賠償と差止－法の経済分析における法的救済のモデル－」北大法学論集41巻4号（1991年）1871頁、同『法と経済学－新しい知的テリトリー－〔第2版〕』（信山社、2002年）142頁等。また外部不経済と不法行為責任の関係性につき、永野周志「責任の経済的効用」沢野直紀＝高田桂一＝森淳二朗編著『企業ビジネスと法的責任』（法律文化社、1999年）19頁。

第1章　株主有限責任の弊害と外部化問題

> 資をした場合、事故の発生可能性は0%になる。

　上記の事例では、事例1と異なり、株主であるA社にとってもB社に指示して事故防止の設備投資を実施させる方が合理的である。なぜなら、B社による300万円の設備投資を許容することで、0.2（20%）×3,000万＝600万円の期待損失を0円にすることが可能となるためである。

　しかし、A社が常に経済的に合理性のある行動をとるとは限らない。また、B社の事業リスクにつきそもそもA社が十分なリスク分析を実施していない場合や、実施したリスク分析の内容に誤りがある場合も、A社にとって事故の発生防止を図る方が利益になるにもかかわらず、B社が必要な設備投資を行わない方向へ誘導してしまうという事態も起こりうる。

　上記のようなケースでは、社会にとって不合理な行動がA社にとっては合理的な行動になるという状況（インセンティブの歪み）が発生しているわけではない。しかし、本来はB社（ひいてはその利益の帰属主体であるA社）の負担で実施されるべき設備投資を行われなかった結果、第三者に直接的な加害結果が生じ、その損失（コスト）が株主ではなく社会や被害者に押し付けられるという構造は事例1と同様である。株主有限責任制度を採用する以上、不可避的に生じる事態ではあるものの、いかなる場合においてもA社を常に責任から切り離すことが適切であるかについては議論の余地があろう。

　このように、インセンティブの歪みが生じない場合であっても外部化問題は発生する。何らかの法律構成により株主に損害の全額について賠償責任を課すことができれば、株主に対しても慎重な行動や意思決定を促すことができる。また、加害結果が発生してしまった場合でも、弁済原資が増加することで被害者救済が実現されやすくなる。

8

第 2 節　間接損害型

　間接損害型における典型的な不合理なリスク・マネジメントの例としては、事業自体が成功・失敗する可能性と、それぞれの場合における期待利益・期待損失との見合いで、これがマイナスになる（あるいは投下資本を下回る）にもかかわらず、当該事業の実施又は継続が選択されるようなケースが挙げられる。具体的には以下のような場合である。

【事例 3】

> 　A 社が株主となって設立した B 社（資本金 1,000 万円）は X 事業への参入を検討している。X 事業が成功する確率は 20% であり、成功すれば 1 億円の利益が、失敗すれば 5,000 万円の損失が発生する。

　上記の事例の場合、X 事業（B 社）の期待利益は 0.2（20%）×1 億 − 0.8（80%）×5,000 万 = −2,000 万円でマイナスとなる。よって、事業の収益性だけを評価するのであれば、X 事業は実施しない方が合理的である。しかし、A 社からすると、株主有限責任により最大損失額は自身が拠出した 1,000 万円に限定されるため、期待利益は 0.2×1 億 − 0.8×1,000 万 = 1,200 万円でプラスとなる。その結果、A 社にとっては、期待収益がマイナスとなるような投機的事業を推進するインセンティブが生まれることになる。

　このような投機的事業が失敗に終わった場合、不利益を被るのは B 社の既存債権者である。事業開始時点において B 社の資産・負債がバランスしていると仮定した場合、事業の失敗により B 社が 5,000 万円の損失を被れば債務超過となり、事業開始前は全額の弁済を受けられる地位にあった B 社の債権者は按分弁済しか受けられなくなる。すなわち、B 社の既存債権者は、投機的事業の失敗による B 社の弁済原資の減少を通じて間接的な損害を負担することとなる（逆に A 社は、既存債権者の経済的負担において上記のような投機的な事業に手を出すことが可能となる。）。

　間接損害型においても、株主有限責任によって株主にとっての経済合理性と株主以外の第三者にとっての経済合理性が対立し、株主において前者を優

9

先する行動が動機付けられる（すなわち、インセンティブの歪みが発生する）点は直接損害型と共通する。しかし、直接損害型では法益侵害そのものが誘引されること（ひいては新たな不法行為債権が成立してしまうこと）が問題になるのに対して、間接損害型においては既発生の債権の回収可能性が問題となるという違いがある。

　間接損害型の場合、既存債権者としては、上記のような不利益を回避すべく取引開始前に債務者と交渉し、担保の取得や与信リスクに応じた利率の調整、コベナンツの設定といった自衛策をとることが考えられる。しかし、(1)不法行為債権者はそもそも自己の意思によらずに債権者としての地位を強制されるため交渉の機会は存在せず、また契約債権者であっても債務者との間でバーゲニング・パワーの偏りが存在し交渉を行うことが現実的ではない場合がありうること[3]、(2)契約関係に入った後に（すなわち交渉機会の終了後に）B社の資産が投機的事業へ振り分けられた場合に対応できないことといった問題点があり[4]、債権者の自衛には限界があることが指摘されている。

---

3)　このような債権者はしばしば非任意債権者（involuntary creditors）と称される。もっとも非任意債権者の範囲をどのように設定するかは論者によって幅があり、不法行為債権者のほかに、債務者に対して交渉力が劣後している債権者（労働債権者や大企業と取引する小規模事業者など）を含める見解も存在する。

4)　後藤は、有限責任制度が投機的事業の誘因となることを資産代替（確実・安定的な収益をもたらす資産から収益の変動が大きい資産へのリスクプロファイルの変更）の問題として整理する。その上で、債権者が前提としていた事業のリスクが事後的に変更された場合には債権者保護の必要性が高まり、特に会社の経営状態が悪化した倒産直前の段階においてはこの危険が顕著になるとして、法的介入の必要性を説く（後藤97頁、105頁、145頁等）。

第3節　両類型の比較

　上記の2つの類型は、いずれも株主の損失が投資額に限定されることによって不合理なリスク・マネジメントが誘発される点や、それによって社会的に望ましくない不利益がもたらされうる点については共通している。他方で、その弊害を比較した場合、⑴債権者の被侵害利益の性質、⑵社会的不利益の程度、⑶自衛可能性の有無という点において両類型には明確な違いがあり、直接損害型の方がより深刻な問題であると考えられる。

　間接損害型で害される債権者の利益は、既存債権の回収可能性の低下という経済的な不利益に過ぎない。また、債権の回収可能性は、特定事業におけるリスク・マネジメント以外の諸要素（例えば債務者の資産・負債規模、流動性、債権の優先・劣後関係等）によっても大きく変動し、債権者が被る不利益は文字どおり間接的なものにとどまる。これに対し、直接損害型においては不法行為被害の発生自体が促進されてしまう。したがって、経済的な利益にとどまらず、債権者（被害者）の生命・身体に係る利益という重大な法益が危険に晒されることとなり、間接損害型と比較すると法益保護の必要性が高い。

　そして、直接損害型においては、事故がなければ本来的に生じなかったはずの費用が直接的かつ具体的な形で社会に賦課されることになる。有害物質の拡散による健康被害を例にすれば、①拡散した物質の除去・除染のコスト、②健康被害の治療にかかるコスト（公費・保険料による負担）、③労働力の低減又は喪失といった社会的費用の発生が挙げられる。他方で、間接損害型によってもたらされる社会的不利益とは、主に財（資金）の活用における非効率性が念頭に置かれており[5]、直接損害型と比べると間接的・抽象的な不利

---

5)　後藤は「ある事業活動が社会的に望ましい、実施に値するものであるか否かを、事業開始前の段階で計算される当該事業のペイオフの期待値が、当該事業に必要な資金を上回るかどうかで判断している」と説明し、ペイオフが投下資金を下回る事業については非効率であり、社会的に実施すべきではないとする（田中編著・前掲注1) 51頁注12、後藤98頁）。また、向井も「非効率的であるとは生産要素や財の配分に無駄のある状態を意味する。仮に非効率的な状況が存在すれば、効率的な状況に向けた資源の再配分は、社会的にも望ましい。」と説く（向井304頁注14）。

益にとどまる。

　不法行為債権者は、直接型・間接型問わず自己の意思によらずに債権者の地位に立たされる点で変わりはない。もっとも、間接損害型における不法行為債権者は、会社の不合理なリスク・マネジメントそのものによって不法行為債権者の地位となったわけではない（債権者たる地位を獲得した原因は別にある）ため、不本意にも債権者となった後に会社から自らの債権を回収・保全する機会が存在する。他方で直接損害型では、会社の不合理なリスク・マネジメントによって不法行為被害（債権）と弁済資力の低下が同時に発生することから、不法行為債権者となった者は、自らの債権回収を図る機会が与えられない。

　このように、間接損害型と直接損害型は、株主有限責任制度によって不合理なリスクテイクが動機付けられ、債権者が不利益を被るというという点においては共通するものの、不利益の発生過程やその性質において違いが存在する。よって、弊害の是正・緩和措置として何らかの法的構成や立法措置を検討するとしても、必ずしも双方が単一の方法によって包括的に解決される必要はなく、各類型の特性に応じて最適な解決方法を模索することが望ましい。そして、本書が念頭に置いているのは企業の不適切なリスク・マネジメントにより加害結果が発生する場面であるところ、これとの関係では直接損害型の弊害についてどのように対処するかという点が問題となる。

第4節　大規模企業グループ

　第3節までで言及した株主有限責任の弊害は、株主が個人であるかどうか、会社が小規模・閉鎖的な性質を持つか否かにかかわらず、全ての資本関係においてあてはまるものである。しかし、その中でも、親子会社関係、とりわけ法人相互間において一定の独立性が確保されており、事業規模が相対的に大きな企業集団において外部化問題の弊害は特に深刻となる。

　まず、一般論として、事業規模や活動範囲が大きければ大きいほど、事故が発生したときの被害範囲も大きなものとなりやすい[6]。また、事業規模を拡大するには、それに見合うだけの物的・人的資源が必要不可欠となる。例えば、不法行為コストの外部化が問題になる典型例の1つとして土地開発や資源開発に伴う環境汚染が挙げられる。しかし、そのような開発事業を小規模な事業者が単独で実施することは困難であり、案件の規模が大きくなればなるほど、参入企業はそれを実施できるだけの経営資源を持つ規模の会社に限定される。このように、企業規模と事業規模、事業規模と被害規模はそれぞれ相関関係にあり、被害規模が大きければそれだけ外部化される不法行為コストも増加する。

　また、小規模・閉鎖的な会社であれば、支配者たる株主自身が会社の代表者や取締役に就任しているか、それと同等の影響力を行使する立場にあることも多い。そのような者に対しては、会社が引き起こした加害結果につき第三者責任（会社法429条1項）を課すことで、不法行為コストの外部化に一定の歯止めをかけることも期待できる。また、法人格の独立性が形骸化しているような場合は、法人格否認の法理の活用も視野に入ることになろう。他方で、一定規模の企業グループでは、グループを構成する各社が一定の独立性を維持していることや、子会社の取締役に最終親会社の株主が含まれていないことも珍しくない。そのような場合、法人格否認の法理を適用すること

---

　6)　龍田節「企業と責任」竹内昭夫＝龍田節編『現代企業法講座1 企業法総論』（東京大学出版会、1984年）336頁。龍田は大規模な事故等の多くは大企業で生じており、大企業はその活動範囲の広さゆえに責任原因がかかわる機会が多く、欠陥商品もその大量性が社会問題化する一因であることを指摘する。

第1章　株主有限責任の弊害と外部化問題

や、法人株主である親会社に対して会社法429条の対第三者責任を負わせることは難しい[7]。

　このように、大規模な企業グループにおいては、⑴その企業規模及び事業規模の大きさゆえに被害規模（外部化される不法行為コスト）が大きくなる傾向にあること、⑵それにもかかわらず親会社の責任追及を実現できる法律構成が限られており、不法行為コストの外部化に歯止めがかかりにくいことから、外部化問題への対策を検討する必要性が特に高い。

---

　7)　子会社に対して不当な影響力を行使する親会社につき、会社法429条を類推適用して対第三者責任を肯定する見解も存在するが、実務上そのような理解が確立されるには至っていない。詳細については第2章第3節を参照。

第5節 小　　括

　以上の点をふまえて、本書の問題意識と検討対象を整理する。まず、株主有限責任制度の弊害は、第三者や社会に不利益が発生するプロセスに応じて、直接損害型と間接損害型の2類型に区分することができる。2つの類型は、不利益の性質やその発生過程が異なるため、必ずしも同一のアプローチによって解決される必要はなく、それぞれに適した対処方法が個別に検討されるべきである。そして、本書は、加害結果の発生を抑止することが特に重要であるとの立場から、直接損害型においてもたらされる不法行為コストの外部化（外部化問題）への対処方法を検討対象とする。また、外部化問題への対応の必要性が特に高いという認識から、本書では小規模で閉鎖的な会社だけでなく、大規模な企業グループにおいても適用可能な対処方法を検討することを目的とする。

第 2 章

外部化問題への対処方法

＜Summary＞

外部化問題は、親会社（株主）の責任範囲が自己の出資分に限定されることに起因する。よって、子会社の債権者たる不法行為被害者が、親会社に対して損害賠償を直接請求できるようになれば、それは外部化問題の有力な解決策となりうる。そして親会社の被害者に対する直接責任を認める手法としては、(1)株主有限責任制度への制度的な変更、(2)法人格否認の法理、(3)事実上の取締役理論が挙げられる。また、次善の策としては、被害者ではなく子会社に対する親会社の賠償責任を認めるアプローチや、親会社ではなくその取締役に被害者への直接賠償責任（第三者責任）を肯定するといったアプローチも考えられる。

しかし、これまで主に議論されてきた法律構成や立法論では、大規模企業グループにおける外部化問題への対応策として十分な効果を期待できない。とりわけ、支配株主のインセンティブの歪みを理由に法人格否認を適用する見解や、支配株主が事実上の取締役ないし主宰者に該当するとして会社法429条を（類推）適用する見解は、いずれも現時点では実務上受け入れられているとは言い難く、また適用要件上の制約も大きい。

したがって、親会社に直接責任を課す（もって不法行為コストを内部化させる）ための手法として、新たに不法行為責任構成を検討する意義が認められる。

第1節　親会社の被害者に対する直接責任

第1項　株主有限責任の制度的変更

外部化問題は株主有限責任制度に内在する弊害であるため、制度自体を変更することで弊害を除去ないし緩和するというアプローチは最も直截的な解決手法である。また、個別事案ごとの対処ではなく一般的・抽象的にルールが変更されることから、予測可能性に優れるという利点も存在する。他方で、かかるアプローチは法解釈論ではなく立法論であり、現実に立法的解決が図られない限りは実社会における問題には対処できない。このように、既存の法制度の枠内での解決を志向する他のアプローチとは質的な差異があるものの、立法論の中で議論されてきた内容は、解釈論を検討する上でも参考になると思われる。本節では、まず英米法における主要な議論の展開を概観したのち、平成2年（1990年）商法改正時の議論を中心とした日本法下における立法論的アプローチを分析する。

1　先行研究

(1)　英米法における議論

英米法においては、特に20世紀末を境として、有限責任法理を部分的に修正し連帯責任や比例責任を導入する見解が盛んに提唱されてきた。以下では、その中でも代表的な見解や特徴的な見解を概観する。

Philip Blumberg（1986年）は、米国・英国ともに株主有限責任制度が確立した時代にはグループ会社の存在が一般的ではなく、グループ会社間における株主有限責任制度の適用は、制度発足時において想定されていない事象であったと分析する。そして、グループ会社間においては、株主有限責任制度の経済的機能（エージェンシーコストや情報取得コストの抑制、株式流通市場の効率性増加と流通の促進、公共からの資本の集約等）の多くは発揮されないことから、グループ会社間における株主有限責任の適用は再検討されるべきであると結論づける[1]。

Henry Hansmann と Reinier Kraakman（1991年）は、不法行為コストの

外部化問題に着目し、有限責任は社会全体に対する正味現在価値がマイナスとなるような危険な産業に対しても過剰投資を助長すると批判した上で、不法行為責任については株主に対して無限責任（出資割合に応じた比例責任）を課すことを提唱する。そして、子会社とそれ以外の会社、上場会社と非上場会社との間で取り扱いを変え、恣意的な線引きを行うことは妥当ではなく、全ての会社に対して無限責任制度を適用することが必要であると説く[2]。

　Nina Mendelson（2002 年）も、不法行為コストの外部化により不法行為リスクの高い事業が助長されモラル・ハザードが起きる点を問題視する。そして、企業活動を支配する力を持つ株主（支配株主）と、そうでない少数株主と比較した場合、前者の方がよりモラル・ハザードのリスクが高く、またモニタリングコストの減少といった株主有限責任の正当化根拠も妥当しないことから、支配株主に対しては会社が負担する不法行為債務の無限責任を負わせることが必要であると説く[3]。Hansmann らの見解との関係では、株主全員について不法行為債務に対する無限責任を認めるのではなく、責任主体を支配株主に限定している点で差別化される。

　Meredith Dearborn（2009 年）は、責任主体を直接の親会社だけではなく経済的一体性を持つ企業グループ全体に拡張する一方、無限責任の客体となる債務を限定し、大規模不法行為（mass torts）、人権侵害、環境被害のみを対象とする企業責任（enterprise liability）論を提唱する[4]。Dearborn は、企業グループを責任主体とする理由として、グループを構成する各社について法人格を理由に別異の責任主体とすることは形式的に過ぎ、経済的な実像と合致しないことを挙げ、子会社の不法行為につき、その親会社のみならず兄弟会社に対しても責任追及が可能になるという機能的なメリットを主張する[5]。また、無限責任の対象となる不法行為債務を限定する理由として、(1)

---

1)　Phillip Blumberg, "Limited Liability and Corporate Groups"（1986）The Journal of corporation Law（summer）573.

2)　Henry Hansmann and Reinier Kraakman, "Toward Unlimited Shareholder Liability for Corporate Torts"（1991）The Yale Law Journal 100, 1879.

3)　Nina Mendelson, "A Control-Based Approach to Shareholder Liability for Corporate Torts"（2002）102(5) Columbia Law Review 1203.

4)　Meredith Dearborn, "Enterprise Liability: Reviewing and Revitalizing Liability for Corporate Groups"（2009）97 California Law Review 195.

実社会の経済や投資環境への影響を最小限にとどめる必要があること、⑵社会的に有害な企業行動を防ぐ上で重要なのは企業グループの意思決定機構に予防措置をとるだけのインセンティブが与えられるかどうかであり、CSR及び経済的な観点から企業グループにとって最もダメージが大きい類型の不法行為に無限責任を認めればそれが達せられること、⑶政策的観点から集団的不法行為、人権侵害、環境被害の防止はその被害の性質に照らして特に重要であり、一般に裁判所が重視する衡平と正義の理念にも合致することを挙げる[6]。

　Christian Witting（2018 年）は、重要な資産が常に親会社に集中しているとは限らず、兄弟会社や孫会社に分散していることもあることから、親子間の垂直的な関係のみならず、グループ会社間同士の水平的な関係においても直接的に責任が追及できる手段を確保する必要があるとする。さらに、リスクの外部化は必ずしも資本関係を媒介にして行われるとは限らず、契約関係や協調関係を軸とする企業ネットワークを通じて行われることも想定されると説く（実例として、健康被害による集団訴訟リスクも想定される製薬業界では、責任追及を回避するために開発や治験プログラムを丸ごと業務委託で外部事業者にアウトソースしていることを指摘する。）[7]。これらの点をふまえ、特に保護の必要性が高い人身傷害に係る賠償債務については、企業ネットワークの構成員に対して立法による無限責任（network liability）を課すべきであると主張する。

　以上のとおり、賠償主体と賠償債務の範囲をどのように設定するかについては様々なパターンが存在するが、不法行為コストの外部化について問題意識を持ち、部分的な無限責任の導入によってこれを是正しようとする点においては共通している。

⑵　日本法における議論

　日本においても、一定の債権者（特に不法行為債権者をはじめとする非任意債権者）に対しては株主有限責任法理の適用を制限し、支配株主の無限責任

---

5)　Ibid 211.
6)　Ibid 255.
7)　Witting 413.

を認めるべきであるとする見解が主張されてきた。特にその議論が活発化する契機となったのが、昭和59年（1984年）に法務省民事局参事官室から公表された「大小（公開・非公開）会社区分立法及び合併に関する問題点について」と題する、商法改正のための論点整理に関する資料である（以下「参事官室資料」という。）。参事官室資料の「五　株式・持分に関する問題点」の第9項では以下のような案が検討されている。

　　"非公開会社において、相当の比率の株式・持分（例えば発行済株式総数又は資本の4分の1以上）を有する株主又は社員（実質的に同一人（例えば100%親会社の従業員）である場合を含む。）が取締役（又は代表取締役）であるときは、特別の責任（例えばその在任中に発生した労働債権又は不法行為債権で一定の期間内に請求されたものにつき直接の責任）を負うものとするとの意見があるが、どうか。"

　また、参事官室資料の公表から2年後の昭和61年（1986年）には、商法改正試案（以下「改正試案」という。）が公表され、参事官室資料の内容を踏襲する形で、三の第14項に以下の案が示されている。

　　"資本金が一定の金額（例えば5,000万円）に満たない株式会社・有限会社において、発行済株式総数又は資本の二分の一以上の株式・持分を有する株主・社員は、その者が取締役（又は代表取締役）又は取締役の職務執行に重要な影響力を行使する者であるときは、その地位にいる間に発生した労働債権又は不法行為債権（取引によって生じたものを除く。）につき、会社が弁済することができない場合は、直接の責任を負う。"

　そして、参事官室資料及び改正試案の公表に反応する形で、日本では株主有限責任の制度的な変更を支持する見解が主張された。
　三枝一雄（1984年）は、株主有限責任の機能は資本集中の促進と、過大な企業危険から投資家を保護することにあるとし、その機能が働かないような場合、具体的には、「(1)社員の責任を有限化してまで促進すべき資本集中の必要性が存在しないとき（たとえば実質上の個人会社、大規模閉鎖会社の場合）、(2)それなりの資本集中の必要があっても企業活動の規模が小さくそもそも過大な企業危険・損失が存在しないとき（たとえば小規模閉鎖会社の場

第2章　外部化問題への対処方法

合)、(3)企業規模が大きくその活動に大きな危険が伴う場合であっても、十分な資力・技術力によってこれに対応でき、あるいは保険・子会社などの利用によってその危険を他に転嫁できるなどにより、もはやその企業活動につき異常・過大な企業危険・損失が伴うものとはいえないとき（たとえば親会社大企業の場合)」（筆者注：原文ママ）には、法律により一般的に株主有限責任制度が排除することがありうるとした[8]。また、参事官室試案については、「法律により一般的に有限責任制度を排除すべきであるかにつき十分慎重な検討が必要」とする一方で、(1)対象となる会社は非公開会社に限定せず公開会社も含むべきであり、(2)取引上の債権者であっても自営措置をとることが困難な場合もありうることから、対象債権は労働債権と不法行為債権に限定するのではなく下請債権も含めるべきである旨を主張しており、参事官室試案よりもさらに踏み込んだ立場をとっている[9]。

　また、田中誠二（1987年）は、企業に有限責任が認められる一次的な根拠として、企業が社会的に有益な存在であることを前提に、有限責任をもって企業と事業の維持の確実性を図り、もってその社会的役割を果たさせることを挙げる[10]。そして、支配株主たる企業（親会社）が、破綻した被支配企業（子会社）の労働債権者や不法行為債権者といった非任意債権者に対する弁済を放棄することは、もはや企業がその社会的役割を果たしていないことを意味するため、これらの債権者に対して親会社が株主有限責任を根拠に支払いを拒絶することは許容されるべきでなく、立法によって無限責任を認める

8)　三枝一雄「株主有限責任の論理」法律時報56巻11号（1984年）21頁。
9)　三枝一雄「株主有限責任－その正当性と限界－」法律論叢57巻3号（1984年）46頁。
10)　田中誠二「企業の社会的役割と企業についての有限責任の根拠」民商法雑誌96巻5号（1987年）595頁。田中の見解の特徴は、株主の有限責任のみならず、商事法において企業活動に対して認められる責任制限法理（船主責任制限法、汚濁損害賠償補償法等）とその正当化根拠にも着目した上で、株主たる親会社の有限責任が認めるべき範囲の限定を試みる点である。田中は、商法学において企業活動に有限責任が認められるのは、リスク回避のために企業活動が分散してしまうのを防ぐ点にあるという田中耕太郎の見解を批判し、中核は企業の社会的役割の実現にこそ存在すると説く。また株主有限責任の正当化根拠は、株主の有限責任を認めることで資本の集中を促進する点にあるという見解を支持しつつも、それは社会的必要性に応じるものであり、企業の社会的役割を果たすという結果が伴うことが必要であると主張する。

べきであると説く。かかる観点から、田中は改正試案三の第14項の内容を支持し、一次的には立法による対応をすべきであるところ、仮にこれが実現しない場合は解釈論として法人格否認の法理により親会社への責任追及を認めるべきであるとする[11]。

このように、改正試案の基本的な方向性を肯定的に評価する見解も存在したものの、最終的に平成2年（1990年）の商法改正においては上記制度の導入が見送られ、以後の数次にわたる商法改正及び会社法の制定において類似の制度の導入が具体的に検討されることはなかった[12]。学説においても、自衛が不可能である非任意債権者に対して有限責任を適用することの問題点は広く指摘される一方で、制度的な変更を行って不法行為債権者や非任意債権者を無限責任の対象とすることを提唱する見解は、近年においては少数であるように思われる[13]。

---

11) 田中・前掲注10) 613頁。なお、田中の見解は、社会的役割を果たしているかどうかによって有限責任の範囲を限定するものであるが、"社会的役割を果たしているかどうか"をどのように判断するのかについては示されておらず、子会社の労働債権者や不法行為債権者に対して弁済をしないことがなぜ「社会的役割を果たさないもの」という評価になるのかも明らかではない。

12) 平成26年会社法改正の過程では、親会社（支配株主）が子会社の債権者に対して一定の責任を負う旨の規定の創設が検討されたが、これは親会社が子会社の利益を犠牲にして自己の利益を図っている場合における債権者保護策の一環として位置付けられており、（上記の参事官室資料や改正試案において示されたような）特定の子会社債務に対する親会社の責任を一般的かつ抽象的な形で認めることが検討されたわけではない（法制審第7回部会資料5及び議事録22頁以下）。

13) 高橋英治は、法人格否認の法理の文脈ではあるものの、「一人株主たる親会社が完全子会社を統一的に指揮している状況下で完全子会社が倒産した場合、子会社の受動的債権者との関係では子会社の法人格を否認し、子会社の債権者に対して親会社の直接責任を認めても良いと解すべきである。しかし、子会社の受動的債権者として不法行為債権者以外に労働者も一般的にこれに含めてよいのか、あるいは労働者が受動的債権者と言えるのかは当該労働者の会社との交渉力によって決まるべきか、については、今後の判例・学説の展開が待たれる。」と述べ、実質的には制度的効力として（少なくとも不法行為債権者については）幅広く完全親会社の無限責任の対象とすることを支持する立場であるようにも読める。もっとも、高橋自身は法人格否認の法理に依拠することを積極的に支持しているわけではなく、子会社債権者保護は企業結合立法によって解決されるべき問題であると説く（高橋英治『会社法概説〔第4版〕』（中央経済社、2020年）21-22頁）。

第2章　外部化問題への対処方法

2　本書の見解

　上記のとおり、株主有限責任制度を修正し、特定の債務（主として不法行為債務）に対する株主の無限責任を認めようとする見解（以下「制度的変更説」という。）は国内外において根強く提唱されてきた。しかし、以下の理由により、本書は消極的な立場である。

　まず第1章で述べたとおり、株主有限責任の弊害として是正すべき対象は、事業活動における不適切なリスク・マネジメントである。事例1のような状況下において必要な設備投資を怠っていれば、まさに不適切なリスク・マネジメントが行われた結果、不法行為債務を負担するに至ったものと評価できよう。しかし、会社が不法行為債務を負担したからといって、常に株主主導による不適切なリスク・マネジメントが行われているとは限らない。例えば、親会社の指示により十分なコストをかけて損害防止措置を講じていたにもかかわらず、子会社従業員の偶発的なヒューマン・エラーによって事故が発生してしまうような状況も考えられるが、制度的変更説のもとではこのような場合も株主は無限責任の対象となってしまう。被害者保護という観点でみれば一見妥当な結論のようにも思われるが、経済活動を行う過程で何らかの加害結果が生じてしまうリスクは不可避的なものであるにもかかわらず、事案の個別事情を捨象して株主に無限責任を負担させることは、株主有限責任制度の根本的な理念に反するように思われる[14]。

　また、投資環境に与える影響の大きさも無視できない。現在における投資家の投資判断は、原則として法人の負担する債務が投資家に遡及しないことを前提としているため、これに制度的な変更を加えることは予期せぬ投資リスクの増大をもたらす。株主有限責任制度が世界的な標準となっている現況に鑑みると、特定の法域においてのみ部分的な無限責任を導入することにより、当該法域における投資環境上の競争性が著しく低下することは避けられないものと思われる[15]。

---

14)　第2項で紹介する後藤元の見解でも、不法行為を生じさせる活動によって社会的便益が生み出されることもあり、有限責任制度による一定の不法行為コストの外部化を認めることで当該活動を支援するという政策判断にも全く合理性がないわけではないという観点から、会社の不法行為債務につき株主に無限責任を課すことには消極的な立場がとられている（後藤546頁）。

第1節　親会社の被害者に対する直接責任

以上をふまえると、制度的変更説の根底にある問題意識については共感できるものの、その副作用の大きさから立法論としてのリアリティを欠き、外部化問題に対処するためには別段の方策を検討する必要がある。

第2項　法人格否認の法理

　法人格否認の法理は、法人格の形式的な分離・独立を貫徹することで生じる弊害に対処するために発展を遂げてきた伝統的な法解釈論である。同法理に依拠することにより、一定の条件のもと子会社の法人格の独立性を否定し、その債務を背後にいる支配者（親会社）に帰責させることが可能となる。法人格否認の法理自体は判例及び学説において確立した法理であり、日本における近時の有力な先行研究は、外部化問題への対処にあたってかかる法理を活用することを提唱している。

　以下では、まず法人格否認の法理の適用要件に関する判例の立場を概観した。その上で、近時の有力説である株主のインセンティブの歪みを根拠にして法人格否認を認める見解について分析し、法人格否認の法理が外部化問題に対処するための法的根拠として十分であるかどうかを検討する。

1　判例の立場

　最高裁は、法人格否認の法理が適用される場合として、「法人格が全くの形骸にすぎない場合」と法人格が「法律の適用を回避するために濫用されるが如き場合」を挙げており[16]、いわゆる形骸化事例か濫用事例のいずれかに該当する場合において法人格が否認されるという判例法理が確立している。

---

15)　Hansmann らの論文は大きな反響と支持を集めたにもかかわらず、米国において実際に不法行為債権について有限責任制度を廃止する州は現れなかったことの背景として、米国では会社法の設立準拠法を巡る州間の競争が激化しており、有限責任制度を株主に不利な形で修正することはかかる競争上の不利益をもたらすものとして各州に忌避されたことが指摘されている（Robert Rhee, "Bonding Limited Liability"（2010）51(4) William & Mary Law Review 1417, 1438）。関俊彦も、資本獲得の国家間競争により各国は投資家に有利な会社法制度を策定するインセンティブがあるため、将来的に有限責任制度が投資家側にとって不利益な方向に修正される見込みは薄いと説く（関俊彦「株主有限責任制度の未来像」商事 1402 号（1995 年）26 頁）。

16)　最判昭和 44 年 2 月 27 日民集 23 巻 2 号 511 頁。

25

第2章　外部化問題への対処方法

　形骸化事例としては、業務・財産の混同、法定手続の不遵守、会社独自の資産の不存在などが挙げられる。日本においては、そのような特徴を有する中小企業・零細企業が1つの企業グループを形成していることは決して珍しい事象ではなく、仮にそのような企業グループにおいて、ある子会社が不法行為の損害賠償債務により債務超過に陥った場合、親会社又は兄弟会社に対して法人格否認の法理を根拠に責任追及を行うことも十分に考えられよう。他方で、法人格が形骸化しているとまではいえない状態を維持するのは企業にとってさほどコストのかかることではなく、とりわけ本書が主たる検討の対象としているような大規模企業グループにおいては、グループ会社であっても独自の業務や資産があり、株主総会や取締役会の開催をはじめ会社法の諸手続も遵守しているなど、形式的な独立性が維持されている場合も多い。このような場合においては、形骸化事例として法人格否認の法理を適用することは不可能である。

　濫用事例においては、法人の背後者が会社を支配していること（支配要件の充足）が必要とされている。判例はその内容として「会社を意のままに道具として」支配・利用していることを要求しており[17]、学説上でも背後者と会社との間には強度の支配関係が必要とされている[18]。つまり、濫用事例として親会社の法人格を否認するためには、子会社の経営に対する影響力が存在するだけでは不十分であり、親会社が子会社を意のままに道具として支配していたと評価されるような強固な支配関係が必要となる[19]。

17)　大阪高判平成15年1月30日労判845号5頁、大阪地判昭和57年7月30日判時1058号129頁等。近時のものとしては東京地判令和4年6月29日LLI/DB判例番号L07731808がある。

18)　会社法コンメ(1)96頁［後藤元］、高橋・前掲注13) 22頁、大隅健一郎＝今井宏『会社法論上巻〔第3版〕』（有斐閣、1991年）54頁、石山卓磨『現代会社法講義〔第3版〕』（成文堂、2016年）54頁等。

19)　個別事案における評価の問題ではあるものの、裁判例における事実認定をふまえると決して低いハードルではないように見受けられる。例えば親子会社関係における支配要件の充足を肯定した近時の事案としては大阪高判平成19年10月26日労判975号50頁が存在するが、同事案では(1)親会社が子会社の経営方針のみならず、資産運用や労働条件などの細部についても決定していたこと、(2)親会社が子会社名義の預金通帳や届出印を管理し、出入金や決算業務も含めた全ての経理業務を親会社が管理していたこと、(3)子会社の全役員及び現場の管理職も親会社から派遣された人物で占められていたこと等が認定されている。

また、法人格の濫用を認めるにあたっては、上記の支配要件のほかに違法・不当な目的の存在（目的要件の充足）も必要である。目的要件の要否については学説上の対立こそ存在するものの[20]、判例（最判昭和48年10月26日判タ302号145頁）では「債務の免脱を目的としてなされた会社制度の濫用」を根拠として法人格が否認されており、以後の裁判例でも一貫して目的要件の充足が求められている[21]。よって、子会社の不法行為被害者が親会社に対して直接責任を追及しようとする場合、原告は親子会社間に強度の支配関係が存在すること（支配要件）だけでなく、親会社の違法・不当な目的で子会社の法人格が利用されていること（目的要件）についても立証しなければならない。しかも、株主有限責任制度のもとでは、事業リスクの分散のために法人格を利用すること自体は何ら違法・不当な目的になるわけではなく[22]、外部化問題を法人格否認の法理によって解決しようとする場合、何をもって違法・不当な目的と評価するか、かかる目的の存在をどのように立証するかという点が課題となる。

　また、学説上は法人格否認の根拠（要件）として、会社の過少資本を重視する見解も有力である[23]。しかし、判例においては法人格否認の法理の適用を認める根拠の1つとして会社財産の不存在を挙げるものこそ存在するものの[24]、これを過小資本であると認定・評価し、そのことのみをもって法

---

20)　学説上は違法・不当目的を必要とする見解（主観的濫用論）が多数説とされる（会社法コンメ(1)96頁［後藤］）。

21)　近時の裁判例も、不当な目的が存在しないことを理由に法人格の濫用を否定するものがある（前掲注17）東京地判令和4年6月29日）。また親子会社間における支配関係は認めつつも、不当な目的が認められないことを理由に法人格否認の法理の適用を否定した事案として、東京地判平成15年3月7日LLI/DB判例番号L05830992、札幌地判平成14年5月29日LLI/DB判例番号L0550657などが存在する。

22)　会社法コンメ(1)112頁［後藤］。会社設立の目的の1つが危険の分散にあったことを認めた上で、その目的の違法・不当性を否定したものとして大阪地判昭和47年3月8日判時666号87頁や東京地判昭和55年8月28日判時989号64頁等が存在する。また、東京地判平成22年9月30日判時2097号77頁では、特別目的会社（SPC）の利用が法人格の形骸化又は濫用であるかどうかが争われたところ、裁判所は「特別目的会社は（中略）投資のリスクを最小限にすることができる仕組みとして利用されているもの」であることを認定した上で法人格の形骸及び濫用を否定している。

第 2 章　外部化問題への対処方法

人格を否認する裁判例はほとんどないとされる[25]。また、実際の訴訟活動においても、いかなる事実をもって資本が「過少」であるとの評価を根拠づけるか[26]、「過少」であることを上記の支配要件・目的要件との関係でどのように位置付けるかといった主張立証上の難点が残る[27]。

なお、過去の裁判例には、親子会社関係においては株主が自然人である場合と比較して緩やかに法人格否認の法理の適用を認めて良いとの価値判断のもと、「親会社が子会社の業務財産を一般的に支配し得るに足る株式を所有すると共に親会社が子会社の企業活動の面において現実的統一的に管理支配して」いれば、「子会社の受働的債権者に対する債務関係は常にしかも重畳的に親会社において引き受けている法律関係にある」と判示するもの（川岸工業事件）が存在する[28]。しかし、かかる判決は強い批判の対象となっており[29]、その後の裁判例においても同様の見解は採用したものは存在しない。

---

23)　江頭 153 頁以下等。江頭は、「①隠れた資本奪取を中心とする財産移転、②財産混同、③過少資本こそが、有限責任を排除する法人格否認の法理の基本的問題点なのである」と説き（153 頁）、これらを規制して制度的利益（会社債権者全体）の保護するための理論として法人格否認の法理を位置付ける（290 頁）。

24)　東京地判昭和 44 年 11 月 27 日判タ 244 号 260 頁、東京地判昭和 49 年 6 月 10 日判時 753 号 83 頁、名古屋地判昭和 57 年 9 月 20 日判タ 487 号 110 頁等

25)　江頭憲治郎＝中村直人編著『論点体系会社法 1〔第 2 版〕』（第一法規、2021 年）307 頁〔鈴木隆元〕。

26)　資本が「過少」であるとは規範的評価であることから、これを基礎づける具体的な評価根拠事実の主張及び立証が必要となろう。

27)　学説上も、過少資本それ自体を実質的根拠とした法人格否認の法理の適用に消極的な立場も有力である（後藤 144 頁以下等）。片木晴彦は、会社の自己資本の適正額は高度の経営判断を必要とするものであり、株主ではなく取締役の責任領域であるとして、いわゆる実質的過少資本（会社の資本額が、会社の行う営業の種類・規模に照らして不均衡に低いこと）を理由として法人格否認の法理を適用すべきではないとする。そして、支配株主が会社経営において直接関与しているような場合であっても、そのことは会社と株主との法人格の異別性を踏みにじるものではないため、法人格の否認（会社の債務の直接負担）ではなく、取締役と同等の義務と責任を負わせることによって解決すべきであると説く（片木晴彦「過少資本会社とその規制（二）・完」法学論叢 112 巻 2 号（1982 年）92 頁以下）。

28)　仙台地判昭和 45 年 3 月 26 日労民集 21 巻 2 号 330 頁。原告は子会社である A 社（仙台工作）の従業員であったところ、同社の業績不振によって解雇されたため、A 社の親会社である Y（川岸工業）に対して法人格否認の法理を根拠に未払賃金の支払の仮処分を求め提訴し、裁判所はこれを認容した。

このように、法人格否認の法理の適用には判例上厳格な要件が課されている。かかる法理が法人格の形式的独立性の否定という重大な例外的効果を発生させる以上、その適用には厳格な要件が課され、成立場面が限定されること自体はやむを得ない。

他方で、近時の研究ではインセンティブの歪みに着目し、その弊害の解決のために法人格否認の法理の活用を有力視する見解も存在する。以下では、かかる重要な先行研究として後藤元と向井貴子の見解を参照する。

2 インセンティブの歪みに着目する見解

(1) 後藤元の見解

株主有限責任制度により株主のインセンティブが歪められ、社会的には非効率なリスク選択がなされることを問題の本質として捉え、そのインセンティブの歪みを修正する原理として法人格否認の法理を位置付けるのが後藤元（2007 年）の見解である[30]。後藤は、その一類型として不法行為コストの外部化の問題を取り上げ、事故防止措置の実施等に関するインセンティブの歪みを是正することを試みる[31]。

ア　いかなる場合に株主の責任を認めるべきか

後藤は、不法行為債務についても有限責任を認めることの意義は社会的に

---

29) 龍田節「法人格否認の法理の最近の展開」商事法務 534 号（1970 年）5 頁以下、蓮井良憲「法人格否認と賃金請求－川岸工業事件－」『労働判例百選〔第 4 版〕』別冊ジュリスト 73 号（1981 年）98 頁等。

30) 後藤元『株主有限責任制度の弊害と過少資本による株主の責任』（商事法務、2007 年）。

31) 後藤がインセンティブの歪みの是正を試みるのは不法行為リスクの外部化の局面だけではなく、債権者との契約を締結した後にリスクの高い事業に投資が行われる場合（資産代替の局面）も含まれる。すなわち、債権者に自衛の機会を与えることなく取引後・融資後にリスクプロファイルを一方的に変更するような場合についても、株主に対する責任追及を認めるべきであるというのが後藤の立場である（後藤の論文は、この資産代替の問題と不法行為リスクの外部化問題を 2 つの大きな柱とし、それぞれについて株主の責任追及を認めるべき場合を定義することを試みるものである。）。もっとも、本書においては検討対象を直接損害型における外部化問題に限定しているため（第 1 章参照）、ここでも資産代替の問題については取り上げず、外部化問題に対する後藤の主張についてのみ分析を行う。

第 2 章　外部化問題への対処方法

有益な事業活動の促進にあるところ、事故防止措置の水準が低下することで社会的に便益が発生するとは考えがたいことを根拠に、「株主によって事故防止措置の実施等の事業上の注意水準が社会的に最適な水準から乖離させられた場合」には、有限責任を否定すべきであるとする[32]。

　問題は、いかなる状況が「株主によって（中略）社会的に最適な水準から乖離させられた場合」に該当するかという点である。これについて後藤は、(1)株主が事故の発生を促進させるような積極的な行動をとった場合、(2)株主が事故の発生を抑制する方策をとらなかった場合の 2 つを挙げ[33]、(2)については、株主の不作為に対する責任追及であり、作為義務の設定範囲が問題になると整理する。そして、作為義務が認められるかどうかは株主が会社の業務にどの程度関与しているかという個別事情に依存するとしつつ、一般的には、(2-a) 経営陣が適切な損害防止措置を実施していないことや損害に繋がりうる事故が発生していることを株主が認識していた場合には、それを放置せずに是正することが要求され、(2-b) 損害発生の潜在的可能性がある活動については、適切に情報を取得することも要求されるべきであると説く。また、株主が会社運営全般を支配しているとしても、事故の発生に株主自身が関与したわけではない場合（例えば、会社や株主が安全運転を指示していたにもかかわらずタクシーの運転手が運転中に脇見をしたために事故が発生した場合）は、事業上の注意水準について株主のインセンティブの歪みがあったとは言えないため、「株主によって（中略）社会的に最適な水準から乖離させられた場合」にはあたらないとする。

　さらに、インセンティブの歪みは、事業参入後の事故防止措置の実施のみならず、そもそも事故が発生しうるような事業に参入するという選択自体についても生じる。この点につき後藤は、（上記の事故防止措置の水準の低下とは異なり）社会的に有益な事業の実施を促進するという有限責任制度の目的と密接に関連することから、事業の実施・参入に関するインセンティブの歪みをただちに株主の責任に結び付けるわけにはいかないと慎重な立場をとりつつも、judgement proofing（株主等による事業用資産の賃貸借や担保化、利

---

32)　後藤 548 頁。
33)　後藤は、(1)の具体例として、「株主が経営者等に対して特定の危険な行為や事故発生の可能性が高い経営方針の採用を指示する場合」（548 頁）を挙げる。

30

益の恒常的搾取を通じた事業用財産等への執行回避）が行われている場合については、例外的に有限責任を否定することにも合理性があると説く[34]。

イ　いかなる法律構成によるべきか

外部化問題におけるインセンティブの歪みが是正されるべき場面（換言すれば、親会社への責任追及を可能とすべき場面）に関する後藤の見解は上記のとおりであるが、後藤はそれを達成するための法律構成として法人格否認の法理の適用を主張し、いわゆる濫用事例として責任を肯定すべきであると説く[35]。

後藤は、最高裁判例にいう法人格の濫用は「法人格が株主の意のままに道具として支配されている（支配の要件）ことに加え、支配者に『違法または不当の目的』（目的の要件）がある場合をいう」ものとの理解に立ち、主観的濫用論の立場を前提とする[36]。その上で、株主のインセンティブの歪みは主観的な要素であるから、主観的濫用論的な判例に基づいて株主の責任を肯定することに特に問題はないとの立場を示す。

そして、不法行為コストの外部化は、不当な目的での法人格（有限責任制度）の濫用と評価することが可能であると述べ、損害防止措置に係る特定の行動について、「それが有限責任制度の濫用を目的としたもの（つまり、インセンティブのゆがみに基づくもの）であったということを直接立証することは、株主の自白がない限り困難であるが、これを客観的に推認することは不可能ではな（い）」とし、その推認のための指標として、上記で述べた基準が活用できると説く[37]。

また、株主の責任を追及する他の法的構成として、不法行為責任追及というアプローチがありうることにも触れ、「不法行為コストの外部化は、それ自体が債権者や被害者に対する不法行為であると評価できる可能性が存在する（中略）特に株主が不法行為発生に関与した場合を株主自身による不法行為と構成することは十分可能であるように思われる」とする。他方で、「株

34）　後藤 549-550 頁。
35）　後藤 583-584 頁。
36）　後藤 583 頁。
37）　後藤 584 頁。

主による judgement proofing がそれ自体として不法行為に該当すると判断
されるかという点については、疑問がないわけではない」[38]という問題意識
や、民法 709 条の各要件の主張・立証が困難である可能性にも言及しつつ、
「株主の責任を実現するための法律構成としては、民法 709 条の不法行為責
任や会社法 429 条の取締役の第三者に対する責任により解決しうる部分もあ
るが、これらに関する解釈論の現状からすると、問題点を明確に意識したう
えで法人格否認の法理に依拠するというのが現実的な選択肢であろう」と結
論づける[39]。

(2) 向井貴子の見解

向井貴子（2005 年）も、株主有限責任は株主による過剰なリスクテイキン
グと過少なリスク・マネジメントを動機付けるものであるとした上で、これ
によってコストの外部化が行われ、特に非任意債権者との関係で深刻な不利
益がもたらされることを「モラル・ハザード問題」と定義し、有限責任法理
の修正による対応を主張する[40]。

ア　いかなる場合に株主の責任を認めるべきか

向井は、モラル・ハザードの問題が最も顕在化しやすいのは支配株主が存
在する会社であることを前提に、かかる支配株主に、非任意債権者に対する
無限責任を課す法的枠組みを採用することが妥当であると主張する。

そして、支配株主とは、(1)議決権割合（形式的な支配）と(2)事業活動に対
する支配（実質的な支配）の両方を満たす株主が該当するとした上で、(1)に
ついては過半数の議決権を所有している場合のみならず、他の株主との関係
から会社の経営に影響力を行使するだけの株式を保有している場合も含まれ
ると整理する。また、(2)の事業活動に対する支配が認められる場合について
は、「①リスクが高いことが明らかな事業活動に多くの情報を有し、そのリ
スクの高さを認識し、それにもかかわらず（そうであるからこそ）、②過剰

---

38) 後藤 580-581 頁。

39) 後藤 586 頁。

40) 向井貴子「株主有限責任のモラル・ハザード問題と非任意債権者の保護」九大
法学 91 号（2005 年）267 頁。

なリスク・テイキングを経営者に促し、また、リスク・マネジメントへの投資を十分に促さなかった株主で、③そのリスクのある事業活動から得られた会社の利益を、自分の免責資産へ移動する能力が高く、実際にその能力を行使し、④出資割合よりも大きい利益をそのリスクの高い事業活動から得てい（る）」という要件を設定し、これらの基準を満たす場合でなければ、非任意債権者に対する会社の債務につき株主に無限責任を負わせることを正当化できないと説く[41]。

　後藤は、向井の設定した要件と自身の見解を比較し、リスクの高い事業の実施のみでは株主の責任を肯定していない点においては共通しているとした上で、②については後藤が株主の不法行為発生への関与として問題とした状況であり、③についても自身と同様 judgement proofing の一手法を問題とするものであると整理する。その上で、(1)後藤の見解では、株主の不法行為への関与か judgement proofing のどちらか一方があれば株主の責任が肯定されるのに対し、向井は②と③両方の充足を必要としている点、(2)支配株主に責任を課すために現実に出資割合よりも大きな利益を得ていることを要求する必要性はない点（後藤の見解では、向井が設定する④の要件を必要としない点）に違いがあると分析する[42]。

イ　いかなる法律構成によるべきか

　外部化問題を法人格否認の法理によって解決することが現実的であると結論づけた後藤の研究に対し、向井はその方法論については明確な結論を打ち出していない。具体的には、「本来ならば、法人格否認の法理を通して、本稿で提示した法的枠組みを裁判所の判断に期待することが筋なのかもしれない。しかしながら、これは困難ではないかとの疑念を拭い去れないのである。なぜなら、裁判所がなんらの立法措置もないなかで、株式会社が法人格をもつがゆえの問題と株主が有限責任をもつがゆえの問題とを切り離した判断をし、株主に支配があることのみで非任意債権者との関係で責任を認めるとは、アメリカの法的状況からは考えにくいからである。」と説き、考えは立法論

---

41)　向井 389 頁。
42)　後藤 551 頁。

第2章　外部化問題への対処方法

へ向かうことになると述べつつ、立法論をとるとなると法人格否認の法理との関係性や、任意債権者の取り扱いが問題になりうると分析する[43]。

　そして、「支配株主の責任についてはこれを既存の規定の解釈論として解決するか、新たな規定を設けて立法論として解決するかについてはさらなる検討が必要であろう。株主有限責任の原則が社会に与えている便益に鑑みると、この点についてはより慎重であるべきと考えるからである。」とし、最終的な結論を留保する[44]。

　また、向井は不法行為責任に基づく株主への責任追及についても検討しているものの、その関心は主に非任意債権者の間接損害に向けられている[45]。そして「民法709条に関しては、株主が、将来的な債権者である非任意債権者の損害を見越したうえで、それでもなおリスクの高い事業活動への過剰投資を促すように経営者に指示したということが明らかな事実がある場合まで成立しないとまではいえない。しかし、株主のこのような行動は、取締役に対する指示であって、この指示が株式会社自身の事業活動と関連して株式会社自身の不法行為責任を生み出し、非任意債権者は間接損害を被ったのだという点を主張・立証するのはかなりの困難が伴う。」と消極的な評価を下す[46]。

3　本書の立場

　後藤と向井の見解は、(1)いかなる場合に株主の責任を認めるべきかという観点と、(2)その責任をいかなる法的構成によって裏付けるべきかという観点から、それぞれ外部化問題への対処法を分析するものであった。本章では、主に法的構成に着目して先行研究の分析を行っていることから、前者に関する詳細な検討は第5章で行うこととし、ここでは後者の法的構成について取り上げる。また、向井は望ましい法的構成が何かという点については最終的な結論を留保していることから、ここでは主に後藤の見解、すなわち法人格否認の法理によって外部化問題を解決することの妥当性を検討する。

---

43)　向井 392-393 頁。
44)　向井 409 頁。
45)　向井 378-380 頁。
46)　向井 380 頁。

34

第1節　親会社の被害者に対する直接責任

　まず、支配要件との関係で問題になるのは、株主の責任が認められるべき状況として後藤が想定する場面において、強度の支配が認められるのかという点であろう。前述のとおり、濫用事例における支配要件の充足のためには、株主が会社を意のままに道具として利用するような強度の支配関係を要求するのが判例及び通説の立場である。後藤が問題視する株主の経営への関与の態様（例えば、経営陣が適切な損害防止措置を実施していないことを株主が認識している場合や、株主が経営者等に対して特定の危険な行為や事故発生の可能性が高い経営方針の採用を指示する場合など）のみでは、この支配要件を充足することは困難であるように思われる。この点に関する後藤の見解は必ずしも明確ではないが、仮にこれまで濫用事例において要求されてきた水準かそれに近い水準の支配関係の存在を前提にする場合、会社側の経営の独立性が最低限保たれており、株主（親会社）の道具とまでは言えないような場合は、法人格否認の法理による是正を行うことはできなくなる。逆に、株主が会社の経営に一定程度影響力を及ぼしている状況でありさえすれば良いとすると、これまで濫用事例において求められてきた支配要件との整合性をどのように考えるかという問題が生じよう。

　目的要件との関係で懸念されるのは、(a)不当な目的がない場合は法人格否認の法理で対応できなくなるという実体法上の問題、(b)仮に不当な目的があったとしてもその証明は困難であるという立証上の問題である。まず(a)については、インセンティブの歪みにより不法行為コストを外部化することが法人格の濫用であるとするならば、不当な目的があったというためには、少なくともインセンティブの歪みが生じていることを（抽象的ではあっても）株主自身が認識している必要があると考えられる[47]。したがって、株主が会社の事業内容やリスクに無関心である場合や、事故発生の可能性やその予防コストを誤って認識していた場合は、不当な目的は認められないということになろう。(b)については、（後藤自身も認めるとおり）主観面の立証をするためには間接事実から推認を重ねざるを得ない。株主の責任を負うべき場合と

---

[47]　法人格の「濫用」とまで評価する以上、不当な目的があったと認めるためには単にインセンティブの歪みが生じていることに対する抽象的な認識だけでは足らず、その状況を自らの利益のために積極的に利用とする意思まで必要とするのが自然であるようにも思われる。

して後藤が挙げた上記の基準は、確かに不当な目的の存在をある程度は推認させるものではあるかもしれないが、株主が経営者等に対して特定の危険な行為や事故発生の可能性が高い経営方針の採用を指示した事実や、経営陣が適切な損害防止措置を実施していないことを認識していた事実をもって、ただちに不当な目的を認定することはできるわけではない。とりわけ、株主が事業に内在する不法行為リスクをどのように認識していたかという点を立証することには相当の困難が伴うことになろう。

　また、後藤は事故防止措置の水準の低下に対する株主の責任につき、これを株主の不作為の問題として捉え、いかなる場合に作為義務を課すのが妥当であるかという観点で検討を行っているところ、これはまさに不作為不法行為責任の検討で行われる作業そのものである。そうであるならば、法人格否認の「濫用」要件の枠内で作為義務の有無とその違反の判断を検討するよりも、シンプルに不法行為責任構成を採用する方が解釈論として自然であり、無理がないようにも思われる。

　日本法では有限責任原則の修正原理として法人格否認の法理が確立している以上、これに依拠した解決を志向することは合理的なアプローチである。しかし、同法理の適用要件に関する判例の立場を前提とした場合、後藤が問題視する場面を的確に捕捉しきれないのではないかという懸念は拭えない。既存の判例や通説的見解に縛られず、法人格否認の新類型としてこの問題に対処することも考えられるが、そうすると今度は向井が示す懸念（なんらの立法的な手当てもない中で裁判所がそこまで踏み込んだ判断をするか）は更に先鋭化することとなり、後藤が重視する「現実的な路線」からも大きく後退することは避けられない。以上をふまえると、有限責任制度を原因とするインセンティブの歪みや外部化問題を解決するためには、法人格否認の法理以外の法的構成を検討する必要があるように思われる。

第3項　会社法429条に基づく対第三者責任

　会社法429条1項は取締役の第三者責任を定めた規定である。条文上、その責任主体は「役員等」であることが規定されているが、取締役としての選任手続を経ていないにもかかわらず、あたかも取締役であるかのごとく積極的に会社の業務執行に関与している者についても、いわゆる事実上の取締役

として同条の類推適用に基づき第三者責任を負わせることが判例上も認められている[48]。

そこで、法人である親会社についても、子会社の経営に対する指揮や支配を行っている場合は、子会社にとっての事実上の取締役又は事実上の主宰者[49]にあたるものとして、会社法429条1項（平成17年改正前商法266条の3第1項）を含む取締役の責任規定の対象とすることが主張されてきた[50]。これらの見解は、子会社の経営に対する親会社の支配・指揮と責任を一致（相関）させることを重視するものであり[51]、支配を根拠にして親会社の責任を導くという点においては、不法行為上の作為義務を媒介にして親会社の義務違反行為を肯定する本書の立場（第5章）と共通する。

---

48)　高松高判平成26年1月23日判時2235号54頁、大阪地判平成23年10月31日判時2135号121頁、名古屋地判平成22年5月14日判時2112号66頁等。

49)　中村信男は、既成事実の尊重を目的とする事実上の取締役概念と、支配と責任の一致を志向する事実上の主宰者概念は異質なものとして両者を区別し、事実上の主宰者については（類推適用ではなく）取締役そのものとして対第三者責任の規定の直接適用を認めるべきであるとの立場をとる（中村信男「判例における事実上の主宰者概念の登場－事実上の主宰者への取締役関連規定の適用事例－」判タ917号（1996年）117頁、120頁）。これに対して、石山卓磨は、「事実上の取締役」とは多様性に富んだ概念であり、取締役としての概観を備えて継続的に職務執行している者だけでなく、法律上の取締役を道具として会社経営に支配を及ぼしている者も含まれるとする（石山卓磨「事実上の取締役概念の多義性」石山卓磨＝上村達男編『酒巻俊雄先生還暦記念・公開会社と閉鎖会社の法理』（商事法務研究会、1992年）66-71頁）。「事実上の取締役」をどのように定義し、適式の選任手続を経ずに会社を指揮する者をこれに含めるかは論者によって立場が異なることから、本書では特に言及のない限り、事実上の主宰者も包含する概念として「事実上の取締役」と表記する。事実上の取締役概念の多義性について整理した近時の文献として、髙橋美加「事実上の取締役の対第三者責任について」岩原紳作＝山下友信＝神田秀樹編『会社・金融・法〔上巻〕』（商事法務、2013年）345-352頁を参照。

50)　青木英夫「コンツェルン指揮と責任」私法28号（1966年）202頁、酒巻俊雄『取締役の責任と会社支配』（成文堂、1967年）44頁、同「親子会社間の取締役の責任」法律のひろば20巻2号（1967年）14頁等。青木はあくまで支配会社（支配株主）を取締役と区別した上で、事実上の取締役に対しても取締役の責任規定の適用を主張する。これに対して酒巻は、取締役の責任規定において取締役の意義を実質的に捉えることが必要であるとの立場を前提に、子会社の取締役を自己の傀儡ないし道具として利用し行為せしめた支配株主たる親会社は取締役概念の中に包括させるべきであるとして、取締役の責任規定の拡張適用を説く。

第 2 章　外部化問題への対処方法

　仮に、親会社を事実上の取締役等として会社法 429 条の責任の対象とすることができるのであれば、子会社のリスク・マネジメントに対して不適切な支配や干渉を行う親会社についても、「第三者」たる不法行為被害者に対して直接責任を課す余地が生まれ、親会社において不法行為コストの内部化が図られることが期待できる。しかし、かかる法的構成には以下のような課題が存在する。

　まず、会社法では法人には取締役資格が認められていない（会社法 331 条1 項 1 号）[52]。したがって、法律上取締役になり得ない存在である親会社に、子会社の取締役としての実態を観念することができるのかという点が問題になるところ、これを否定する見解も有力である[53]。支配と責任を一致させるというコンセプト自体は首肯できたとしても、会社法 429 条の責任主体の

51）　酒巻は、親会社が子会社を指揮しているにもかかわらず法人格の独立性から親会社がその責任を負わないことを、会社法の原則とする「支配と責任との相関」の破壊と評価し、これを修正する原理として取締役概念にそのような親会社を包含することを主張する（酒巻・前掲注 50）法律のひろば 20 巻 20 号 13 頁）。また中村も、問題の核心は経営指揮と責任の一致であるとした上で、事実上の主宰者概念は、経営に対する支配とそれに相応する責任との相関を実現する法理として理解されるべきであると説く（中村信男「親子会社と影の取締役・事実上の主宰者の責任」法務研究 7 号（2011 年）47 頁、同「事実上の主宰者の責任と影の取締役（下）」商事法研究 66 号（2009 年）3 頁）。

52）　会社法制定以前は明文の規定がなく、法人取締役が認められるかどうかについては学説上争いがあった。当時の法人取締役の是非を巡る学説を整理・分析するものとして、酒井太郎「法人は、取締役になることができないのか？（2・完）」一橋法学 21 巻 3 号（2022 年）827 頁以下。

53）　野上誠一裁判官は「法人は取締役に就任できないから（331 条 1 項 1 号）、法人（親会社等）を事実上の取締役とみることはできない。」として、親会社に事実上の取締役として会社法 429 条 1 項の責任を負わせる余地を明確に否定している（野上 35 頁注 22）。蓮井良憲も、親会社たる支配株主を子会社の事実上の取締役と解する見解については「法人取締役が認められるかどうか、これを認めるにしても、子会社の取締役としての任意務の遂行上、親会社のなす指図の意味と限界は不明確とならざるを得ないと考えられ」るとし、子会社の取締役概念そのものに親会社を包括する見解についても「イギリス会社法におけるように、取締役の実質的把握についての定めのない場合に、支配株主たる親会社を子会社の取締役の概念の中に含ましめることにつき疑問もなくはない。」と懐疑的な立場を示し、親会社の不当な経営指揮に伴う損害賠償責任の問題は立法的解決に期待するほかないと説く（蓮井良憲「親子会社」鈴木竹雄ほか編『新商法演習 2－会社(2)』（有斐閣、1974 年）240 頁）。

38

第1節　親会社の被害者に対する直接責任

人的範囲を法人に拡張することが、これによって当然に正当化されるわけではないことには留意が必要であろう[54]。とりわけ、親会社を「影の取締役」として取り扱うことを許容し、取締役としての義務を負担させる英国法においては、従前より法人取締役の存在が許容されてきたことをふまえると[55]、法人の取締役資格を認めない日本の会社法においても英国法と同様に考えられるのかについては議論の余地があるように思われる[56]。

　また、事実上の取締役に該当することの要件については諸説あるものの、少なくとも会社の業務執行に対する継続的な関与を行っていることが必要であること（すなわち、一時的な関与では足りないこと）について判例・学説と

[54]　髙橋美加は、会社法429条1項の責任を問うべき主体を「事実上の取締役」概念を用いて拡張することにつき「理論的に、また解釈論として、人的範囲の拡張を導くことが難しいことは否定できない。」とし、その理由として「本来、会社法429条1項によって責任を負わされる会社側の自然人が法律上の役員等に限定されているのは、これらの者は法で定められた選任手続を受け、契約によって善管注意義務等の会社法上の義務を引き受けており、第三者に対する損害防止の観点も含めた注意義務を負っているためと整理されているからであろう。」と指摘する（髙橋・前掲注49）373頁）。かかる指摘は取締役以外の自然人に対する責任の拡張に関する文脈で論じられたものであるが、法人への拡張についても妥当するように思われる。

[55]　*In Re* Bulawayo Market and Offices Co Ltd［1907］2 Ch 458, CA 2006 s.155. なお、英国では会社支配者の透明性を確保する観点から、2015年の法改正において、原則として取締役は自然人でなければならないとする条項（s.156A(1)）が追加された。もっとも、2024年1月時点において同条項は未施行の状態であることに加え、かかる原則禁止の条項には一定の例外が認められており、法人取締役が完全に禁止されるわけではない。英国法における法人取締役制度の改革の経緯と状況を分析する文献として、酒井・前掲注52）834頁以下。

[56]　上記の英国法における法人取締役を原則禁止とする条項は、影の取締役の該当性には影響を及ぼさない旨も規定されているため（s.156A(4)）、改正法の施行後も親会社は子会社の影の取締役となりうる。したがって、少なくとも英国会社法は、取締役資格の有無と影の取締役該当性を切り離して考えていると評価することも可能であろう。また中村は、「影の取締役規制の核心が、誰が取締役として相応しいかという適格性の問題ではなく、誰に会社経営に係る支配に見合った責任を負わせるべきかという帰責法理であることに鑑みると、法人取締役を禁止する立法のもとでも、法人は影の取締役と認定することには問題がないと考えられる。」と述べ、「わが国でも、影の取締役規制に起源を求めるべき事実上の主宰者概念を用いて親会社の子会社や子会社債権者（又は少数株主）に対する法的責任を導く上で、会社法が法人取締役を欠格事由とすることはやはり法的障碍とならないといえよう。」と説く（中村・前掲注51）法務研究7号52頁）。

39

第2章　外部化問題への対処方法

もに一致している[57]。そのため、子会社の不適切なリスク・マネジメント
に対して親会社が部分的・単発的な関与を行っているにとどまる場合は、会
社法429条1項の適用により親会社に責任を負わせることはできない[58]。

さらに、親会社が事実上の取締役に該当するとしても、会社法429条によ
る責任追及が認められるためには、子会社に対する任務懈怠が認められ、そ
れが悪意又は重過失によるものでなければならない[59]。本来的には取締役
になりえないはずの親会社が、子会社の（事実上の）取締役として負担して

[57]　会社法コンメ(9)404頁［吉原和志］。東京地判昭和55年11月26日判時1011号
113頁は「ある者につき右『実質上の取締役』たる立場を肯定するためには、そ
の者が、実際上、取締役と呼ばれることがあるのみでは足りず、会社の業務の運
営、執行について、取締役に匹敵する権限を有し、これに準ずる活動をしている
ことを必要とすると解すべきである。」と判示する。東京高判平成20年7月9日
金判1297号20頁も、「取締役でない者に第三者に対する損害賠償責任を負わせる
ためには、その者が会社から事実上取締役としての任務の遂行をゆだねられ、同
人も事実上その任務を引き受けて、会社に対し、取締役と同様の、善良な管理者
としての注意義務を負うに至っていると評価されるような事実関係があり、かつ、
実際にその者が取締役であるかのように対外的又は対内的に行動して、当該会社
の活動はその者の職務執行に依存しているといえるような事実関係があることが
必要であるというべきである。」として、事実上の取締役の認定において厳格なハー
ドルを課す。

[58]　中村も、実質的な経営の担い手としての責任が問題とされる以上、単発的に1
回限りの指示があっただけでは事実上の主宰者として認定することはできないと
述べる。そして、支配株主等による不当な経営指揮が通例的な経営指揮の一環で
あることを原告が立証できない場合には法人格否認の法理や不法行為法理の発動
に頼る必要があるとした上で、事実上の主宰者概念だけでは経営指揮に伴う責任
追及のケースを全てカバーできないという限界があることは銘記されるべきであ
ると説く（中村・前掲注51）法務研究7号47頁以下）。他方で中村は、企業グルー
プにおける親子会社関係においては、親会社から子会社取締役等に対する経営
指揮が通例化しているケースが一般的であり、多くの場合において、事実上の主
宰者概念により子会社やその利害関係人に対する親会社の法的責任を導くことが
可能であるとの見方を示す。中村信男「イギリス会社法における影の取締役規制
の進展・変容と日本法への示唆」私法71号（2009年）256頁以下も参照。

[59]　もっとも、近時の裁判例の分析の結果として、「事実上の取締役」の該当性の判
断には、具体的な責任原因との関係で、責任を負うべき人的範囲を拡張するべき
かという当該事案における実質的な利益衡量が含まれており、「事実上の取締役」
であるとの認定はそのまま損害賠償責任の肯定を意味する（「事実上の取締役」に
は該当するが「任務懈怠」はなかったという類型がありそうだが、そのような例
は見当たらない）との指摘もある（髙橋・前掲注49）367頁）。

40

いる任務（義務）をどのように構成するかという点は、特に親会社が子会社の加害行為について積極的な加担を行っていなかった場合に問題となろう[60]。

　以上のとおり、子会社に対して影響力を行使する親会社を事実上の取締役として会社法429条の責任主体にするためには、(1)そもそも法人である親会社に対して会社法429条1項を（類推）適用することが可能なのかという論点をクリアせねばならず、(2)（仮に可能だとしても）「事実上の取締役」の該当性や任務懈怠要件との関係においてその成立範囲に一定の制限がかかってしまうという懸念が存在する。

　なお、会社法429条1項について、判例及び伝統的な通説はこれを第三者保護のための法定責任として理解してきた。しかし、一般不法行為で保護される以上に第三者を保護する理由や、会社に対する任務懈怠が第三者に対する責任を根拠づける理由について今なおこれを疑問視する見解も有力であり[61]、近時においても会社法429条1項を廃止することを肯定的に評価する見解が有力に主張されている[62]。かかる立場を前提とするならば、子会社の経営に対する親会社の関与についても、会社法429条1項の類推適用の問題ではなく、不法行為責任の問題として考えることが適切であるということになろう。

第4項　使用者責任

　親会社に対する責任追及を行うための法律構成として、米国法やドイツ法の議論を参考にし、民法715条1項に基づく使用者責任の活用の可能性を示唆する見解がある[63]。

---

60)　近藤光男は、「会社法上の任務や権限のない者に、任務懈怠を認めて429条の責任主体を拡大することには疑問がある。とくに監視義務違反の事案においては、監視義務として何をなすべきか、任務の不明確な者には曖昧であり、その違反による責任を認めることが躊躇される。」と指摘する（近藤光男「いわゆる『事実上の役員等』－最近の裁判例の検討から－」伊藤眞ほか編『石川正先生古稀記念論文集・経済社会と法の役割』（商事法務、2013年）777頁）。

61)　会社法コンメ(9)344頁［吉原］。

62)　田中380頁等。

63)　江頭264頁以下。

41

第 2 章　外部化問題への対処方法

　民法 715 条 1 項の「他人を使用すること」（使用関係）は、判例・学説とも
もにこれを広く解釈しており、雇用関係がなくても、一方（使用者）から他
方（被用者）に対する実質的な使用関係があれば当該要件は充足されるもの
と理解されている。もっとも、親子会社間において実質的な使用関係を肯定
して民法 715 条 1 項の責任を親会社に認めた裁判例は見当たらず、また学説
においてもこの点に関して十分な議論の蓄積がされてきたとは言い難いよう
に思われる。

　他方で、元請人と下請人の関係性においては、下請人の従業員が引き起こ
した不法行為被害に関して、（直接の雇用者である下請人だけでなく）元請人
も使用者責任を負うかという点について判例・議論が蓄積されてきた。その
リーディング・ケースとなったのが最判昭和 37 年 12 月 14 日民集 16 巻 12
号 2368 頁であり、同事案では、下請会社の従業員が運転中の過失に基づき
引き起こした自動車事故について、元請会社が使用者責任を負うかどうかが
争われた。最高裁は、下請人の被用者に対して「直接間接に元請負人の指揮
監督関係が及んでいる場合」になされた行為についてのみ元請人の使用者責
任が発生すると判示し、当該事案における元請会社の使用者責任は否定され
た。かかる規範はその後の同種事案においても維持されており [64]、元請会
社から下請会社に対する指揮監督関係があるだけでは、下請会社の被用者の
引き起こした加害行為につき、元請会社の使用者責任は認められないことが
判例上確立している。このような判例の立場に対しては、あくまで規範的な
観点から当該事案において元請人が下請を監督すべき立場にあったと言える
かどうかによって判断すべきとする見解 [65] や、元請と下請が親子会社関係
にあるような場合は元請に対して使用者責任を認めるべきと説く見解 [66] も
存在するが、実務上受け入れられるには至っていない [67]。

　仮に親会社の使用者責任の成立範囲についても、元請・下請会社間におけ

　64）　最判昭和 45 年 2 月 12 日判時 591 号 61 頁等。
　65）　吉村良一『不法行為法〔第 6 版〕』（有斐閣、2022 年）227 頁。
　66）　四宮和夫『事務管理・不当利得・不法行為（下）』（青林書院、1985 年）685 頁。
　67）　学説上も、事業主体間の指揮命令関係のみで足りるとすれば使用者責任が無限
　　　に拡大されるという不合理が出てくるとして、判例の立場を肯定的に評価する見
　　　解が存在する（幾代＝徳本 199 頁注 10）。

42

第1節　親会社の被害者に対する直接責任

る使用者責任に関する判例・学説と同様に考えるのであれば、親会社が子会社のリスク・マネジメントについて指揮監督を行っているだけでは足りず、実際に加害行為を行った子会社従業員に対して直接的に指揮監督を行っていたような場合に限って、親会社の責任が認められることとなろう。

　また、使用者責任は代位責任であり、これを親会社に課すことは（親会社自身の債務としてではなく）子会社の債務を親会社が負担することにほかならず、株主有限責任との緊張関係が先鋭化する。前述のとおり、我が国の判例や主要な学説は、濫用事例における法人格否認の法理の要件として「会社を意のままに道具として」支配・利用するがごとき強度の支配要件に加え、違法・不当な目的（目的要件）も設定しているにもかかわらず、子会社との間に実質的な指揮監督関係が存在する場合に使用者責任が認められるのであれば、法人格否認の法理の適用において厳格な要件が課されている意義を没却しかねない[68]。したがって、親子会社関係においては使用者責任（代位責任）を認めるべきではない。

　68）　向井 382 頁も同様の点を指摘し、「不法行為法（使用者責任）と会社法（株主有限責任の原則ないし法人格否認の法理）は矛盾的状況にある」、「法人格否認の法理に関する我が国の裁判所の従来的な立場によると、形骸化事由ないし濫用事由がない場合に、株主に対して支配の責任を問うとは考えにくい」旨を指摘する。

43

第2節　親会社の子会社に対する責任

　第1章の事例1は、子会社の利益を犠牲にして親会社の利益を図っている事案と考えることも可能である。そして、親会社がその影響力を行使して子会社（ひいてはその少数株主や債権者）に対して不利益を与える危険性については、いわゆる支配株主の法的責任の問題としてかねてより議論がなされていた。

　平成26年の会社法改正にあたっては、(1)親会社が子会社の利益を犠牲にして自己の利益を図っている場合、親会社が子会社に対して損害賠償義務を負う旨の明文規定や、(2)同じく親会社が子会社債権者に対して責任を負う旨の規定を設けることがそれぞれ検討されていた[69]。最終的にこのいずれも法改正には至らなかったが[70]、少なくとも(1)の場合については、明文の規定を設けなくても（すなわち、現行法の解釈として）親会社が子会社に対して不法行為責任を負う場合がありうるという前提が法制審議会においても共有されていたように見受けられる[71]。

　そこで、本書が想定するような外部化問題についても、親会社の子会社に対する不法行為責任を問うことが考えられるが、以下のとおり、実際には奏功しない可能性が高い。

第1項　実体法に関する問題

　まず、親会社（支配株主）が子会社を搾取する場合としてこれまで主に想定されてきたのは、親子会社間において何らかの取引や行為が存在する場面であった[72]。これは、そのような場面が実社会において頻繁に発生するこ

---

69)　法制審第11回部会資料11・8頁以下

70)　(1)については中間試案においても明文の規定を設ける案（A案）と設けない案（B案）の双方が提示された上で改正には至らなかったが、(2)については中間試案の段階で検討対象から外された。

71)　第11回会議議事録39頁［岩原発言、坂本発言］、40頁［内田発言］、41頁［上村発言］、42頁［田中発言］等。他方で、子会社債権者に対する親会社の直接責任が現行法の解釈から導けるかという点については必ずしも明確ではない（法制審第7回議事録24頁［齊藤発言］、第11回議事録53頁［神作発言］参照）。

とと同時に、二当事者間における利益の相反性や、法的非難の対象が外形的に明確であることによるものと考えられる。

　対照的に、本書が想定する状況においては、親子会社間の利益の相反性が必ずしも外形的には明らかではない。子会社がハイリスク事業に参入したとしても、事故が発生せず、そのリターンを得られている状況においては子会社の利益は害されない。また、子会社が損害防止措置を講じるにあたって十分な費用をかけなかったとしても、コストカットによる収益増という形で一次的な恩恵を被るのは子会社自身である。事例1のように数値化して分析すれば、子会社の利益が犠牲となって株主である親会社が潤うという構図が説明可能であるが、こうした状況は外形上明らかではなく、また事故の発生という偶発的事象があって初めて子会社利益の搾取が現実化することになる。したがって、子会社の不適切なリスク・マネジメントに対する親会社の関与や看過を、利益相反取引や事業機会の配分と同様に子会社利益の不当な搾取として法的非難の対象として捕捉できるのか（可能であるとすればどのような基準で違法と評価するか）については議論の余地があろう。

　また、親子会社間取引のような利益相反性が明確である行為についても、現行法のもとでは基本的に支配株主が会社に対して何らか法的義務を負っているわけではないこと[73]や、親会社が自己の利益を図ること自体は違法ではないこと[74]などから、不法行為責任が認められるハードルは高いことが指摘されている。子会社の利益を図るのは本来的には子会社取締役の役割であるところ、なぜ親会社が自社の利益を図ったことが子会社との関係で違法と評価されるのかという難題は、本書が検討対象とする子会社の不適切なリスク・マネジメントの事例にも妥当しよう。とりわけ、親会社が不適切なリスク・マネジメントについて具体的な教唆を行ったわけではない場合、親会社の子会社に対する不法行為が成立する余地は極めて限定されるものと思わ

---

72)　平成26年改正の検討過程においても、親会社が子会社に対して損害賠償責任を負う規定の適用対象として議論されていたのは、親子会社間に利益相反取引がある場面や、親子会社間において事業機会の配分が行われる場面である（法制審第11回部会資料11・8頁以下、同議事録32頁以下）。

73)　法制審第11回議事録42頁［田中発言］。

74)　法制審第11回議事録44頁［藤田発言］。

れる[75]。

第2項　実効性に関する問題

　仮に親会社の子会社に対する損害賠償義務を肯定したとしても、債権者が子会社である以上、子会社が実際に権利行使を行うことで初めて損害賠償が実現される。しかし、通常の親子会社関係において、子会社が親会社に対して損害賠償請求権を行使することは考えがたい。よって、子会社の不法行為債権者としては、子会社の親会社に対する損害賠償請求権を代位行使することで自己の利益を保全する必要が出てくる[76]。もっとも、大規模不法行為により子会社が債務超過に陥った場合、親会社が子会社に対して財政的な支援を行わないとなれば、子会社は事業の継続を断念して破産手続開始の申立てを行う可能性が高い。そして、子会社に破産手続が開始された場合、親会社に対する訴訟提起は破産管財人の専権事項となる（既に債権者代位訴訟が提起されていた場合は訴訟が中断し、受継の是非を破産管財人が判断することになる。破産法45条1項・2項）。

　問題は、破産管財人が財団増殖のためにそのような訴訟を提起するか（あるいは既に提起されていた債権者代位訴訟について受継するか）であるが、個別事案によるものの、その可能性は低いように思われる。破産財団の増殖は破産管財人の任務であるが、効率的かつ迅速にこれを遂行し、配当を行って手続を終結させることも破産管財人の重要な職責である。したがって、勝訴の見込みが明らかではなく、確定までに長い年月を要するような訴訟に対して、

75）　親会社の子会社に対する不法行為責任に関する現行法下における解釈につき、田中亘は「親会社に不法行為責任を問うというのは、子会社の取締役に義務違反があって、その義務違反の教唆・幇助ということによって初めて認められるということになるから、具体的に教唆みたいな行為がされていないといけないのではないか」と指摘し（法制審第11回議事録42頁）、これを受けて藤田友敬も「先ほど教唆といったことが言われましたけども、そういう風にテクニカルにどこかの行為を捉えて違法性を基礎づける要素を見つけなくてはならなくなる」と指摘する（法制審第11回議事録44頁）。

76）　平成26年会社法改正の検討過程においては、親会社による子会社の搾取における子会社債権者の保護は、（子会社から親会社に対する損害賠償請求権が成立することを前提に）債権者代位権の行使を通じて図るという方向性が当初から提示されていた（第7回議事録22頁以下［大野発言］）。

破産管財人が時間的・金銭的コストを費やすことは実務上容易ではない。よって、子会社の不適切なリスク・マネジメントが原因で事故が発生し、子会社が破産手続を申し立てるに至った場合、多くの事案において、破産管財人としては親会社の不当な影響力行使に対する損害賠償訴訟を提起するのではなく、親会社による搾取を防がなかった（あるいはこれに加担した）子会社取締役に対する役員責任査定（破産法178条1項）を裁判所に申し立て、そちらに注力することが現実的な対応方針になるのではなかろうか[77]。また、仮に破産管財人が親会社に対して訴訟を提起してこれに勝訴した場合であっても、財団債権や優先的破産債権を有する者に対して先に配当され、不法行為被害者は他の破産債権者とともに按分弁済を受けることができるにとどまる。したがって、被害者救済という観点からみても十分な結果に繋がらない可能性が高い。

　以上のとおり、親会社の子会社に対する不法行為責任が認められたとしても、その実効性において難がある。

77）　平成26年会社法改正の検討過程においても、（少数株主保護がきちんと図られるのであれば債権者保護のための規定は不要ではないかという見解に対して）子会社が倒産するにあたり管財人が支配株主に対する請求権をきちんと行使することが制度的に担保されないのであれば、子会社債権者から個別に支配株主へ責任追及する可能性を認めるべき場合があるのではないかという指摘がされていた（第7回議事録24頁［齊藤発言]）。

第2章　外部化問題への対処方法

第3節　取締役個人の被害者に対する第三者責任

　第2節で取り上げた手法は、いずれも親会社という法人の責任を追及するものであった。では、個人責任はどうだろうか。不適切なリスク・マネジメントを行う子会社にせよ、それを奨励又は看過する親会社にせよ、企業の決定や行動に対して取締役は大きな影響力を持つ。したがって、取締役に個人責任を課すことにより、これらの行動を予防又は是正することが期待できるかもしれない。以下では、(1)子会社取締役に対する個人責任の追及と、(2)親会社取締役に対する個人責任の追及につき、それぞれ外部化問題への有効な対処法となりうるかについて分析する。

第1項　子会社取締役の被害者に対する責任

　子会社取締役にとっては、自社の存続を揺るがしかねない危険につき、これが現実化することのないよう適切な措置をとることは善管注意義務の一内容である。したがって、不適切なリスク・マネジメントを放置することは、役員の善管注意義務違反として任務懈怠を構成しうる。そして、これにより事故が発生し第三者の法益を侵害した場合、被害者は当該役員に対して第三者責任（会社法429条1項）を追及することが考えられよう。対会社責任（同法423条1項）と異なり、職務の執行にあたって「悪意又は重大な過失」があったことを立証する必要があるものの、従来の裁判所は第三者責任における重過失要件を緩やかに解釈しているという指摘もあり[78]、被害者が子会社取締役に対して第三者責任を追及することは現実的な手段の1つである。

　もっとも、以下の理由により、子会社取締役への個人責任の追及が外部化問題への有効な対処法になるとは言い難い。

---

　78)　会社補償実務研究会編『会社補償の実務〔第2版〕』（商事法務、2022年）79頁
　　　［武井発言］。もっとも、上場会社等で会社法429条を適用した例ではそれほど重
　　　過失を軽くは認めていないという指摘もある（同80頁・神田発言）。また、野上
　　　229頁は、裁判例の分析を通じて、現在の裁判実務は429条の重過失を（一般的
　　　な重過失の内容である）故意に準ずる程度の過失と解することでは説明がつかな
　　　いことを指摘する。

48

第1に、子会社取締役の選解任権は支配株主である親会社が有しているため、子会社取締役が親会社の意向に反する経営を行うことは現実的には困難である[79]。特に、大規模企業グループともなれば、子会社・孫会社の役員は人事異動におけるポストの1つに過ぎず、親会社の使用人が就任するケースもしばしば見受けられる。そのような状況では、なおのこと子会社取締役の自律的な行動に期待することは難しい。つまり、自身の個人責任を回避したいという子会社取締役の意向と、期待収益を向上させたい親会社の意向が相反する場合において、後者が前者に優越するという構造的な力関係が存在する。よって、子会社取締役の第三者責任は、不適切なリスク・マネジメントの是正に結び付かないおそれがある。

第2に、役員に対する第三者責任の追及は、あくまで役員の個人資産が引き当てとなる。したがって、大規模な不法行為が発生した場合には、責任財産として不十分であることが想定される[80]。上場会社では、グループ子会社の役員も被保険者に含めた役員等賠償責任保険（いわゆるD&O保険）契約を締結する事例が増えつつあるが、仮に付保があったとしても支払限度額は5,000万円から10億円の範囲内で設定されることが多く[81]、これを上回る規模の損害が発生した場合にはD&O保険では対応しきれない。

以上より、子会社取締役に対する個人責任の追及では、不適切なリスク・マネジメントに対する親会社（支配株主）の利益構造に干渉することができず、責任財産としても不十分となるおそれがあるため、外部化問題への有効な対処方法としては不十分である。

---

79) 酒巻・前掲注50）法律のひろば20巻2号13頁。

80) 落合誠一は、子会社債権者保護の手段として子会社役員に対する責任追及を挙げつつ、「債権者の被害が巨額となる場合は、子会社の取締役の個人資産では、到底不足するであろうから、親会社の責任を追及できるかが実際上は重要である。」と指摘する（落合誠一『会社法要説〔第2版〕』（有斐閣、2016年）295-296頁）。

81) 過去の調査においてはD&O保険加入企業のうち会社全体での補償限度額を10億円以下に設定している企業が約8割（10億円に設定している企業が3割）であった（経済産業省委託調査「日本と海外の役員報酬の実態及び制度等に関する調査報告書」（2015年3月）125頁）。

第2章 外部化問題への対処方法

第2項 親会社取締役の被害者に対する責任

では、親会社取締役への責任追及はどうであろうか。子会社取締役で挙げた2つの問題点のうち、後者（個人責任であるがゆえの弁済資力に対する懸念）は親会社取締役に対してもあてはまる。他方で、前者（＝親会社と子会社取締役の力関係ゆえにリスク・マネジメントの是正に繋がらない点）は親会社取締役についてはあてはまらない。

そのため、仮に子会社の不適切なリスク・マネジメントに起因して親会社取締役に個人責任（第三者責任）が生ずるのであれば、親会社取締役は自身の利益を守るべく、子会社への影響力を行使してリスク・マネジメントの適正化を図ることが期待できる。しかし、その前提部分、すなわち親会社取締役への個人責任の追及は必ずしも容易ではないように思われる。

会社法429条1項に基づく責任追及を行う場合、親会社取締役の親会社に対する任務懈怠が認められる必要がある。そして、子会社の適正な業務運営に対する監督が親会社取締役の任務に含まれるかという点については、これを肯定する見解が近時では支配的となっており[82]、裁判例においてもかかる監督義務について親和的な判断を示すものが目立つ[83]。

しかし、親会社と子会社はあくまで独立した法人格を有しており、それぞれの取締役は自社の利益を追求することが義務づけられているのであって、子会社の利益は子会社の取締役によって保護が図られるのが原則である[84]。それにもかかわらず、親会社の取締役に子会社の監督義務が（親会社に対して）認められる根拠は、親会社の保有資産である子会社株式の価値の下落を通じて、親会社自身にも損害が発生することに基づく[85]。そうだとすれば、

---

82) 田中294頁、野上186頁、畠田公明『企業グループの経営と取締役の法的責任』（中央経済社、2019年）78頁等。平成26年会社法改正では親会社取締役の子会社監督責任の明文化はなされなかったものの、法制審議会における審議過程でもそのような監督責任一般が存在するという点については異論がなく、現行会社法の解釈としては子会社の業務を監督する義務が親会社取締役の善管注意義務に含まれるという見解が支配的である（塚本英巨「平成26年改正会社法と親会社取締役の子会社監督責任」商事2054号（2014年）27頁）。

83) 福岡高判平成24年4月13日金判1399号24頁、東京地判令和2年2月13日金判1600号48頁参照。

84) 舩津51頁。

第3節　取締役個人の被害者に対する第三者責任

親会社取締役による子会社業務の監督が、親会社にとって利益となる態様で実行されているのであれば、親会社取締役の義務違反は認められないというのが素直な帰結になろう[86]。

そこで第1章の事例1を見るに、この事例では子会社が損害防止措置のために費用を投じない方が、事故の発生リスクを加味しても親会社に帰属する期待収益が高くなるという利益状況であった。したがって、会社の取締役が自社の利益のために子会社の不適切なリスク・マネジメントを戦略的に促進又は放置するという判断を下した場合、それは親会社利益の最大化という親会社取締役の任務に整合することになる[87]。

また、大会社、監査等委員会設置会社及び指名委員会等設置会社（以下「大会社等」という。）は、取締役会の決議によって「株式会社及びその子会社から成る企業集団の業務の適正を確保するために必要な」体制（以下「グ

85)　舩津158頁、田中294頁等。

86)　舩津は、上位会社が下位会社の利益を害してはならないという規範が成り立つとしても、（上位会社の機関構成員である）取締役がそのような規範に従うことを上位会社（親会社）との関係で義務づけられているかは別の問題であるため、「下位会社を害することによって上位会社の利益が増大する」という状況においては、上位会社機関構成員が上位会社に対して負っている義務（上位会社利益の最大化）と、上位会社が下位会社に対して負っている義務（下位会社を害してはならないという禁止規範）が対立しうるとの問題認識を示す。そして、この対立を克服するための手がかりを取締役の法令遵守義務に求め、会社の行為による他者加害を禁止する規範は、社会における最低限の規範であり、会社を運営する立場にある機関構成員にもそれを遵守する義務が課せられていると説明する（舩津160-173頁）。

87)　子会社が大規模不法行為の加害者となった場合、親会社としては子会社株式の価値の下落を通じた損害のみならず、そのような事象が発生したこと自体に伴ってグループ全体としてのブランド価値が毀損するなどの損害が発生すること想定される。よって、子会社の不適切なリスク・マネジメントにより子会社を通じて得られる期待収支だけを見ればプラスであったとしても、親会社が直接被る損害を加味すればマイナスになるということが起こりうる点には留意が必要であろう。（舩津浩司ほか「座談会　グループ・ガバナンス強化に向けた企業の取組みと法的論点〔上〕」商事2113号（2016年）11頁［舩津発言］参照。舩津は企業グループ全体の法令遵守の必要性につき、親会社自身にダイレクトに生じる損害にも目を向ける必要があり、かかる観点からは、子会社における法令遵守自体を図る必要が出てくる（グループ・ガバナンスの目的を子会社の法令遵守それ自体として捉える余地もある）と分析する。）。

第2章　外部化問題への対処方法

ループ内部統制システム」という。）を決定しなければならず（会社法362条4項6号、5項等）、これらの規定を根拠に、親会社の取締役はグループ内部統制システムの構築義務を負うと理解されている[88]。だが、グループ内部統制システムの構築を含め、子会社管理の具体的な手法を決定するにあたっては、当該子会社の業種や規模、所在国、上場・非上場の別、株主構成、親会社との関係性、監督に要する費用といった諸般の事情をふまえた上で高度の経営上の知見や経験を必要とし、それゆえに親会社取締役には広い裁量が認められる[89]。よって、決定された子会社管理の手法に著しく不合理な点がない限り、子会社のリスク・マネジメントに対する監督が不適切だったことをもって、親会社取締役の内部統制システムの整備義務違反と解することは難しい。

　以上をふまえると、事例1のような事案において、第三者に生じた損害について親会社取締役の悪意又は重過失による任務懈怠を立証し、もって会社法429条1項に基づく第三者責任を追及することは容易ではない。そして、先に挙げた個人責任であるがゆえの弁済資力に対する懸念もあわせると、子会社取締役に対する責任追及と同様、親会社取締役に対する責任追及も、それ単体では外部化問題への対応として不十分である。

---

88)　田中294頁。内部統制システムの決定義務が明文において義務づけられているのは大会社等のみであるが、業務の適正を確保することは取締役の善管注意義務の範囲に含まれる以上、大会社等に該当しなくても、具体的な状況によっては内部統制システムの構築の決定をしないことが取締役の善管注意義務違反となる可能性があるとされる（会社法コンメ(8)227-228頁［落合誠一］）。

89)　田中295頁、渡辺邦広＝草原敦夫「親会社取締役の子会社管理責任」商事2158号（2018年）35頁、齊藤真紀「企業集団内部統制」神田秀樹編『論点詳解　平成26年改正会社法』（商事法務、2015年）135-136頁等。

52

第4節　その他の政策的アプローチ

　上記はいずれも株主（親会社）又は取締役に法的責任を課すことで、事業活動における不適切なリスク・マネジメントの是正を促すことを意図した方策であるが、法的責任を課さずに外部化問題へ対処しようとする政策的アプローチも存在する。以下では、かかるアプローチの代表格である、(1)強制保険と(2)最低資本金の設定の有効性についてそれぞれ分析する。

第1項　強制保険

　外部化問題の是正策の1つとして、しばしば強制保険の導入が言及される[90]。これは、ハイリスク事業への参入の条件として、事故発生時に想定される賠償金を賄うに足るだけの付保を求めることで、弁済原資の不足により被害者の救済が実現されないという状況を回避することが意図されている。しかし、下記の理由により強制保険のみでは外部化問題を解決することは困難である。

　最大の懸念として、損害保険の仕組み自体がいわゆるモラル・ハザードの危険を内包していることが挙げられる。事故発生時に保険会社が保険金の支払いをするのであれば、事業者としては事故の発生防止に対して十分な注意やコストを支払うインセンティブが働かなくなる[91]。確かに保険金の支払

---

90)　野田博は、法人格否認の法理に頼ることなく不法行為被害者の損失という衡平性を欠いた結果を回避することが可能な手段として、責任保険の強制により加害者側の支払能力を向上させたり、ノー・フォルト保険のように被害者が直接補償を受け取れるようにする方策を挙げつつ、こうした方策が外部性の危険を緩和させるのにどの程度有効であるかは必ずしも明らかではないと慎重な見方を示す（野田博「企業結合関係と会社債権者保護」商学討究39巻1号（1988年）174頁）。

91)　一般的には、保険金の支払実績が将来の保険料に反映されるため、これが保険契約者にとっては保険事故を回避する動機付けとなる。しかし、恒常的に発生しうる労働災害や車両事故とは対照的に、十分な対策をとらなくても発生可能性が低い保険事故については、そのようなインセンティブは限定的にしか働かない。とりわけ、リスクが実現化した場合は事業を継続しないことを前提とするリスク・マネジメントや、リスクが顕在化する前に事業から撤退することを前提とするリスク・マネジメントに対しては、保険事故の発生によって将来的な保険料が値上がりしても痛手にならないという難点がある。

いによって被害者は救済されるかもしれないが、生命・身体に関する法益が侵害された場合において、金銭的補償の実現はあくまで侵害回復の代替的手段に過ぎない。よって、法益侵害のリスク自体を低減させる仕組みづくりやインセンティブ設計が重要となるが、強制保険にはそのような役割を期待できない。

また、強制保険を制度として有効に機能させるためには、リスクの内容とその程度を事前に検証できるだけの情報が存在することが前提となる。これらが欠ける場合、制度設計者としては付保を要求すべき事業の範囲や付保の内容を特定することができないし、引受保険会社としても適切な保険料率と保険金上限を設定することができない。すなわち、強制保険に馴染むのは既知のリスクに限定される。

上記のほかにも、先行研究においては、(1)事前規制による事務コストや、競争的な経済活動の阻害というマイナス面を考えると責任保険の加入強制が実施されうる活動は特にその必要性が高いものに限定されるであろうこと（加入強制の対象とならなかった事業活動については外部化問題が解消されないこと）、(2)保険の上限を超える部分については外部化問題が残ること等が指摘されており[92]、いずれも正当な指摘であると思われる。

第2項　最低資本金

強制保険と同様、最低資本金の設定も株主有限責任の弊害を是正するための政策的アプローチとして言及される手法の1つである。これは、ハイリスク事業の参入にあたり一定の資本金を要求することで、株主に対して事業の存続に対するインセンティブを与え、かつ債権者への弁済原資を確保することが意図されている。

実際に我が国では、一定の事業活動につき、その許認可の条件として一定額の最低資本金を要求する法規制が存在するため[93]、事業のリスクや債権者保護の必要性に応じて最低資本金を設定することは1つの現実的な手法ではある。しかし、(1)どれだけ最低資本金を要求しても、損害発生可能性、損

---

92) 後藤522-523頁。後藤は、不法行為コストの外部化と株主のインセンティブにもたらす強制保険制度の影響は中立的なものであり、同制度と解釈論による株主の個人責任は補完的に併存しうるものであると説く。

害額、損害予防費用等によって外部化問題は生じうること、(2)事業参入後に資本欠損が生じる場合、その欠損部分の大きさに応じてインセンティブの歪みを是正する効果も喪失すること、(3)強制保険と同様、最低資本金を要求すべき事業活動とその金額規模を特定するのが困難であることなど[94]をふまえると、外部化問題の是正における最低資本金制度の有効性は乏しいと評価せざるを得ない。

---

93) 例えば建設業法に基づく一般建設業許可（建設業法 7 条 4 号、平成 13 年 4 月 3 日国総建第 97 号）、職業安定法に基づく有料職業紹介事業の許可（職業安定法 31 条 1 項 1 号、平成 11 年 11 月 17 日付け職発第 815 号）では、許可基準の 1 つとして資本金が 500 万円以上であることが要求されている。

94) 向井 338 頁も、最低資本金や強制保険を設定するにあたって金額の妥当性確保は非常に難しく、ほぼ不可能に近いという認識を示す。そして最適値の設定に失敗した場合、モラル・ハザード問題への対処が薄くなるか、起業への大きな弊害となり既存企業による独占を許すことになるとして、その効用に否定的な立場をとる。

第5節　小　　括

　これまで主に議論されてきた法律構成や立法論では、大規模企業グループにおける外部化問題への対応策として十分な効果を期待できない。不法行為コストを親会社自身の私的費用に取り込ませることができるという点で、子会社事業の被害者に対して親会社の直接責任を認めることは有効な対策となりうる。しかし、親会社のインセンティブの歪みを理由に法人格否認を適用する見解や、事実上の取締役ないし主宰者であることを理由に会社法429条を（類推）適用する見解は、いずれも現時点では実務上受け入れられているとは言い難く、また要件上の制約も大きい。したがって、これらの法律構成ではカバーしきれない点を補完すべく、これまで必ずしも詳細な検討の対象にはなってこなかったように思われる親会社の不法行為責任について検討する意義は大きいように思われる。

　第3章では、近年において急速に不法行為責任構成が発達した英国法を取り上げ、英国法においては親子会社関係における株主有限責任制度についてどのような議論がされてきたのか、なぜ不法行為責任構成が発展するに至ったか、不法行為責任構成を肯定する近時の裁判所の判断についてどのような評価や問題提起がなされているか等について分析を行う。

第 **3** 章

英国法の分析

＜Summary＞

　英国では、分離原則を貫徹することによって発生する弊害につき、かねてより強い批判が向けられており、法人格や分離原則を否定することで、事案ごとに妥当な結論を導くことが試みられてきた。しかし、Adams 事件判決（1990 年）と Prest 事件判決（2013 年）によって、法人格否認の法理を活用して子会社の加害行為に係る親会社の直接責任を追及することは困難となった。また、2006 年会社法制定の際にも立法を通じた制度的な解決を図ることが否定された。このような状況下で台頭したのが、不法行為上の注意義務を通じて親会社の責任を問う考え方（不法行為責任構成）である。

　Chandler 事件判決（2012 年）は、かかる考え方に基づき親会社の不法行為責任を肯定した初の裁判例である。同判決は、親会社の注意義務を第三者の加害行為による損害の発生を防止する作為義務という切り口で捉え、親会社の責任が認められる 4 つの要件を提示した。

　さらに 2016 年からの 5 年間で、3 件の事件（Unilever 事件、Vedanta 事件、Okpabi 事件）で計 8 件の判決が現れ、判例法理が飛躍的な発展を遂げた。それぞれの上級審の判例群において一貫しているのは、親会社の注意義務を不法行為上の特別な義務とは考えず、責任が認められる場面をより柔軟に判断しようとする姿勢である。特に、Vedanta 事件最高裁判決（2019 年）は、親会社の注意義務につき、「全ては、親会社が、子会社の関連事業を引き受け、監督し、支配し、助言する機会を、どの範囲で、どのように利用したかによる」と述べ、Chandler 事件判決が提示した 4 要件や、Unilever 事件判決が提示した類型論を否定し、より総合的な判断で親会社の注意義務の有無を検討するアプローチを示した。さらに、同判決では、親会社が子会社の事業を管理・監督していることを対外的に表示していた場合、実際にはそのような管理体制が敷かれていなくても注意義務違反が認められる可能性が示唆された。この考え方は、Okpabi 事件最高裁判決（2021 年）でも踏襲され、英国会社法においてその地位が確立された。

57

第1節　有限責任制度の形成と発展

第1項　英国における有限責任制度の導入

1　1855年法と1856年法

　英国における有限責任制度は、1855年の有限責任法（Limited Liability Act 1855、以下「1855年法」という。）により初めて導入された[1]。Rob McQueen の研究によれば、有限責任制度の導入は英国の経済界を取り巻くいくつかの社会的要請に起因するものであった[2]。第1に、当時の英国では鉄道事業をはじめとする国内のインフラの拡充が急務となっており、そのためには資本を集約して巨額の設備投資を実施する必要に迫られていた。第2に、そのような国内における資金需要があったにもかかわらず、資本は海外の有限責任制度を採用している会社へ流出する一方であった。英国人投資家は、無限責任を負わされる国内投資よりも、リターンが大きい上に有限責任制度による保護を受けられる海外投資に誘引され、これが国内からの著しい資本流出に繋がっていた[3]。第3に、事業への投資は富裕層を中心として行われていた一方で、労働者階級や中産階級の余剰資金の投資先が不足していた。無限責任を前提とすると労働者階級や中産階級の財産規模では事業失敗時のリスク

---

1)　1855年以前にも有限責任制自体は存在したが、国の裁量により承認を受けられた場合にのみ認められるものであり、一般的には鉄道の敷設や運河の整備といった、大資本による公共性の高い事業に限って認められるものであった。後述のとおり、広く市民社会に利用されうる形で有限責任制度が解放されるようになったのは1855年以降のことであり、本節ではそのことをもって有限責任制度の導入とする。

2)　Rob McQueen, *A Social History of Company Law Great Britain and the Australian Colonies 1854-1920*,（Routledge 2016）63-101.

3)　当時の資本の流出先は主にフランスと米国であった。例えば、1855年7月26日の庶民院議事録（Hansard, Vol.139, cc.323）には、「株式会社を設立しようと決意した人々は、イングランドではなく外国に行き、そこで会社を設立し、英国国内で事業を行う。つまり、外国の会社を公言しながら、実際は英国の会社であり、有限責任という利点を得るために、外国に拠点を置くことのほかのあらゆる不都合を自らに課す。」、「現在の委員会が法律の改正に繋がらなければ、フランスと米国で設立された会社がさらに数を増やし、やがて全体を独占することになる」という懸念を示す Edward Bouverie 議員の発言が記録されている。

に耐えられないため、こうした社会階層の人々からは、自分たちも投資に参加できる環境（＝有限責任による損失の上限設定）を求める声があがっていた。また、社会便益の観点からも、労働者階級・中産階級の余剰資金を有休資産として眠らせておくのではなく、その投資先を用意することが期待されていたのである[4]。

　こうした社会情勢を背景として有限責任制度の導入が検討されたものの、大資本家を中心とする反対派の抵抗[5]もあり、1844年に制定された共同出資会社法（Joint Stock Companies Act 1844、以下「1844年法」という。）では社員の有限責任制度は認められなかった。しかし、その後も有限責任制度の導入を求める声は根強く、1855年法が制定され、英国で初めて有限責任制度が導入されるに至った。同法では有限責任を認めるための条件として、最低25名の株主が存在することや、会社の資本金は1株あたり10ポンド以上となるように分割されること等が求められていたが、この規制もわずか1年で廃止され、1856年共同出資会社法（Joint Stock Companies Act 1856、以下「1856年法」という。）にとって代わられた。同法では、最低社員数が従前の25名から7名まで減少し、また1株あたりの券面額や払込額の下限も定められなかったことから、出資者が有限責任制度を享受できるハードルは大幅に下がった。

2　"特権"から"権利"への質的転換

Colin Mackie（2011年）は、この1855年法及び1856年法の制定によって、一部の大資本に対してのみ政府から例外的に認められていた"特権"としての有限責任から、設立要件を満たしさえすれば市民の誰しもがその恩恵を受

---

4)　後述のとおり、クリミア戦争開始後は、経済振興策として内国投資の促進の要請が特に強まったとされている。

5)　Rob McQueen は、大資本家による反対の背景として(1)小資本の集合を許容すると大資本との競争が激化し、自らの特権的な地位や市場における独占的な地位が有限責任制度によって脅かされることへの懸念、(2)従前のパートナーシップでは相互かつ個人的な信頼関係を基礎として成り立っていたのに対し、有限責任制度を認めることで投資家の非道徳的な振る舞いが許容されるようになることへの懸念、(3)有限責任制度の導入に伴い自社の財務状況の開示が求められることへの懸念の3点があったと分析する（McQueen, 78-80）。

第3章　英国法の分析

けられる"権利"としての有限責任へ質的な転換があったと評価する。また、Mackie の研究によれば、この特権から権利への転換は、クリミア戦争に苦戦する英国政府が直面した政治的・経済的な緊急の要請の結果であった[6]。すなわち、1854 年から 1856 年にかけて、英国政府はクリミア戦争での苦戦が原因で国民からの厳しい批判に直面しており、1855 年 2 月にはアバーディーン政権が総辞職に追い込まれるなど政治的な混乱が著しい状況にあった。そのような社会情勢のなか、国家運営の中枢にいる貴族や大資本家といった特権階級に対する国民の批判も激しさを増し、その批判の矛先の 1 つとなっていたのが閉鎖的な有限責任制度であった。1855 年法及び 1856 年法は、不安定な政治基盤の上に成立した新政権（パーマストン内閣）が権利としての有限責任を求める国民世論に譲歩した結果であると同時に、その背景には、戦争により政府の歳出が増加し国内経済も停滞する中で、国外への資本流出を防ぎ、国内投資を活性化させる必要性が一層高まったという経済的要因も存在していたとされる[7]。

　また、有限責任制度の導入（すなわち 1855 年法及び 1856 年法の制定）にあたり、議会の関心は専ら取引債権者に与える影響に集中しており、不法行為被害者のような非取引債権者に与える影響が検討されることはなかった[8]。Mackie はその背景として、1855 年法制定以前においても契約を通じて実質的な有限責任が図られる商慣習が存在したことを挙げる。上記のとおり、1844 年法において社員の有限責任は認められなかったが、同法に基づいて設立された会社が高額な商取引や統一的な取引を行う場合、契約条項の 1 つとして社員の有限責任を規定することが一般的に行われていた。よって、有限責任制度の導入は、そのような商慣習をデフォルトルールにし、普遍的に（すなわち、日常業務の過程で行われる多数の小規模な契約や、小規模事業者が締結する契約に対しても）制度的な保護を与えるべきかという文脈で議論されており、非取引債権者への適用は念頭に置かれていなかったのである。本来

---

6)　Colin Mackie, "From Privilege to Right -Themes in the Emergence of Limited Liability"（2011）4 Juridical Review 293, 294, 313.

7)　Ibid

8)　実際に当時の議会議事録（Hansard）を参照しても、そのような議論がされていた形跡は見当たらない。

であれば、有限責任制度の導入を通じてより大きな影響を受けるのは、（従来、責任制限条項により有限責任化を図っていた取引債権者ではなく）非取引債権者の方であったにもかかわらず、喫緊の社会的課題に対応しなくてはならないという時限性のもと突貫的に制度が導入されたことも相まって、その保護に関する議論が制定過程において全くなされなかった。このように英国議会は 1855 年法や 1856 年法が非取引債権者に適用されることは意図していなかったというのが Mackie の分析である。

3　実質的一人会社の増加

　上記のように、英国における有限責任制度の導入は、急速に混迷を深めていく国内の政治的・経済的な状況への対応策として、いわば突貫工事的に検討・実施された施策であった。しかし、その効果は顕著であり英国では会社の設立数が一気に増加した。有限責任を認めない 1844 年法に基づいて正規に設立された会社数は、1855 年までの 12 年間で約 1,000 社にとどまったのに対し、有限責任を認める 1856 年法及び 1862 年会社法（Companies Act 1862, 以下「1862 年法」という。）に基づいて設立され、存続している会社数は 1865 年時点で約 4,000 社にのぼったとされる[9]。その後も設立のペースは急上昇し、1866 年から 1874 年は平均で 1 年あたり約 700 社、1875 年から 1883 年は平均で 1 年あたり約 1,000 社が設立されるようになった[10]。

　法人数の増加だけに目を向ければ、国内投資を活性化させようとする立法者の期待どおりに事が進んだようにも思われる。しかし、設立された法人の利用形態は立法者たちの想定と大きく異なるものであった。上記のとおり、英国の有限責任制度の主眼の 1 つは、中産階級者を含む国民から広く余剰資金を集め、装置産業に対する設備投資を促すことで国内経済の活性化を図ることにあった。しかし実際には社員の必要最低員数 7 名を自身の親族や従業員のみで固めた上、これらの者からは 1 ポンドあるいは極めて僅少な額の出資のみを受け、実質的に個人事業と変わらない形で事業運営を行う会社が出現したのである[11]。しかも、時を経るにつれこのような個人事業主が法人

---

9)　McQueen 50.

10)　Paddy Ireland, "The Rise of the Limited Liability Company"（1984）12 International Journal of Sociology of Law, 239, 244-245.

第 3 章　英国法の分析

成りをしたような事実上の一人会社が増加し、当初期待されていた資本の集約とは裏腹に、個人事業主や小規模事業者が自らの責任を限定することのみを目的として法人が設立されるようになっていった[12]。このように、英国では大規模な資本集約を意図して導入された有限責任制度が、当初の想定とは異なる形で小規模な事実上の一人会社の飛躍的増加をもたらしたのである[13]。

第 2 項　Salomon 事件判決

1　事案の概要と判旨

上記のとおり、有限責任の恩恵を期待して多くの法人が設立されるに至ったが、実際に事実上の一人会社においても有限責任が認められるかどうかについては必ずしも明確ではなかった。英国法は会社の設立にあたって準則主

---

11)　Ireland の研究によれば、1856 年法が会社の設立にあたって最低 7 名の社員を要求していたこととの関係で、立法時においては、個人事業主が同法に基づいて法人化を進めることは困難であるという認識が前提となっており、有限責任制度が個人事業主の法人成りという形で利用されるということは想定されていなかった（Ibid 244）。

12)　Ibid 247.

13)　米国では、1811 年に製造業に対する有限責任制度を導入したニューヨーク州を皮切りに、1816 年にはニュー・ハンプシャー州が、1830 年にはマサチューセッツ州が有限責任制度を導入した。そして、19 世紀前半には同様の制度を採用する州が増加し、やがて他業種の株式会社に対しても一般的な有限責任が拡大していった。他方でカリフォルニア州においては 1931 年まで部分的な株主無限責任が存続したほか、一部の州では原則としては有限責任制度を採用しつつも、株主の責任上限を出資額の 2 倍ないし 3 倍まで引き上げる法律を制定するなど、米国では 100 年以上にわたり、株主責任に関する制度設計が州ごとに大きく異なる状態が継続した（Ron Haris, "A New Understanding of the history of limited liability: an invitation for theoretical reframing"（2020）Journal of Institutional Economics（16）643.）。19 世紀の米国における各州の有限責任制度の導入状況や経済発展への影響について論じた邦語の文献としては、今西宏次「株主第一位の規範と株主有限責任制」大阪経大論集 55 巻 3 号（2004 年）74-79 頁が詳しい。また、英米両国における株主有限責任制度の導入の経緯やそれに関連する先行研究をふまえ、会社法の立法過程（自由化）を考察した文献として、野田博「株主有限責任原則の成立過程と会社立法の制限解除的アプローチを考察する一視点」関英昭編『市場経済と企業法：久保欣哉先生古稀記念論文集』（中央経済社、2000 年）435 頁以下。

義が採用されていたことから、どんな形であれ 7 名の社員さえ集めてしまえば設立自体は可能であったが、名目的な社員しかいない場合にも有限責任の恩恵を享受させることについては否定的な見解も存在したためである。そのため、当時の英国では会社法を改正し事実上の一人会社であっても有限責任の恩恵を享受できることを明確にすることも議論されていた[14]。

そのような状況の中、事実上の一人会社における有限責任法理の適用の是非について判断したのが、英国会社法において最も著名な判例の 1 つでもあり、分離原則・株主有限責任原則のリーディング・ケースとなった Salomon 事件判決である。

1892 年、ブーツの製造業を営む個人事業主であった Salomon 氏は自身の事業を法人化することを決意し、Salomon 氏、Salomon 氏の妻及び 5 名の子どもを社員として会社（Salomon 社）を設立し、自身の事業を会社に譲渡した。1893 年、不況により会社の事業は傾き、会社は社債を発行して資金調達を行った。しかし経営状態は悪化の一途を辿り、債権者への弁済が滞ったことから、裁判所は会社に対して強制清算命令を発令した。清算人は、会社は Salomon 氏の代理人に過ぎないとして、Salomon 氏に対して会社の負債に対する弁済を請求した。

第一審において、Williams 裁判官は、Salomon 氏が会社を設立した意図は自身が負債のリスクを負わずに利益を得ることであったとした上で、会社は Salomon 氏の単なる代理人に過ぎず、本人は代理人の債務を補償する責任があるとして、Salomon 氏に対する請求を認めた[15]。控訴院も Salomon 氏に対する請求を認め、Salomon 氏が行った会社の設立と社債の発行は、1862 年法の趣旨に反し、有限責任のもと Salomon 氏が事業を行えるようにすることを意図してなされた企みであると判示した。控訴院判決においても Lindley 裁判官は、Salomon 氏は個人事業主として自らが負債を負うことを回避するために法人を設立しているところ、そのような法人の利用態様を立法府は想定しておらず、1862 年会社法の趣旨に反して債権者を欺くための装置として法人格が利用されたと批判し、Lopes 裁判官は、本件のような企

---

14)　Ernest Lim, "Of Landmark or Leading Cases : Salomon's Challenge"(2014) 41 Journal of Law and Society, 523, 539.

15)　[1893] B 4793.

みを打ち破ることができないとすれば嘆かわしいことであると断じた[16]。

　これに対し、貴族院は控訴院判決を取り消した上で、Salomon 氏に対する請求を棄却した[17]。同判決において Macnaghten 裁判官は、法人化後の事業が従前と全く同じであり、同一人物が経営者となって利益を受け取っていたとしても、会社は出資者の代理人や受託者にはあたらず、法律に規定された範囲と方法を除いて出資者が責任を負うことはないと述べた。Halsbury 裁判官もかかる結論を支持し、会社設立に関する唯一の指針は法令であり、設立趣意書の署名者が保有しうる利益の範囲や程度に関する要件を制定するものではないこと、いったん会社が適法に設立された場合、会社は固有の権利と義務を負う独立した個人と同様に扱わなければならない旨を判示した。

2　判決への評価とその影響

　Salomon 事件が審理された 1890 年代の前半は、増え続ける実質的な一人会社について何らかの規制をすべきかどうかについて社会的な議論が巻き起こっている状況にあった。1894 年に Davie 裁判官を議長とする会社法改革の検討委員会（Davie 委員会）が設立され、同委員会では、真正な（名目的でない）株主が 7 名いる場合に限り有限会社の設立を認めるようにするという改革案が審議されていた[18]。同委員会が 1895 年 6 月に提出した報告書においては、有限責任制度の利用を制限する旨の提案は盛り込まれなかったものの、証券取引連合会はかかる制限の導入に賛成する決議をするなど、有限責任制度の在り方そのものに対し、実社会の強い関心が寄せられていたことが伺われる。

　そのような状況のなかで出された控訴院判決は、個人事業主が実質的一人会社を設立し会社債務の負債を逃れることは法の趣旨に反することを理由として有限責任を否定する内容であったことから、これに対しては賛否両論が巻き起こった。例えば、Edward Marson（1895 年）は、確かに 1862 年法は実質的な一人会社として有限会社が使用されることは想定していなかったと

---

16)　[1895] 2 Ch 323 at 338-341.
17)　[1897] AC 22 at 31.
18)　Ireland 252.

認めつつも、一人会社の社員が有限責任を享受できることは明らかに同法の文言の範囲内であり、裁判所の判示内容は奇抜な見解であると批判している[19]。他方で、Law Quarterly Review の巻頭に掲載された匿名のケースコメントでは、4半世紀の間に会社法のもとで設立された数千の有限会社のうち、（名目的な社員ではなく）真正な社員が7名以上いる会社は10%にも満たないと批判した上で、一人会社は会社法の濫用であり、有限責任を享受するためには真正な社員が7名必要であるとする司法判断が下されるのが遅れたのは不幸なことであると述べられている[20]。Salomon 事件の第一審判決と控訴院判決は、実質的な一人会社であっても有限責任を享受できるという（問題視はされながらも）実務上は前提とされていた共通認識を覆すものであったから、その衝撃は大きく、またその評価も賛否両論に二分され、貴族院判決の結果が強く注視されていたことが伺われる。

Salomon 事件の貴族院判決は、かかる状況下において現状を追認する形で実質的一人会社の社員に対する有限責任を肯定したため、経済界に対して大きな安堵を与えるものであった[21]。同時に、立法当時は想定していなかった実質的な一人会社であっても分離原則が適用され、出資者は株主有限責任を享受できることが解釈論としても確立されたのである[22]。

その後、一人会社であっても形式的に法人格が分離されていれば、両者は別個の存在として取り扱われるという法理は Salomon 原則（salomon principle）と呼称され、英国会社法の根幹に位置するものとして扱われてきた。そして英国の裁判所もこの Salomon 原則に拘束され、株主有限責任の修正

---

19) Edward Marson, "One Man Companies" (1895) 11(42) The Law Quarterly Review 185.

20) Quarterly Law Review (1895) 11(43) The Law Quarterly Review 212.

21) Philp Lipton は、19 世紀末の英国経済においては小規模な private company が既に十分普及しており、大きな混乱なしに英国会社法の基礎を立て直すことは、もはや実務的には不可能であったと分析する。Phillip Lipton "The Mythology of Salomon's Case and the Law Dealing with the Tort Liabilities of Corporate Groups : An Historical Perspective" (2015) 40(2) Monash University Law Review 452, 472.

22) Lipton は、貴族院判決につき、「立法府によってその地位が疑問視されていた一人会社や私企業を正当化するため、司法のヒエラルキーの頂点のお墨付きを与えたといっても過言ではない」と述べる。Lipton 472.

第 3 章　英国法の分析

を提唱する論者にとっては大きな障壁として立ちはだかり続けることとなる
のである。

第2節　法人格否認の法理

Salomon 事件判決によって、一人会社であっても分離原則や株主有限責任が維持されることが明確となった。もっとも、英国法においても他の多くの法域と同様に、いかなる場合においても分離原則を貫徹すると不都合が生じるケースがあるのではないかという問題意識から、特定の場合においては分離原則を否定し、形式的な法人格に囚われずに権利義務を賦課して妥当な解決を図るアプローチとして、法人格否認の法理（piercing the corporate veil）が提唱されるに至った。しかし、米国や日本と異なり、法人格否認の法理が判例において正面から認められる事例は英国において限定的であり[23]、株主有限責任制度の弊害を解決する手段とはならなかった。本節では、今日における2つのリーディング・ケース（1990 年の Adams 事件判決と 2013 年の Prest 事件判決）を中心として、英国法、とりわけ判例法理において、法人格否認の法理がどのように位置付けられてきたのかを分析する[24]。

第1項　Adams 事件判決以前

Salomon 事件判決以降、後述の Adams 事件判決までの間で、法人格否認の法理が問題になった重要判決として、(1) 1933 年の Gilford Motor 事件[25]、(2) 1962 年の Lipman 事件[26]、(3) 1976 年の DHN 事件[27]及び(4) 1978 年の Woolfson 事件[28]がしばしば言及される。

---

[23]　日本の裁判例では、英国において法人格否認の法理が存在しないと断じたものが存在するが（東京高判平成 29 年 6 月 29 日判例集未登載）、神作は「英国法にも限定的ではあるが法人格否認の法理があり（中略）、そのように断言できるのかやや疑問がある」とする（神作裕之「法人格否認の法理」『国際私法判例百選〔第3版〕』別冊ジュリスト 256 号（2021 年）43 頁）。法人格否認の法理をどのように理解するかにもよるが、後述のとおり 2013 年の Prest 事件において英国の最高裁は法人格否認（piercing the corporate veil）という法理（doctrine）が存在することを認め、一定の条件を満たした場合には分離原則を修正し、法人格を無視して責任を拡張することを明示していることからすると、英国においては法人格否認の法理が存在しないという言説は不正確であるように思われる。

第3章　英国法の分析

1　Gilford Motor 事件

Gilford Motor 事件は、会社（Gilford Motor Co Ltd）との雇用契約により競業避止義務を負っている従業員（Horne 氏）が、退職後に自ら法人（JM Horn & Co Ltd）を設立して当該法人を通じて競業を行ったことについて、会社（前雇用主）が競業行為の差し止め訴訟を提起した事案である。控訴院は、元従業員が実質的に競業を行うことを隠すための装置として法人格を利用していることを根拠として、会社側の主張を認容し、差し止め命令を発令した。

2　Lipman 事件

Lipman 事件は、土地の売買契約に合意した売主（Lipman 氏）が翻意し、土地引き渡しの履行命令を回避すべく、自身の法人を立ち上げ、同法人に土地を譲渡した事案である。裁判所は、法人が衡平法による捕捉を回避する目的で売主によって創造された仮面（mask）・装置（device）・偽物（sham）であることを根拠として、売主と法人の双方に対し、土地引き渡しの特定履行命令を出した。

---

24)　英国の法人格否認の法理に関する先行研究としては、加美和照「イギリス法における会社法人格の剥奪（lifting of corporate veil）について」青山学院法学5巻1号（1963年）43頁、星川長七＝新田ミヤ子「イギリス新会社法における法衣剥奪の法理－ガゥアーの所説を中心として－」法律のひろば23巻6号（1970年）30頁、蓮井良憲「イギリス会社法における法人格の否認」『英米会社法の論理と課題：星川長七先生還暦記念』（日本評論社、1972年）48頁以下等が存在する。また、イギリス会社法制における（子会社の）債権者保護法制の1つとして法人格否認の法理を取り上げるものとして、齊藤真紀「子会社の管理と親会社の責任（二）－子会社の債権者保護に関する基礎的考察－」法学論叢149巻3号（2001年）2頁以下、弥永真生「債権者保護をめぐる各国の状況の素描－危機時取引に係る取締役の責任と法人格の否認を中心として－」筑波ロー・ジャーナル11号（2012年）251頁以下などが存在する。

25)　Gilford Motor Company Ltd v Horne [1933] Ch.935 (CA)

26)　Jones v Lipman [1962] 1 All ER 442

27)　D.H.N Food Distributions Ltd v Tower Hamlets London Borough Council [1976] 1 WLR 852

28)　Woolfson v Strathclyde Regional Council [1978] 38 P& CR 521

3 DHN 事件

DHN 事件は、行政による土地の強制取得における補償金請求権の帰属が問題になった事案である。タワーハムレットロンドン自治区協議会は住宅建設のためにある土地を強制取得した。当該土地では食料品の輸入事業が営まれており、DNH Food Distributors 社（以下「DHN 社」という。）が事業運営を行い、DHN 社の子会社である Bronze 社が土地を所有し、別の子会社である DHN Food Transport 社が事業に用いる車両を所有していた。協議会は土地の所有者である Bronze 社に対してのみ補償金を支払ったことから、事業運営者である DHN 社は、子会社の所有する土地の強制取得により自身も事業を廃止せざるを得なかったことを理由に、1961 年土地補償法（Land Compensation Act 1961）に基づく補償金の支払いを求めて提訴した。

控訴院は、DHN 社も事業損失に対する補償を受ける権利を有するとして、DHN 社の請求を認めた。注目すべきは、同判決において裁判官が示した理論構成である。

Denning 裁判官は、原告が主張した法人格否認の論点に関する判断として、⑴多くの場合、会計や計算書類においては企業グループが 1 つの企業として扱われていること、⑵親会社が子会社の全株式を所有している場合、子会社の全ての動きをコントロールすることができ、子会社は親会社に手足を縛られた状態にあることを指摘した。その上で、本件において DHN 社、Bronze 社、DHN Food Transport 社の 3 社のグループは、それぞれを組合員とする組合関係と事実上同一視できることから、この 3 社を 1 社として扱い、親会社である DHN 社はその一部として考えられるべきであるとした。Goff 裁判官も Denning 裁判官の意見に賛成し、DHN 社は他の 2 社の株式を 100％保有しており、それらの子会社は DHN 社と一体となって同一の事業を展開していたことから、本件では法人格を否認する権利が発生する事案であると判示する。Shaw 裁判官も Denning 裁判官の見解に賛成し、DHN 社の取締役は Bronze 社の取締役と同じで、かつ、グループの事業を子会社所有土地で維持するという共通の利益を有しているのであり、DHN 社と Bronze 社は完全な同一性を持つ利益共同体であると判示した。

控訴院判決における Denning 裁判官らの判示内容は、形式的には法人格が異なっても、経済的な単一性があれば法人格の否認が認められるという基

準（単一の経済単位基準）を示唆しており、法人格否認の法理の適用可能性を大幅に拡張するものであった。しかし、この Denning 裁判官らの見解は3年後の Woolfson 判決において修正され、法人格否認の法理の汎用性は大きく後退することとなる。

4　Woolfson 事件

　Woolfson 事件は、DHN 事件と同様、行政による不動産の強制取得に係る補償金請求の案件である。Campbell 社が営むブライダル衣料品店の用地がグラスゴー公社に買い取られることとなったが、当該店舗の物件は Woolfson 氏と Solfred 社が所有していた。Campbell 社と Solfred 社の株式は全て Woolfson 氏と配偶者によって保有されており、Woolfson 氏は Campbell 社及び Solfred 社の唯一の取締役であった。Woolfson 氏は、DHN 判決を根拠として、Woolfson 氏、Campbell 社及び Solfred 社は全て Woolfson 氏に内在する単一の経済単位（single economic unit）として扱われるべきであり、Woolfson 氏が補償を受ける権利があると主張した。しかし、Keith 裁判官は、DHN 判決の妥当性には疑義があるとした上で、会社の法人格を否認できるのは会社の法人格が真実を隠す「単なるうわべ」（mere façade）と認められるような特殊な場合のみであるとして、請求を棄却した。

　本判決以降も、DHN 事件判決のように複数の法人の経済的な同一性を根拠にして法人格を否認する裁判例は現れず、英国の判例法理において、DHN 事件において示された単一の経済単位基準が定着することはなかった。対照的に、Woolfson 事件判決は以後の裁判例においても頻繁に参照され、とりわけ同判決が用いた「単なるうわべ」（mere façade）という概念は、裁判所が裁量的に法人格を否認することが許容される例外的な状況を示すものとして扱われるようになった[29]。

---

29)　Brenda Hannigan, *Company Law*（6th edn, OUP 2021）40. もっとも、"mere façade" が具体的にどのような状況を指すのかについては DHN 事件判決のみならずその後の裁判例においても判然としない。後述の Prest 事件最高裁判決（2013 年）はまさにこの点を批判し、「うわべ」（façade）という語句は「変幻自在の用語」であり、どのような行為が法人格否認の対象となるのかという問いについて満足のいく答えを示すものではないとして、新たに「回避の原則」（evasion principle）という規範を打ち出した。

第2項　Adams 事件判決

　Salomon 事件判決により、実質的な一人会社の株主であっても分離原則と株主有限責任が肯定されることが確立した。もっとも、同判決は支配株主が自然人（個人事業主）の事案であった。では、一人会社における支配株主が法人である場合、すなわち親子会社関係においても同様に株主有限責任は堅持されるのかが争われたのが 1990 年の Adams 事件判決である。

　英国法では有限責任制度が導入されて以来、法人が別の法人の株式を保有することが認められていた。すなわち、1862 年法では会社の権限が定款の記載によって定まることを定めており、また会社間の株式所有が制定法上禁止もされていなかったことから、設立法令に明文の規定がなくても、覚書の記載によって他の会社の株式を取得し所有する権限が生じるものと解されていたのである[30]。他方で、Salomon 原則が企業グループにもそのまま適用されるかについては、判例上必ずしも明らかではないと理解されていた。なぜなら、Salomon 事件判決が下された当時、英国社会ではまだ企業グループの存在が一般的ではなく、同判決が主として念頭に置いていたのは個人事業主が法人成りしたような一人会社だけであると考えられていたためである[31]。また、Salomon 事件判決以降も同原則自体が学術的批判の対象となっており[32]、特に企業グループ間（親子会社関係）に対しては Salomon 原則を適用すべきではないという見解も提唱されていた[33]。

　こうした経緯を背景として、Salomon 原則の射程が企業グループ間にも及ぶのか、ひいては法人株主も個人株主と同様に有限責任を享受することが

---

30)　Phillip Blumberg, "Limited Liability and Corporate Groups" (1986) The Journal of Corporation Law 573, 608.

31)　Lipton によれば、英国では 1890 年頃から、互いに競争を減らして価格を吊り上げるために企業同士が統合されるようになったことを契機として企業グループが徐々に増加したが、Salomon 事件判決が示された時点では、企業グループの存在は英国経済において一般的な存在ではなかった。Lipton 475.

32)　Khan Freund は、負債を回避し、事業の背後にある真の利益を隠す手段として Salomon 原則が利用されているにもかかわらず、裁判所は債権者の正当な利益を保護する法的構成の確立に失敗したため、Salomon 事件判決は悲惨な結末をもたらしたと分析し、法改正を主張した。Kahn Freund, "Some Reflections on Company Law Reform" (1944) 7(1-2) Modern Law Review 54.

第 3 章　英国法の分析

できるかという点が問題になったのが Adams 事件である[34]。

1　事案の概要

Cape Industries plc（以下「Cape 社」という。）は英国で設立された会社で、複数の子会社から成る Cape グループの最終親会社であった。南アフリカにおける Cape 社の現地子会社がアスベストを採掘・輸送し、米国に設立した販売子会社である North American Asbestos Corporation（以下「NAAC 社」という。）が米国のテキサス州の断熱材製造工場にアスベスト製品を供給していたところ、製造工場の従業員がアスベスト症に罹患したことが発覚した。従業員らは NAAC 社に対する訴訟を米国の裁判所で提起し勝訴判決を得たが、NAAC 社は米国内に実質的な資産を有していなかった。そのため、従業員らは、獲得した勝訴判決を英国内の親会社である Cape 社に対して執行することを求め、英国の裁判所に訴訟提起をした。本件の直接的な争点は Cape 社が米国の管轄内に存在していたと言えるかどうかという外国判決の承認・執行上の論点であったが、実質的には異なる法人格を有する NAAC 社に対する判決の効力が Cape 社に対して及ぶか、ひいては両者を実質的に同一の義務主体とみて Cape 社に NAAC 社の債務への責任を負わせること

---

33)　Clive Schmitthoff は「会社法の理論において発生した大きな変化は、会社の概念が、形式的な法人格から経済単位を構成する企業へと進化したことである。これは資本主義の道具としての会社の概念が、地域社会の社会秩序における企業組織の一形態へと移行したことを示している。結果として、Salomon 原則は会社法における最も重要な判例としての地位を失い、今では会社法の構造を支える通常の判例の 1 つに過ぎない。」と述べ、会社概念を社会秩序における経済単位・企業組織として捉えるべきと提唱した。Clive M Schmitthoff, "Salomon in the Shadow" (1976) 305 Journal of Business Law, 311-312.

34)　もっとも、実社会においては、法人株主も株主有限責任の利益を享受できるという理解が（Adams 判決以前から）当然の前提となっていたように思われる。例えば Templeman 裁判官は、1979 年の Re Southard & Co Ltd［1979］1 WLR 1198 において、「親会社は、親会社の株主が直接又は間接的に支配する子会社をいくつも生みだすことができる。仮に子会社の 1 つががらくたの中の出来損ないであると分かり、倒産状態に近づいて債権者を落胆させるようなものであっても、親会社や他の子会社は、倒産状態に陥った子会社の債務に対して何らの責任を負うことなく、株主の喜びのために繁栄することができる」とグループ会社の効用を説明しており、親子会社間において有限責任法理が適用されることを所与の前提としている。

ができるかどうかが争われた事案であった。原告が法人格否認の法理を適用
できると主張とした根拠は大きく2つあり、(1)Cape 社と NAAC 社は単一
の経済単位（single economic unit）であるということ、(2)Cape 社は単なる
うわべ（mere façade）の存在であり法人格否認の法理が適用されるというこ
とであった[35]。(1)は上述の DHN 事件における Denning 裁判官の単一の経
済単位（single economic unit）の基準を、(2)はその後の Woolfson 事件におけ
る mere façade の基準をそれぞれふまえたものであり、これらの事件におい
て形成された判例法理が親子会社間との関係ではどのように適用・解釈され
るかという点が本件において大きな争点となった[36]。

2 判示事項

控訴院は、原告が主張した3つの議論を全て否定し、請求を棄却した。ま
ず、単一の経済単位基準については、「企業集団に属する全ての企業を1つ
の企業とみなすという一般原則はない。むしろ、基本原則は"企業グループ
を構成する各企業は、個別の法的権利と負債を有する独立した法人である"
というものである。」、「特定の法令や契約の文言に左右される場合を除き、
裁判所は、正義がそう要求していると考えるからといって、Salomon 原則
を無視することはできない。わが国の法律は、良くも悪くも、子会社の設立
を認めている。これらの会社は、ある意味では親会社の創造物であるが、そ
れでも一般法の下では、通常、全ての権利と義務が別離に付随された別法人
として扱われる。」、「ある企業が、特定の外国で行われる事業を自社の事業
ではなく、子会社の事業とするようにグループ内の業務を整理することを選
択した場合、その企業にはそうする権利がある。」と述べた上で、1987年の
Bank of Tokyo Ltd. v Karoon 事件[37]における Goff 裁判官の判示内容を引

35) 法人格否認の法理以外の根拠としては、NAAC 社が Cape 社の代理人であった
という主張が原告からなされていたが、控訴院は、本件の具体的な事実関係に照
らして NAAC 社が Cape 社の代理人（店）として活動していたとは認定できない
として代理関係に基づく責任を否定している。

36) Adams 事件の事実関係やその背景事情につき詳細な分析を加えた文献として、
Geoffrey Tweedale and Laurie Flynn, "Piercing the Corporate Veil: Cape Indus-
tries and Multinational Corporate Liability for a Toxic Hazard, 1950-2004"
(2007) Enterprise & Society 8(2) 268.

用し、「親会社と子会社を区別することは我々にとって技術的なことであり、経済的には両者は一体であると（代理人は）婉曲的に示唆する。しかし、我々の関心は経済ではなく法にある。この2つの区別は法的には基本的なものであり、橋を架けることはできない。」として、単一の経済的単位であることに基づく法人格の否認を否定した。

DHN 事件で Denning 裁判官によって示された単一の経済単位基準はその後の貴族院判決では踏襲されなかったことは上述のとおりであるが、本控訴院判決もかかる点に言及し、「DHN 事件の判決の該当箇所は幾分か大まかに表現されているものの、補償のための法規定に関する決定として扱われるべきであり、また、その正当性については Woolfson 事件において貴族院から疑義が呈されている。」と指摘しており、単一の経済単位基準の採用が改めて明示的に否定される形となった。

次に、単なるうわべ（mere façade）であることに基づく法人格の否認について、本控訴院判決は、Cape 社が米国に現地子会社を設立した意図につき「米国において南アフリカの子会社から得たアスベストの販売を継続できるようにすることと同時に、(a) Cape 社又はその子会社が関与しているような外観を低減させること、(b)あらゆる合法的な手法によって、全ての子会社又は親会社としての Cape 社が、米国における課税の責任を負うリスク、州若しくは連邦を問わず米国の裁判所の管轄に服するリスク、又はそれらの裁判所による不履行の判決がこの国において執行可能とされるリスクを低減すること」を目的としていたことが推認されると認定した。

その上で「単に将来におけるグループの特定の活動に関する法的責任（及びそれに対応する当該責任の強制的な執行のリスク）が、被告会社ではなくグループの他の構成員に降りかかるようにすべく企業構造が利用されているということをもって、企業グループの構成員である被告会社に対し、裁判所が法人格を否認する権利を有するということはできない。これが望ましいことであるかどうかは別として、このような形で企業構造を利用する権利は、わが国の会社法に内在するものである。原告は、この事業の目的は、実質的には Cape 社が不法行為責任を問われるリスクを負うことなく、グループのア

37) ［1987］AC 41

74

スベスト取引によって米国で実益を得ることであると主張する。そのとおり
かもしれない。だが、Cape 社は法律上、グループの事業をそのように組成
し、裁判所が Salomon 原則を通常の方法で適用することを期待する権利を
有している。」と述べ、仮に潜在的な不法行為責任の負担を免れることが子
会社を設立した目的であったとしても、その事実は法人格が単なるうわべと
して利用されたことにはならず、子会社の法人格は否認されないことを明ら
かにした。

3 分　　析

　Adams 事件判決は、（DHN 事件判決で示された）単一の経済単位基準につ
いてはその採用自体を否定し、米国の現地子会社は（Woolfson 事件判決で示
された）mere façade に該当しないことを根拠として、法人格否認の法理の
適用を否定する結果となった。注目すべきはその理由付けの部分であり、親
子会社間であっても Salomon 原則が堅持される旨や、グループ会社として
子会社を設立し、分離原則によって親会社の債務から子会社の債務を切り離
すことは親会社の権利である旨がしきりに強調され、これらは「我が国の会
社法に内在するもの」とまで評されている。特に、現地子会社が mere
façade であることを否定する文脈では、仮に特定の事業によって発生する
不法行為責任を回避することを目的として子会社が設立された場合であって
も株主有限責任を享受することが許されることを明確に述べている。判決文
における、「良くも悪くも」「これが望ましいことであるかどうかは別とし
て」といった表現からは、裁判所としても Salomon 原則をグループ会社関
係に適用することの弊害を懸念している様子は見受けられる。しかし、その
ような負の側面を織り込んだ上でもなお、法解釈としては子会社の設立によ
る事業リスクの切り離しを許容せざるを得ないというのが裁判所の判断であ
った[38]。よって、本判決を前提にする限り、子会社の不法行為によって生
じた被害の損害賠償を親会社に負担させる手段として法人格否認の法理に依
拠することは困難になり、Adams 事件判決はグループ会社間における法人
格否認の法理のリーディング・ケースとして扱われるようになった。

第3章　英国法の分析

第3項　Prest 事件判決

Adams 事件判決は、事業活動により生じうる不法行為債務の負担を免れることを目的として親会社を設立した場合においても、分離原則を修正して親会社の責任追及を図ることを否定した。もっとも、同判決は法人格否認の法理の適用一般について何らかの規範を示したものではなく、あくまで外国判決の執行が問題となった特定の事案において、法人格否認の法理を適用しないことを述べるにとどまるものであった。

2013 年に判示された Prest 事件の最高裁判決は、英国会社法における法人格否認の法理の理論に関する新たなリーディング・ケースである。同判決は法人格否認の法理の適用に関する一般的な規範を明示し、その適用場面を既存債務からの逃避が問題になる事案に限定した最高裁判決として大きな注目を集めた。

1　事案の概要

Micael Prest 氏（夫）と Yasmin Prest 氏（妻）は 1993 年より婚姻関係にあったが、2008 年に離婚することとなった。妻は、1973 年婚姻事件法（Matrimonial Causes Act 1973）に基づき、付随的救済（ancillary relief）[39]として、離婚手続に関連する裁判所の財産調整命令を通じて、夫から財産分与を受けることを求めた。夫は複数の会社から成る自身の資産管理会社グループ（以下、単に「資産管理会社」という。）の株式を保有していたところ、婚姻生活が破綻するより前から、当該資産管理会社は不動産を所有していた。婚姻事件法 24 条 1 項(a)は財産調整命令の対象となる財産を「婚姻の当事者が権利

---

38)　Philip Lipton は、「裁判所が本判決を下すにあたって黙示的に考慮していた背景としては、米国のアスベスト被害者の救済のために、英国の会社が保有する資産に対して米国の裁判所の判決の執行を認めることへの抵抗感があったのかもしれない」と分析し、かかる観点からすれば、本判決は経済的利益と社会的利益のバランスをとったものというより、裁判所の管轄権争いと考えることも可能であると述べる。Lipton 479.

39)　付随的救済（ancillary relief）とは、英国法において離婚手続に付随してなされる金銭的請求を意味する。請求の態様としては、一時金の支払い、定期金の支払い、年金の分割、財産調整命令に基づく財産の所有権の移転等、日本法における財産分与と類似の内容を有する。

76

を有する財産」(property to which the first-mentioned party is entitled) と定めているところ、不動産の権利が帰属しているのは「婚姻の当事者」である夫とは別異の法人格を持つ資産管理会社であるため、分離原則を厳格に適用するのであれば当該不動産は財産調整命令の対象とはならない。しかし、資産管理会社は夫の完全な支配下にあった[40]ことから、そのような場合においても分離原則を貫徹して資産管理会社所有の不動産を財産調整命令の対象から除外することが認められるのかどうかが争われたのが本事案である。

　本来であれば資産管理会社が所有する不動産ではなく、資産管理会社の株式を財産分与の対象とするのが正攻法である（資産管理会社株式は夫個人名義の財産であることから、法文解釈上の問題は生じ得ない）。しかし、本件では夫・会社ともに外国に所在しており、英国の裁判所による財産調整命令の対象としても執行上の困難があることが予想された。そのため英国に所在する不動産をターゲットにして財産調整を行うことが試みられたのである。

　なお、本件に関しては、同種事案における重要な先例として Nicholas v Nicholas 事件[41]が存在する。同事件では、夫が71％を、夫の仕事仲間が29％を保有する会社に帰属する不動産を妻に譲渡する財産調整命令が出せるかどうかが争われ、控訴裁判所はこれを否定した。しかし、控訴院は、仮に少数株主がいなければ結果は違ったかもしれないと判決中で述べた上で、「会社が一人会社で夫の分身ともいうべき場合、財産の譲渡を命じる権限があるとすることに何の問題もない」と判示した。そのため、家事事件においては、一人会社に帰属する財産を対象として離婚事件の財産調整命令が発令されるケースが定期的に発生していた（para23）。つまり、一般的な民事事件では分離原則が厳格に適用される一方、家事事件（付随的救済）では分離原則が緩和されるという対照的な事案処理がなされているという状況であったところ、本件は、そのような独自路線ともいうべき家事部門の運用がSa-

---

40)　高等法院において、夫は当該資産管理会社の唯一の実質的な株主であってほかには親族が名目的な株主として存在するにとどまること、夫は資産管理会社の財産を利用して自身の個人的な支出に充てており適切な会計処理も行われていないこと、資産管理会社の財産は夫の意思によって自由に処分することが可能であったこと等が認定されている。

41)　[1984] FLR 285

第 3 章　英国法の分析

lomon 原則に照らして許容されるかが正面から争われた事案であった。

2　判示事項

(1)　高等法院及び控訴院

　高等法院（家事部門）は法人格否認の法理の適用は否定しつつも、婚姻事件法 24 条の解釈の問題として妻の請求を肯定し、資産管理会社が保有する不動産に対しても財産調整（財産分与）の対象とした。つまり、従来の家事部門の運用に従って本件を取り扱ったのである。これに対して控訴院は、家事事件における付随的救済においても Salomon 原則が適用されることを前提に、Nicolas 判決及びこれに依拠した本件の高等法院の判決は Salomon 事件判決及び Adams 事件判決に反するものとして、妻の請求を棄却した。事件を担当した Rimer 裁判官の判示内容は以下のとおりである。

　「特定の事案において、夫自身ではなく夫の会社が所有する財産に対して裁判所が財産調整命令を下すことができないことは、潜在的な不公平を生むと考えられるかもしれない。しかし、Adams 事件判決は、そのような考慮はそれ自体が法人格を否認する根拠にはなり得ないことを明確にした。“裁判所は、正義がそう要求していると考えるからといって、Salomon 原則を無視することはできない”のである。夫と夫の会社は異なる法人格を有するのであり、それぞれが別個の財産を所有している。このような区別は尊重されるべきであり、単にそうするのが便利だからといって区別を無視することはできない。法人格を否認することができる条件として認められているのは、あくまで会社の支配者が事実や不正行為を隠す目的で、分離された法人格を悪用した場合である。」（para132）

　「Salomon 事件判決は、会社とその社員の分離された法人格の区別を確認する貴族院の権威である。このような区別は、1 人の社員が、当該会社を完全に支配しているか否かとは関係がない。会社の資産は会社に帰属し、社員はその資産に対する権益を持たないというのがこの原則の特徴である。この原則の更なる特徴として、会社の債務を弁済するために社員の財産を引き当てにすることができないのと同様、社員の債務を弁済するために会社の財産を引き当てにすることもできないことが挙げられる。特別な状況、とりわけ債務超過会社の清算においては、例えば会社の資産を不正に利用したり、不当な又は詐欺的な取引に従事した場合、社員に個人的な財産の拠出を求める法的な根拠があるかもしれない（1986 年会社法第 212 条から第 214 条）。しかし、このような例外は本件の

78

目的とは無関係である。

　このような例外や、法人格を否認することが正当である場合を除き、会社の独立した法人格は、どのような管轄権が行使される場合であっても、全ての裁判所が認識し、尊重することが求められる法律生活上の事実である。裁判所は、単にそれが正当で便利であると考えるからといって、そのような分離した法人格を無視し、会社の資産をその社員の債権者又は社員の配偶者の金銭的請求に充当することは許されない（中略）Salomon 原則は、全ての管轄権において等しく適用されなければならず、社員の配偶者がその資産の抽象化を希望するからといって、1 人会社（one-man company）が 1 人の自然人（one-man）へと変容することはない。」（para154-155）

また、Patten 裁判官も以下のとおり述べ、法人格否認の法理の適用を否定した。

「強調すべきは、1973 年婚姻事件法 24 条 1 項(a)の規定は、法律上の受益者又は会社法に関する確立した原則を否定する権限を裁判所に与えるものではないことである。それどころか、これらの原則は、法律の下での裁判所の権限の限界を明確にすることが意図されたものである（中略）私は、Adams 事件判決により、Nicholas 事件の判示内容を法律上正しい見解として依拠することができなくなったという立場を支持する。Nicholas 事件の判決により、家事部門の裁判官は、付随的救済における会社所有資産の取り扱いにつき、英国の財産法及び会社法の原則の適用を受けない、ほとんど分離された法的規範に等しいアプローチを採用するようになった。このようなことは直ちに取りやめなければならない。」（para160-161）

(2)　最高裁判決

控訴院の判決に対して妻側が上訴したため、本件は最高裁において審理されることとなり、結論としては妻側の逆転勝訴となった。しかし、それは法人格否認の法理の適用が認められたからではなく、本件の不動産の取得経緯や利用状況に照らし、会社所有の不動産は夫のために信託されていたと認定され、夫には不動産の受益権（受益的所有権）が帰属し、これが夫個人の財産を構成すると判断したためである[42]。むしろ、かかる結論を導く過程で、7 名の裁判官全員が法人格否認の法理の適用を否定した。Prest 事件判決が

---

42)　para55

第 3 章　英国法の分析

画期的な判決として注目を浴びたのは、法人格否認の適用を大きく限定する
その判示部分であった。

　本判決文における leading judge を担当した Sumption 裁判官は、まず、
これまで法人格の否認の適用が議論されてきた場面を、(1)隠蔽の原則と(2)回
避の原則とに区分することが可能であると説く。

　「私の考えでは、会社の別個の法人格が何らかの関連する不正行為のために悪用
　されている場合に裁判所が会社の法人格を否認することが正当化されるという
　原則は、判例法理によって十分に確立されている。（中略）難しいのは、何が関
　連する不正行為であるかを特定することである。『うわべ』（façade）や『偽り』
　（sham）といった表現は多くの疑問を提起し、満足のいく答えを得られない。
　これらの変幻自在の用語の背後には 2 つの異なる原則があり、それを区別しな
　いために多くの混乱が生じているように思われる。それらは便宜上、隠蔽の原
　則（concealment principle）と回避の原則（evasion principle）と呼称すること
　ができる。隠蔽の原則は、法律的には平凡なものであり、法人格否認とは全く
　関係がない。それは、真の行為者の同一性を隠すために複数の会社を介在させ
　た場合であっても、その同一性が法的に関連すると考えられるのであれば、裁
　判所がその同一性を特定することを妨げないという原則である。このような場
　合、裁判所は『うわべ』（façade）を無視するのではなく、企業構造が隠してい
　る事実を発見するために、『うわべ』の背後を観察するだけである。回避の原則
　は違う。それは、会社の関与とは独立して存在する、会社の支配者に対する法
　的権利があり、会社の分離した法人格が当該権利を無効にし、その執行を挫折
　させるべく会社が介在している場合において、裁判所は会社の法人格を無視す
　ることができるというものである。多くの事案は両方の類型に分類されるが、
　一定の状況下においては、この 2 つの違いが重要な意味を持つ場合がある。こ
　れは、良かれ悪しかれ、裁判所が法人格を否認したと考えられている事案を参
　照することで説明することができる。」(para27-28)

　そして、法人格の否認が認められるのは、上記の 2 つの類型のうち回避の
原則が問題となる場面、すなわち既存の法的義務を免れるために法人格が利
用されている場合に限定されるべきであると述べる。

　「法律を回避したり、その執行を断念させたりするために会社の別個の法人格を
　利用することは、法人格の濫用となるかもしれない。だが、そもそも法的責任

80

を会社に負わせることは濫用ではない。また、ある負債が法人のものであり、その支配者のものではないという事実に依拠することも（それが真実なのであれば）濫用ではない。むしろ、それこそが法人化というものである。（中略）私は、ある人物が既存の法的義務や責任を負っており、あるいは既存の法的制限を受けている場合に、自己の支配下にある法人を介在させることで、義務の回避や執行の妨害を意図的に試みている場合に適用される、英国法の限定的な法理が存在すると結論づける。そして、裁判所は、会社又はその支配者から、会社の別個の法人格によって得られるはずだった利益を奪う目的で、かつその目的に限り、法人格を否認することができるのである。」（para34-35）

また、Neuberger 裁判官も、Sumption 裁判官の見解に賛意を示しつつ、法人格否認の法理が適用される場面は、限定的かつ明確であるべきとする。

「この法理〔筆者注：法人格否認の法理〕に関するあらゆる議論は Salomon 判決から始めなければならない。この判決は貴族院が全員一致で明確かつ原理的な結論を示し、それが 1 世紀以上にもわたって揺るぎないものとなっている。（中略）Salomon 原則は、コモンロー上のルールとして特徴づけられようと、会社法の帰結として特徴づけられようと（あるいは両者の融合であろうと）、長年にわたって確立され、権威性が高い原則である。（中略）Salomon 判決は明らかに、企業の法人格が否認される可能性あるという議論において重要な障壁となるものである。さらに、この法的分野においては明快であること及び簡潔であることが重要である。したがって、仮に法人格否認の法理が存在するとしても、その適用は限定的で、かつ可能な限り明確でなければならない。」（para66-67）

「Sumption 裁判官が述べた『ある人物が既存の法的義務や責任を負っており、あるいは既存の法的制限を受けている場合に、自己の支配下にある法人を介在させることで、義務の回避や執行の妨害を意図的に試みている場合』にのみこの原則が適用されるという見解は説得的である。このような明確で限定的な原則であれば、少なくともこれまで法人格否認の法理に対してなされてきた厳しい指摘のほとんどと抵触することはないように思われる。特に、この原則は、⑴それが適切に適用される事案において価値を有するものであり、⑵私が信ずるに、不適切な事案において適用されることのないよう十分に明確なものであり、⑶従来の法原則と一致しているため、Salomon 原則には抵触しない。」（para81-82）

他の裁判官も、法人格否認の法理が極めて限定された場面でのみ適用されるべきである点については賛成しており、Mance 裁判官は「確信を持って

言えることは、Salomon 原則が強力なものであること、そして、仮に法人格の否認が、法律が利用できるその他の手段の数々の中でも最終手段として重要性を持つ状況が他にあるとすれば、それらは非常に斬新かつ稀な事案である可能性が高いということである。」(para100)、Clark 裁判官は「回避の原則に加え、さらなる例外が容易に確立されると考えることは奨励されるべきではない。」(para103) と判示する。もっとも、Sumption 裁判官が示した、法人格の否認が問題となりうる事案は隠蔽・回避のいずれかに分類できるという見解については各裁判官で態度が分かれ、Neuberger 裁判官及びは Sumption 裁判官の見解に賛成したのに対し、Hale 裁判官及び Wilson 裁判官は「裁判所が会社の法人格を否認している、又はすべきである事例を、隠蔽と回避のいずれかに明確に分類することが可能かどうか確信は持てない。」(para92)、Mance 裁判官は「将来起こりうる全ての状況について予測しようと試みることは一般的に危険であるし、私はそうしようと思わない。」(para100) と述べ、類型化や二分論について慎重な姿勢を見せた。また、Walker 裁判官は、請求棄却という結論を支持しつつも、本判決の裁判官の中で唯一、法人格否認を確立された法理（doctrine）として認めることを否定し、「『法人格の否認』は、首尾一貫した原則や法律上のルールという意味においての法理では全くない。それは単に、無差別に使われるラベルであり、Salomon 事件で貴族院が再確認した法人格の原則について、法律上のルールが明らかな例外を生み出すような様々な状況を描写したに過ぎない。」(para106) と述べた。

3 分　　析

(1) 本判決への評価

　本件は、離婚に伴う財産調整命令の対象を巡り自然人である夫と会社の法人格の区別が問題となり、分離原則の重要な例外である法人格否認の法理の適用について裁判所が判断した事案である。もっとも、本判決における法人格否認の法理の適用の可否に関する検討部分は、事案解決において必須の要素ではない。なぜなら、本判決は全裁判官が一致して、夫と会社の間に不動産の信託関係の成立を認定し、夫に信託受益権の帰属を認めることで妻側を実質的に勝訴させているためである。よって、法人格否認の法理に関する判

示部分は厳密には傍論を構成するものであった一方、本判決は最高裁として初めて同法理の適用の範囲及びその限界について具体的な判示をしたという点において重要な価値を持つ。

Brenda Hannigan（2013年）は、本判決後に公表した論文において、「Prest 最高裁判決により幾つかの点が明確となった。すなわち、裁判所が、Salomon 原則により規定された分離原則を無視し、会社とその支配者を同一視することができる場合は、法人格否認を否認する権限が認められる。しかし、これは意図的な回避が行われた場合にのみ適用することができ、他の全ての普遍的な救済手段では不十分であると判明した場合にのみ行使ができる制限的な権限である。その制限ゆえに、この法理は例外的かつ稀少な事例においてのみ適用され、実際に法人格が否認されるようなケースはほとんどないものと予想される。」と分析する[43]。

また、Wayne McArdle（2013年）は、本判決につき、「最高裁判所は、既存の法的義務の回避や執行の妨害を行うために企業構造が利用されているような場合に限って法人格を否認することが許されること、例えば適切な企業グループの構成の一部であるような場合には法人格の否認が許されないことを確認した。」、「本判決以前よりも、法人格の否認が認められうる状況につき、そのハードルは間違いなく高くなった。」、「最高裁は下級審に対し、広範な裁量によって法人格を否認するのではなく、不法行為法や代理法、信託法など、十分に発達した英国法の原則を適用することを奨励していると思われる。」と評価する[44]。

(2) 裁判実務への影響

本判決以降、Sumption 裁判官の判示内容を引用した上で法人格否認の法理の適用を否定する下級審判例も現れている。本判決の直後に控訴院判決が示された R v Sale 事件[45]において、Treacy 裁判官は、Prest 事件判決は家

---

43) Brenda Hannigan, "Wedded to Salomon : evasion, concealment and confusion on piercing the veil of the one-man company" (2013) 50 Irish Jurist, 11, 37.

44) Wayne McArdle and Gareth Jones, "Prest v Petrodel and VTB Capital v Nutritek: a Robust Corporate Veil" (2013) 14(3) Business Law International 295-297.

事事件に関する判断であり、法人格否認に関する判示部分は厳密には傍論であるとしつつも、「最高裁が法人格否認の問題について、一般的な法解釈に照準を当てて議論していたことは明らか」であり、そこで示された解釈は他の種別の事件全般にも及ぶことを宣言した上で、「本事件は回避の原則に該当するケースではなく、会社の介在によって回避されたり、執行が断念されたりした法的義務や責任は存在しない。この会社は、不正行為のずっと前より存在し、善意の取引の目的のために存在した会社であった。」と認定し、回避の原則の要件に該当しないことを根拠に法人格否認の法理の適用を否定している[46]。

　また、同じく Prest 事件判決後に控訴院判決が示された Antonio Gramsci Shipping Corporation v Recoletos Ltd 事件[47]において、Beaston 裁判官は、「Prest 事件判決の内容から明らかであるが、英国法の現状では、裁判所は『ある人物が既存の法的義務や責任を負っており、あるいは既存の法的制限を受けている場合に、自己の支配下にある法人を介在させることで、義務の回避や執行の妨害を意図的に試みている場合』に限り法人格を否認することができる。Mance 裁判官と Clarke 裁判官は、法のさらなる発展を排除することは望んでおらず、また Hale 裁判官の意見も同趣旨と思われるものの、これが現在における英国法の到達点なのである。」として、Sumption 裁判官の判示内容に依拠した。

　このとおり、Prest 事件判決において合議体の全面的な支持が得られたわけではないにもかかわらず、Sumption 裁判官によって定式化されたテストは実質的に下級審の判断に影響を与えており、法人格否認の法理の適用は回避の原則に該当する場合に限られるという取り扱いが、英国の裁判実務においても定着しつつあるように見受けられる。

---

45)　［2013］EWCA Crim 1306. Sale 氏は贈賄罪で有罪判決を受けた者であるところ、同人が一人株主となっている会社が贈賄相手から金銭を受領しており、2002 年犯罪収益法（Proceeds of Crime Act 2002）に基づく没収命令の対象となる当該一人会社の財産の範囲（金額）が争点となった。

46)　para28

47)　［2013］EWCA Civ 730

(3) 外部化問題との関係

Prest 事件判決は Salomon 原則を重視する従来の裁判例の立場を最高裁としても踏襲しつつ、「単なるうわべ」(mere façade) という抽象的な規範しか存在しなかった適用要件を、Sumption 裁判官の提唱する「回避の原則」によって具体化し、さらにその適用範囲を大幅に縮減するものであった。そして、Sumption 裁判官の判示内容をふまえると、回避の原則に該当するためには（すなわち法人格否認の法理を適用し、分離原則を修正するためには）、(1)法人格の利用とは無関係に発生した既存の法的義務の存在と、(2)当該既存の法的義務を回避する目的で法人格を利用する意図が必要となる[48]。

上記を前提にすると、子会社の加害行為に対する親会社への責任追及として、株主有限責任や分離原則自体を修正するアプローチを採用することは事実上不可能になったと考えざるを得ない。なぜなら、不適切なリスク・マネジメントによる加害リスクの現実化は、あくまで新たな法益侵害とそれに伴う不法行為債務を生み出すのであり、既存債務の回避（回避の原則）という要素は存在しないためである。

さらに、Salomon 原則を重視し、その例外である法人格否認の法理の適用は極力限定すべきであるという点については、(Sumption 裁判官のみならず) Prest 事件判決における各裁判官の一致した見解となっている。Hannigan の分析のとおり、今後は法人格否認の法理の適用の場面がより一層限定されるのだとすれば、不法行為コストの外部化を根拠にして Salomon 原則を修正するアプローチが受容される可能性はほぼなくなったものと評価できよう。

第4項 小 括

Salomon 事件判決以来、英国の裁判所は（DHN 事件判決のような例外こそ存在するものの）全体としては分離原則を堅持し、これを修正する局面を可能な限り限定的に解釈しようとする姿勢を維持してきた[49]。

また、外部化問題につき分離原則（Salomon 原則）を修正する方法で対処

---

48) Mohamed Khimji and Christopher Nicholls," Piercing the Corporate Veil Reframed as Evasion and Concealment" (2015) 48(2) University of British Columbia Law Review, 26.

第3章　英国法の分析

するアプローチは、既に1990年のAdams事件判決において「裁判所は、正義がそう要求していると考えるからといって、Salomon原則を無視することはできない」という判示とともに否定されていた。そして、2013年のPrest事件判決において示された法人格否認の法理全般に対する謙抑的な姿勢、とりわけその後の下級審でも採用され続けているSumption裁判官の「回避の原則」により、一層厳しい立場に追い込まれたと言える。

　Adams事件判決やPrest事件判決自体の是非について議論の余地はあるものの、少なくとも英国法における裁判実務としては、子会社の加害行為結果に関する責任を親会社に負わせるためには、法人格否認の法理に代わる別の法律構成を検討せざるを得なくなったのである。

---

49)　Radu Maresは、法人格否認の法理を巡る一連の英国法の判例の変遷につき、「英国における重要判決（landmarks cases）は、分離した法人格を確立した1897年の判決〔筆者注：Salomon事件判決〕に始まり、企業責任（enterprise liability）に向かって逆方向に進んだ1976年の判決〔同：DHN判決〕、そして最終的に古典的なアプローチに戻った1990年の判決〔同：Adams判決〕とそれがより強固に確認された2013年の判決〔同：Prest事件判決〕である。」と要約する。Radu Mares, "Liability within Corporate Groups: Parent Company's accountability for subsidiary human rights abuses" in S. Deva (ed.) Research Handbook on Human Rights and Business (2020) Edword Elgar Publishing.

第3節　親会社の直接責任を巡る議論の変遷

　Adams 事件判決及び Prest 事件判決によって大幅な制限が加えられた法人格否認の法理に代わり、近時の英国法において注目されているのが、子会社の加害行為につき親会社の不作為による直接的な不法行為責任を認めるアプローチである。本節ではこのアプローチがどのようにして英国法下において影響力を持つに至ったのかという点に着目し、関連する裁判例の変遷に対して分析を加え、現時点における英国法下での到達点を明らかにする。

第1項　Chandler 事件判決以前

　不法行為に基づく親会社（支配株主）の直接責任という法的構成は、これを認めた 2012 年の Chandler 事件判決によって注目されるようになった。しかし、かかる法的構成は同判決において突然現れたものではなく、親子会社間における法人格否認の法理の適用が否定された 1990 年の Adams 事件判決以降、同種事案においてその先駆けとなるような主張や判断がなされていた。本項では、いわば Adams 事件判決から Chandler 事件判決までの約 20 年間において現れた 2 つの判決と、同時代に議論された会社法改正（2006 年会社法制定）の動きについて概観する。

1　Connelly 事件

　不法行為に基づく親会社の直接責任の嚆矢となった事案は、1998 年の Connelly v RTZ Corporation Plc 事件[50]である。Connelly 氏は、ナミビアの完全子会社である Rossing Uranium Ltd においてウラン採掘の業務に従事していたが、退職後に癌に罹患した。そこで Connelly 氏は、RTZ 社が子会社の労働衛生環境の管理において重要な役割を担っており[51]、Connelly

---

50）　Connelly v RTZ Corporation Plc［1997］UKHL 30
51）　原告は、Rossing 社の鉱山事業で運用される安全衛生に関する適切な方針を考案する責任を RTZ 社が自ら負い、又は英国子会社のいずれかにおいてこれを実行した上で、監督者を通じて Rossing 社による当該方針及び安全予防措置の運用を管理していた旨を主張していた。

氏に対して注意義務を負っていたとして英国の裁判所に訴訟を提起した。

　同訴訟は、Connelly 氏の RTZ 社に対する損害賠償請求の可否という実体法上の問題以前に、そもそもナミビアではなく英国の裁判所が管轄を有するのかという点が問題となった。この点に関し、貴族院は事案の複雑性及び紛争の解決に係るコストを理由に英国が適切な紛争解決地であることを認め、英国の裁判所の管轄を認めた上で実体法上の審理に付すべく高等法院へ差し戻した。

　差戻し後の高等法院は、Connelly 氏の実際の雇用主以外の者が雇用主としての義務を負うことはないという RTZ 社の主張に対して、「適切な状況においては、個々の原告に対して、雇用主がその使用人に負う義務に非常に近い注意義務を負う者が存在しないとは言えない。例えば、使用者に作業プロセスの安全性を助言するコンサルタントは、その助言の内容によって影響を受ける可能性があると予見できる個々の従業員に対して義務を負う場合がある。更に明確に言えることは、雇用主が必要とする様々な安全対策の考案、設置、運用の責任を完全に独立した請負業者に委ねている場合、その請負業者は個々の従業員に対して雇用主自身とほぼ同等の義務を負っている可能性があるということである。しかし、雇用主がそのような責任を引き渡せば、従業員に対する自らの責任も免れるというわけではない。」と述べた上で、原告の主張する事実関係が事実であれば、Rossing 社自身による鉱山事業の安全対策への貢献の程度にかかわらず、上記の責任を引き受けた RTZ 社に注意義務が課されるように思われる旨を判示した[52]。もっとも、本判決自体は、既に当該請求権は時効により失権していることを理由として具体的な事実認定には入らず請求を棄却したことから、子会社従業員の親会社に対する損害賠償請求を認めた先例にはならなかった。しかし、親会社が子会社に対して行使している支配の強さによっては親会社にも注意義務が課され、被害者に対する直接的な責任を負担しうることが示唆されたという点で、本判決は後述する Chandler 事件判決に繋がる最初の一歩であったと言える。

52)　Richard Meeran, 'Access to remedy: The United Kingdom experience of MNC tort litigation for human rights violations' in Surya Deva and David Bilchitz (eds), *Human Rights Obligations of Business: Beyond the Corporate Responsibility to Respect?* (CUP 2013) 389.

2 Lubbe 事件

Connelly 判決に続いて親会社の直接責任が問題になったのが、2000 年の Lubbe v Cape Industries Plc 事件[53]である。本件は、英国会社である Cape 社に対して、Cape 社の完全子会社が南アフリカで行っていたアスベスト採掘事業に関し、子会社の従業員及び事業地域に居住する周辺住民が健康被害に対する賠償を求めた事案である。Connelly 事件と同様、本件においても裁判管轄が問題となり、貴族院は紛争の解決地として英国が適切であることを理由に管轄を認め、トライアル手続において実体法上の問題を審理すべく高等法院へ差し戻した。しかし、2002 年 1 月に両当事者が和解に至ったため[54]、またしても実体法上の請求権の存否について裁判所の判断が示されることはなかった。裁判所においてどのような和解勧試がなされたかは不明であるものの、和解金額は 21 百万ポンド、当時の為替レートにして約 35 億円であり、被告としても敗訴リスクを相当程度覚悟しなければならない状況であったことが推察される。

上記のとおり、子会社事業の被害者に対する親会社の不法行為責任が成立しうる可能性は 1998 年の Connelly 事件判決において示唆されており、2000 年には Lubbe 事件でも同様の主張がなされて被告企業による相当額の金銭の支払いという和解に至っている。したがって、遅くとも 2000 年代初頭には、親会社の義務違反を理由にその不法行為責任を追及するという法律構成が、子会社事業の被害者を救済するための手法として可能性を広げつつあったと言えよう[55]。

Peter Muchlinskii（2001 年）は、Lubbe 事件に言及した上で、グループ企業に対して有限責任を無制限に認めることは非任意債権者（とりわけグルー

---

53) Lubbe and Others v Cape Plc.［2000］UKHL41

54) Alan Dignam and John Lowry, Company Law（10th edn, OUP 2018）43.

55) 上記事件のほか、南アフリカの開発事業における水銀の暴露により労働者の健康被害が生じた 1996 年の Ngcobo v Thor Chemical Holdings Ltd 事件（1996 年）においても、南アフリカの子会社従業員に対して英国の親会社が直接的な義務を負担する可能性がありうることを英国の裁判所が示唆していたとされる。もっとも最終的に和解によって決着したため、判決には至らなかった模様である（Richard Meeran, "Multinational Human Rights Litigation in the UK: a Retrospective"（2021）Business and Human Rights Journal 256, 260）。

第 3 章　英国法の分析

プ企業が事業の過程で引き起こした不法行為の被害者）に対し過度なリスクを
転嫁させるものであり許容できないとし、「不法行為原則は、親会社自体を
子会社と並ぶ不法行為責任者とすることにより、会社法上の分離原則を崩す
ことなく、親会社への責任追及を許容することを可能とさせるものである」
と述べた上で、貴族院の決定は、多国籍事業グループにおける親会社の責任
につき、（法人格ごとではなく）事業単位で責任を追及する道を残すものであ
ると評価している[56]。また、Peter Nygh（2002 年）も、自身の論文におい
て Lubbe 事件に言及し、親会社に対する請求追及の手法に関する各国の制
度・事例や諸学説を分析した上で、（法人格否認の法理や代理構成といった子会
社責任の派生責任を追及するアプローチや、グループ会社を 1 つの事業体として
捉えて責任主体とするアプローチに比べ）「より有望なのは、子会社が損害を
与えた者に対する、子会社の支配・監督義務違反を理由に親会社が直接責任
を負うという考え方である。」と肯定的な評価を下している[57]。

　他方で、後述の Chandler 事件判決が現れるまで、主要な不法行為法及び
会社法の体系書においては、親会社の注意義務に基づく責任に関する言及が
特段見受けられない。また、2000 年代において不法行為責任に基づく直接
責任を積極的に支持又は提唱するのは、上記の Muchlinski や Nygh など限
定された論者にとどまり、学説上の広い支持を得ることはなかったように見
受けられる。その理由は必ずしも明確ではないものの、Lubbe 事件・Con-
nelly 事件はいずれも国際裁判管轄が主たる論点であったことや、本審（ト
ライアル）手続を経た実体法上の判断に結び付かなかったことなどが影響し
たものと推察される。

　いずれにせよ、Connelly 事件や Lubbe 事件を経た後も、学説・実務にお
ける不法行為責任構成のプレゼンスは決して高いものではなく、かかる法律
構成が脚光を浴びるのは 2012 年の Chandler 事件判決以降のことであった。

---

56)　Peter Muchlinski, "Corporations in International Litigation : Problems of Juris-
　　diction and the United Kingdom Asbestos Cases" (2001) International and Com-
　　parative Law Quarterly 16-17, 23.
57)　Peter Nygh, "The liability of multi-national corporations for the torts of their
　　subsidiaries" (2002) 3(1) European Business Organization Law Review 51, 81.

3 会社法改正（2006 年会社法の制定）

(1) 子会社の不法行為に対する親会社の直接責任

ここで、法改正の動きについても簡単に触れておきたい。英国では、1985年会社法（Companies Act 1985）に置き換わる形で、2006 年会社法（Companies Act 2006、以下、文脈に応じて「新会社法」又は「2006 年会社法」という。）が制定された。新会社法は 1985 年会社法で規定されていた内容を抜本的に改正することが意図されており、1998 年 3 月に貿易産業省（Department of Trade and Industry）が独立した検討組織である会社法検討グループ（Company Law Review Steering Group、以下「検討グループ」という。）に対して新会社法案の検討を諮問したことで、本格的な検討が開始されるに至った。

この改正の検討と時間軸が重複する形で、Adams 事件（1990 年）、Connelly 事件（1998 年）及び Lubbe 事件（2000 年）といった、英国に本籍を置く企業グループの子会社が不法行為被害をもたらす事例が相次いでいた。また、米国と同様、英国においても、Muchilinski のように親子会社関係に有限責任を認めることに疑義を呈し、不法行為リスクの高い事業が選好されるモラル・ハザードのリスクを批判的に考察する見解が提唱されるようになっていた。つまり、新会社法の制定が議論された 1990 年代後半から 2000 年代前半は、子会社事業による不法行為被害に対するグループ親会社の責任について、学術的・社会的な関心が高まっていた時期でもあった。

しかし、2000 年に検討グループが公表した諮問文書（consultation document）[58] は、改正の検討対象から子会社の不法行為に対する親会社の責任を除外するという方針を示した。検討グループは、(1)不法行為債権は、リスクが契約条件に反映される取引債権と異なり有限責任制度によってリスクを外部化することができてしまうこと、(2)そのため、子会社の不法行為債務に対する親会社の有限責任は、取引債務に対する有限責任と比べて正当化の論拠が弱くなること、(3)不法行為責任は不当な人身傷害からの自由といった極めて重要な利益を保護していること、(4)英国の裁判所は法人格否認の法理の適用に消極的であることを指摘し、親子会社間（とりわけ子会社の不法行為債

---

58) Company Law Review Steering Group, "Modern company law for a competitive economy : completing the structure"（2000）Department of Trade and Industry.

務）について有限責任法理を貫徹することの問題点について一定の理解を示す[59]。

その上で、「持株会社が、不法行為責任や偶発債務を含む責任のリスクを念頭に置いた上で、子会社における事業活動を分離することが完全に適切であると考えられる状況も存在する。多くの不法行為は、契約上の責任と密接に関連している。例えば、専門的なサービスに対する責任、不実表示、製造物責任などである。また、親会社が子会社の不法行為に対して自動的に責任を負うような制度にしている法域の存在も認識していない。このような有限責任の利用方法が、有限責任の濫用とみなされるような状況を定義することは困難であろう。」と述べ、「子会社の過少資本や、倒産リスクを高めるような運営は、倒産法で対処するのが最も適切である。この点に関して、我々はいかなる改革も提案しない。」と結論づけたのである[60]。そして検討グループの方針どおり、改正案に子会社事業の不法行為被害者に対する親会社の責任に関連する規定が盛り込まれることなく、2006年会社法が成立するに至った。

上記の検討グループの見解をまとめると、確かに親会社が子会社の不法行為債務に責任を負うべき状況がありうる一方で、⑴そのような状況を定義することは困難であり、⑵また他国においてもそのような法制度の事例がないため、制度的な解決を図ることは断念する、という内容に要約できる。この⑴及び⑵の理由付けは、第2章で指摘した制度的修正説の問題点（過剰規制と国家間の制度的競争力の低下）と共通するものであり、立法的解決の限界を示す実例であるように思われる。

また、検討グループは倒産法によって解決が図られるべきであることを述べるが、倒産法においても親子会社間における有限責任の問題に関する有力な対処法は存在しない。すなわち、1986年支払不能法（Insolvency Act 1986）の214条には不当取引（wrongful trade）の規定が存在するが、同規定は取締役が債務超過の危険を知りながらも、債権者の損失を最小限に抑える手段を講じることなく取引を継続した場合において当該取締役に対会社責任

---

59) para10.58
60) para10.59

を課すものに過ぎない。よって、平時の状態において営まれる子会社のハイリスク事業から発生した不法行為被害に関し、親会社に対する請求権を認める根拠にはなり得ない。

　検討グループとしては、倒産法においても何らかの改正（例えばニュージーランド会社法における資産プール条項[61]（asset pooling provision）のような制度の新設）を念頭に置いていたのかもしれないが、英国倒産法においてそのような改正が行われることはなかった[62]。結果として、英国法においては子会社のハイリスク事業による不法行為コストの外部化問題について、会社法・倒産法ともに何らかの制度的な解決が図られることはなく現在に至っている。

61）　ニュージーランドの1993年会社法（Companies Act 1993）271条1項(a)では、そうすることが公正かつ衡平であると裁判所が判断した場合、清算会社の関連会社（1条(3)に定義されており、親会社もこれに含まれる）に対し、清算においてなされた請求の全部又は一部を清算人に支払うことを命じることができる旨が規定されている。また、公正かつ衡平であるかどうかを決定する場合に裁判所が考慮すべき要素として、272条1項は、(a)関連会社が清算会社の経営にどの程度関与していたか、(b)清算会社の債権者に対する関連会社の行為の内容、(c)清算の原因となった状況は関連会社の行為にどの程度起因するものであったか、(d)裁判所が適切と考えるその他の事項の4要素を規定している。もっとも、ニュージーランドの清算手続において実際にプーリング命令が発令されることは稀であり、資産の混同が生じている場合や、子会社が親会社の傀儡と化しており自立して業務を遂行する能力を喪失している場合などにおいて例外的に発動されているようである。以上につき、Richard Stevens "The Consolidation of Assets and Liabilities within Company Groups : Can South African Company Law learn from New Zealand's Company Law?" (2014) The Dovenschmidt Quarterly 3, 119, Helen Anderson "Challenging the Limited Liability of Parent Companies: A Reform Agenda for Piercing the Corporate Veil" (2012) 61(22) Australian Accounting Review Issue 2, 129.

62）　英国では1986年倒産法（Insolvency Act 1986）の制定に先立ち、倒産法改正検討委員会（いわゆるコーク委員会）が組織され、同委員会ではニュージーランド会社法におけるプーリング条項と同様、企業グループの一部の法人が倒産した場合、一定の条件のもと他のグループ構成企業に弁済責任を課す制度の導入も検討された。しかし、かかる制度を導入した場合、倒産法以外の法律分野にも影響を及ぼすことが想定され、倒産法の改正に限定されたコーク委員会の職務権限を越える可能性があることを理由として、最終的に同委員会による改正勧告からは除外された。The Cork Committee (Cmnd 8558), Insolvency Law and Practice: Report of the Review Committee (1982) ch51, para1952.

(2) 影の取締役

従属会社に対する親会社の支配的地位に伴う法的責任という観点では、影の取締役に関する規制が強化された点も、2006年会社法の重要な改正点の1つである。

英国法では、1917年会社法以来、正式に取締役として選任された者だけでなく、他の取締役に対して指揮する者についても取締役に準じた者として取り扱われていた。そして、1980年会社法ではそのような立場の者に初めて「影の取締役」（shadow director）という独自の類型が与えられ、かかる存在が明文化された[63]。影の取締役は部分的に通常の取締役と同等の法的規制を受けており、例えば1986年支払不能法では上記の不当取引規制が影の取締役にも適用されることが明文で規定されている（214条(7)）。他方で、取締役が会社に対して負担する判例法上の受託者義務（fiduciary duties）が影の取締役に対しても課されるのかについては文理上明らかではなく、学説上の対立が存在した。そこで2006年会社法では、取締役が会社に負う一般的な義務[64]を明文化した上で、それらが影の取締役にも課されることも明文化された（170条(5)）。また、2006年会社法では、影の取締役は「会社との関係において、その者の指揮又は指示に従って会社の取締役が行動することを通例とする者」として定義され（251条(1)）、自然人のみならず法人であっても影の取締役として取締役としての義務を負担し[65]、株主代表訴訟をはじめ責任追及の対象となること（260条(5)(b)）も新たに明文化された[66]。

このように、2006年会社法の制定は「影の取締役」概念を媒介して親会

---

63) 英国法上における「影の取締役」概念の導入経緯とその変遷について詳細に分析した文献として、中村信男「イギリス法上の影の取締役規制の展開および法的位置づけの変容と日本法への示唆」石山卓磨ほか編著『酒巻俊雄先生古稀記念・21世紀の企業法制』（商事法務、2003年）537頁以下。

64) 権限の範囲内において行為する義務（171条）、会社の成功を促進すべき義務（172条）、合理的な注意・技術・努力を払う義務（174条）、利益相反を回避すべき義務（175条）、第三者から利益を受領してはならない義務（176条）、取引又は取決めの計画に対する利害関係を申告すべき義務（177条）が対象となる。

65) 法人の場合、上記の取締役の一般的な義務を含む一部の義務については、従属会社の取締役がその指揮又は指示に従って行動することのみをもって、従属会社の影の取締役としてみなされることはない旨が規定され、「影の取締役」の該当範囲に一定の制限がかけられている（251条(3)）。

社を含む法人の実質的な支配者に対する直接規制を強化するものであった。もっとも、日本の会社法における 429 条に相当するような第三者責任の規定は存在しないため、「影の取締役」に親会社が該当したとしても、そのことから子会社の不法行為被害者に対する法的責任が導かれるわけではない[67]。そのため、子会社の不法行為被害者が親会社に対して責任追及をするためには、会社法上の「影の取締役」規定に依拠するのではなく、異なる法律構成を検討する必要があった。

第 2 項　Chandler 事件判決

2012 年の Chandler 事件判決は、2 つの観点で英国法上の重要判決に位置付けられる。第 1 に、同判決は英国法で初めて、実体法上の判断として親会社の直接不法行為責任を認めたという点である。第 2 に、当初はそのような画期的判決という位置付けでありながら、短期間のうちに同種の判例が次々と出現する中であくまで事例判断に過ぎないことが強調され、同判決が提示した要件論はその規範性を喪失していったという点である[68]。以下では、同判決の内容とその反響について検討する。

1　事案の概要

英国会社である Cape Plc（以下「Cape 社」という。）は、1945 年、同じく英国会社である Uxbridge Flint Brick Company 社（以下「Uxbridge 社」という。）を買収して自身の子会社とした上で、Uxbridge の Cowley に所在す

---

66)　2006 年会社法における影の取締役規制の進展を論じた文献として、中村信男「イギリス 2006 年会社法における影の取締役規制の進展と日本法への示唆」比較法学 42 巻 1 号（2008 年）211 頁以下。

67)　従属会社との関係でも支配会社が影の取締役として責任を課された事案は存在しないことから、影の取締役という支配株主の責任の根拠となる概念を導入したとしても、それのみでは有効に機能を果たしえないとの批判も存在する（高橋英治＝坂本達也「影の取締役制度－支配会社の責任の視点から－」企業会計 62 巻 5 号（2010 年）109 頁）。

68)　これは親会社の直接責任が認められる範囲が限定されたという趣旨ではなく、むしろ（Chandler 事件判決の判示内容に縛られることなく）より柔軟に責任の有無を検討すべきであるという方向性で先例的価値が変容していったことを意味する（詳細については第 3 項参照）。

第 3 章 英国法の分析

る同社所有の工業用地に工場（Cowley 工場）を設立し、石綿板製品を製造する事業（以下「石綿板事業」という。）を立ち上げた。1956 年、増資により Uxbridge 社は Cape 社の完全子会社となり、社名も Cape Building Products Ltd（以下「Cape Products 社」という。）に変更され、石綿板事業は Cape Products 社に集約されるようになった。

Chandler 氏は Cape Products 社の従業員であり、1959 年から 1962 年にかけて、同社が所有する石綿板製造工場で勤務していた。同社を退職後、Chandler 氏はアスベスト症に罹患していることが 2007 年に判明したが、既に雇用主であった Cape Products 社は解散していた。そのため Chandler 氏は、Cape Products 社の親会社である Cape 社が子会社の従業員の安全衛生に関して直接的な注意義務を負っていたとして、同社に対する損害賠償請求訴訟を提起した。

上記のとおり、本件は親会社である Cape 社及びその子会社である Cape Products 社はともに英国会社であり、石綿板事業も英国内で行われていたことから、管轄等の訴訟法上の点は問題にならず、実体法上の注意義務の存否のみ[69]が争点となった。

2 判示事項

(1) 高等法院判決[70]

ア　事実認定

高等法院（William 裁判官）は、判断の前提として、以下の事実を認定した。

・　原告が子会社で就労していた期間において、子会社の会長と、取締役 2 名は親会社の取締役でもあった（para26）

---

69)　親会社の損害賠償責任を認めるためには、子会社従業員に対する注意義務が存在するだけでなく、親会社がかかる義務に違反したことを立証する必要がある。しかし、本件において被告である親会社が争ったのは前者の点のみであり、仮に被告が注意義務を負っていた場合はその義務の違反があったことを認めていた（para9）。これは、親会社がアスベストによる健康被害のリスクを認識していたことや子会社におけるアスベスト対策が不十分であったことは証拠上明らかであったためと思われる。判決中においても、原告の就労期間中既に予見可能な健康被害のリスクが生じていたことを被告が認めたことにつき、「証拠関係に照らせば驚くにはあたらない」と述べている（para62）。

70)　［2011］EWHC 951（QB）

第3節　親会社の直接責任を巡る議論の変遷

- 親会社は、子会社の石綿板の生産能力を増強するための設備投資資金を一部負担し、生産設備の増設を含む生産計画全般について、グループの方針として詳細な指示を子会社にしていた。子会社も親会社から示された方針に則って増産を行い、子会社が他社とライセンス供与等の交渉及び合意を行う場合は、親会社を窓口とし、親会社の承認を得た上で行っていた（para34-35）
- 1962年、親会社の取締役会は、自社の医療顧問である医師から、アスベストと中皮腫の関連性への懸念や、子会社の工場・作業場での粉塵除去に注意を払う必要がある旨の報告を受けた。そして医師は、子会社で発生したアスベスト症の症例について工場検査局や子会社の医務官とも協議を行い、その症例調査に参加していた。また1963年以降、親会社の医務官は、親会社においてGroup Medical Adviserという肩書きを与えられ、グループ全体の医療顧問となり、グループ内の全企業の従業員の健康と安全に責任を持つようになった（para36-40）
- 1956年の完全子会社化及び子会社に対する石綿板事業の集約化以降も、子会社は親会社が石綿板の製造に採用した作業方法や労働慣行をそのまま継承し、変更することはなかった。また、生産工程の多くの側面において親会社の取締役会が議論し、承認を行っていた（para61）
- 子会社の従業員は、就労時間中に絶え間なく大気中のアスベストの粉塵に曝されており、将来的に疾病を発症する予見可能なリスクが既に生じていた。アスベストの粉塵を封じ込めることはなされておらず、不適切な管理がされていた（para62）
- 安全衛生問題に関して方針を決定するのは個々の子会社ではなく親会社であった（para75）

イ　判断枠組み

　高等法院（William裁判官）は、まず、不法行為における注意義務の有無を判定する上での一般的な定式であるCaparoテスト（詳細は3⑴を参照）を引用し、注意義務を認めるためには、⑴被告において損害に対する予見可能性があること（予見可能性）、⑵義務を負う当事者とその相手方の間に近接性が存在すること（近接性）、⑶義務を負わせることが公平、公正かつ合理的で

97

あること（正当性）が必要であるとした（para64）。

　その上で、本件へCaparoテストを本件に適用する前提として、以下のとおり述べる。

「まず、原告の直接の使用者であるCape Products社が従業員に対して注意義務を負っているという事実は、原告と他の当事者との間にそのような義務が生じることを妨げるわけではない。原告と使用者の間に義務的状況が存在するという事実は、他の当事者が原告にそのような義務を負うかどうかを決定する際に考慮されるべき要素であることは間違いない。しかし、繰り返しになるが、原告と使用者の間に義務が存在することは、他の者が注意義務を負うことが確定することを妨げることはできない。次に、Cape Products社が被告を親会社とする企業グループの一部であったという事実は、それだけで親会社が子会社の従業員に義務を負うということにはなり得ず、このことは、Adams事件判決からも明らかである。同様に、Cape Products社と被告とは別の法人であるという事実も、義務が生じることを妨げることはできない。第3に、この訴訟は、Cape Products社が偽装であり、Cape社が活動をするうえでのヴェールに過ぎないという事実を根拠とするものではない。したがって法人格否認の法理を適用することが適切なケースではない。」（para66）

「一般的に法律は、第三者が他人に損害を与えることを防止する義務を当事者に課しているわけではなく、このことはSmith v Littlewoods Organization Ltd.の事案からも明らかである。しかし、この事件は一般的なルールに例外があることを明確にしている。Goff裁判官はその判決の中で、義務が発生する可能性がある状況を特定した。それらは(a)被告による責任の引受けに基づく特別な関係が原告・被告間に存在する場合、(b)被告による管理に基づく特別な関係が原告・第三者間に存在する場合、(c)第三者が悪用する可能性のある危険に対して被告が責任を負う場合、(d)第三者が損害を引き起こすために使用する可能性のある財産に対して被告が責任を負う場合である。」（para71）

　そして、上記で認定した事実関係を前提にCaparoテストを適用し、以下のとおり、予見可能性、近接性、正当性の3要件全てが充足されると判示した。

「証拠によれば、被告は原告の労働環境の実情に関する知識を有していた。被告は1956年までUxbridgeの工場でアスベスト製品を製造した。原告の就労期間

中かそれより前に、製造方法が大きく変更されたと結論づける十分な証拠はない。特に、アスベスト製品が、側面のない工場で生産されていたことは明らかである。粉塵は、その影響を全く考慮されることなく放出された。これは日常的な管理の瑕疵ではなく、被告が十分に認識していた組織的な瑕疵であった。アスベストの曝露に起因するアスベスト関連症のリスクは明白であったし、被告代理人はそれを否定しない。被告は原告に損害が発生する危険を予見していたはずであることは間違いない。」(para73-74)

「被告は、科学担当者と医学担当者を雇い、両者で被告が親会社である企業グループ内の全従業員に関する安全衛生問題に責任を負っていた。証拠によれば、被告の中核事業が安全衛生に影響を与える限り、安全衛生問題に関して方針を決定するのは個々の子会社ではなく被告であった。被告は、自社の従業員や子会社の従業員がアスベストの曝露による危険性に晒されないことを保証する責任を負っていた。この結論に至るにあたり、とりわけ関連する施策の実行において、私は子会社が何の役割も果たさなかったというつもりはない。しかし、証拠によれば、被告は全体的な責任を負っていたところ、どの段階でも介入することができ、Cape Products 社はその介入を遵守したと考えられる。」(para75)

「予見可能性と近接性が確立されているにもかかわらず、注意義務の存在が公平、公正、合理的でないという主張は被告代理人から提出されなかった。仮にそのような主張があったとしても、私は却下したであろう。1950年代後半には、アスベストに曝露すると、生命を脅かす深刻な病気にかかる危険性があることは被告にとっても明らかであった。そのような状況で、被告のような組織に注意義務を課すことが正当でも合理的でもないと結論づける根拠は思い当たらない。」(para76)

(2) 控訴院判決[71]

被告は高等法院判決について控訴したが、控訴院判決は控訴を棄却した。控訴院(Arden 裁判官)は、冒頭の争点整理の中で以下のとおり述べ、高等法院の判決は責任の引受けに基づき Caparo テストの近接性と公正性の要件の充足を認定し、親会社に対して注意義務を課したものと評価する。

「裁判官〔筆者注：原審である高等法院の裁判官〕が Cape 社に注意義務が存在

---

71) [2012] EWCA Civ 525

第3章　英国法の分析

すると判断した根拠は、責任の引受けに基づいている。これは注意義務の存否を判断する Caparo テストの3段階審査のうちの2番目〔同：近接性要件〕と3番目〔同：正当性〕に該当する。これらの2つの要件は実質的に同じ疑問に向けられている。」（para62）

　その上で控訴院は、第三者の行為による加害行為を防止する義務が問題になった事案を挙げ、親会社も子会社の従業員に対し直接的に責任を負う場合がありうることを述べる。

「Goff 裁判官が Smith v Littlewoods Organization Ltd 事件で指摘したとおり、一般的には第三者が他人に損害を与えることを防止する義務はないのが原則であるが、この原則には例外があり、それは例えば被告の側に責任の引受けがあるような関係性が当事者間に存在するような場合である。そして、一方当事者が責任を引き受けているかどうかは法律の問題であり、裁判所は関連当事者が自主的に責任を引き受けたことを認定する必要はない。そのため、責任の『引受け』（assumption）という用語は若干語弊があり、責任の『設定』（attachment）という方がより正確かもしれない。」（para63-64）

「Dorset Yacht Co Ltd v Home Office では、内務省が支配していたボルスタル訓練中の少年たちが逃走し引き起こした損害について、内務省に責任が認められた。同事件においては、内務省の少年たちに対する支配が、原告と内務省の間に法的な特別の関係性をもたらした。注意義務の引受けは、請負業者とその下請業者の従業員の関にも存在するとされている。同様に、親会社が子会社の従業員に対して注意義務を負う可能性があることが、過去に2度にわたって判示された。控訴人代理人は、親会社が子会社を絶対的に支配しているような場合にのみ注意義務が存在すると主張しているが、判例にも一般法にもかかる主張を裏付ける根拠は存在しない。また、親会社が子会社の従業員に対して責任を負う場合、親会社及び子会社の責任に厳密な相関関係があるとは限らない。親会社は、子会社の従業員に関し全ての側面において責任を負うのではなく、例えば、高度な助言や戦略と呼ばれるようなものに関してのみ責任を負うものと思われる。」（para65-66）

　そして、控訴院は「証拠の全体的な評価」の結果として、子会社は親会社の承認なしに資本的支出を行うことはできなかったこと、アスベストを用いた製品の開発は親会社グループの中央研究所で行っており、子会社は親会社

100

が決定した製品仕様に基づいて製造を行わなければならなかったこと、親会社のアスベスト関連事業に関する知識や人材は子会社をはるかに上回っていたこと、親会社グループの医療顧問がアスベスト生産とアスベスト症の関係性に関する研究に従事していたこと等を認定した（para72-77）。その上で、高等法院の判断を支持してCape社の注意義務違反を認め、親会社の注意義務が認められうる状況として4つの項目を挙げた（以下、(1)から(4)までのことを総称して「4要件」という。）。

「Cape社はUxbridgeで行われていたアスベスト事業が、Uxbridgeの人々、とりわけレンガ製造事業に従事する従業員の健康と安全を脅かすような方法で行われていることを知っていた。Cowley工場に関するCape社の知識と、アスベストのリスクの性質と管理に関するCape社の優れた知識を考慮すると、Cape社は疑いの余地なく、当時得られた知識に照らし、従業員に安全な環境を提供するためにCape Products社がどのような措置を講じなければならないかを同社に対して助言するか、あるいはそれらの措置が講じられることを確保する注意義務を負っていたと認定することが適切である（中略）Cape社はCape Products社に対して、どのように事業を行うべきか指示することができたし、また実際に他の事項についてはそのような指示をしており、我々の知る限りではCape社はそれに従っていた。私の判断では、このような状況において、Cape Products社の従業員に対するCape社の直接的な注意義務が存在したと考える。そして、Cape社はアスベストについて研究をし、石綿症や関連する病状がアスベストに起因して生じるものではないと確証できなかったにもかかわらず、予防措置について助言することを怠った。」（para78-79）（下線部は筆者による。以下同じ。）

「要約すると、本件は、適切な状況下において、法が親会社に対して、子会社の従業員の健康と安全に対する義務を課しうることを示している。適切な状況とは、本件のように、(1)親会社の事業と子会社の事業が重要な点において共通していた、(2)親会社が、業界の健康と安全に関する知識を子会社よりも豊富に有しているか、有しているはずであった、(3)親会社が知っていたか、又は知っていたはずであったように、子会社の職場環境が安全ではなかった、(4)親会社において、子会社又はその授業員が、従業員の安全のために親会社の有する知識に依存するであろうことを知っていたか又は予見すべきであったという状況を含む。また、(4)の目的に関しては、親会社が子会社の安全衛生環境に関与する慣行があったことまで示す必要はない。裁判所は、親会社が子会社の取引業務（生産活動や資金調達の問題など）に介入する慣行があれば、4の要件の充足を

第 3 章　英国法の分析

認めることがある。」（para80）

3　分　　析

　上記のとおり、高等院判決及びこれを前提とする控訴院判決では、Cape
社の注意義務の有無を判断するにあたり、(1)英国不法行為法のネグリジェン
スを判断する一般的なテスト（Caparo テスト）を前提とした上で、(2)本件を
第三者による加害行為を防止する義務（作為義務）の有無が問題となる類型
として本事案を整理しつつ、(3)（作為義務の発生根拠である）責任の引受けの
認定を通じて Caparo テストの要件の充足を肯定する、という判断過程を辿
っている。したがって、まず上記の(1)から(3)まで、すなわちネグリジェンス
や作為義務、責任の引受けが英国法においてどのように理解されているのか
という前提部分を整理する必要がある。その上で、本判決に対する学術的批
判の分析を通じて、本判決が英国法においてどのように受け止められたのか
を考察する。

(1)　ネグリジェンスと Caparo テスト

　ネグリジェンスは英国不法行為法における不法行為の 1 類型であり、不注
意（過失）によって生じた法益侵害への賠償責任を規律するものである。そ
の適用範囲の広さから、ネグリジェンスは不法行為責任の追及にあたって最
も活用される責任類型であり、我が国の過失に基づく不法行為と同様、多く
の判例法理や学術的議論がこの領域で蓄積されている。

　ネグリジェンスの構成要素としては、一般的に、(1)注意義務（a duty of
care）の存在、(2)義務の違反、(3)損害の発生、(4)義務違反と損害の間の因果
関係が挙げられる。この中でも(1)の注意義務は中核的な要素として位置付け
られており、まずもって不作為者が当該事案においていかなる行為をすべき
だったのか（どのような義務が課せられていたのか）を確定することがネグリ
ジェンスの責任を問う大前提となる[72]。

　では、どのように注意義務の存否及び内容を判断するのか。英国不法行為
法においては、問題となっているのが既存の確立されたカテゴリに属する注
意義務なのであれば、そのカテゴリの先例に倣って注意義務の存否や内容が
決定される[73]。既存のカテゴリに該当するかどうかは専ら義務者と義務の

名宛人との関係によって決せられ、例えば運転手の路上歩行者に対する注意義務や、使用者の被用者に対する注意義務などが典型的な確立されたカテゴリにあたる。

　問題は、既存のカテゴリに属しない類型（novel case）の注意義務が問題となっている場合である。この場合、裁判所が新しいカテゴリの注意義務を認めるかどうかが争点となるところ、その判断にあたってはいわゆる Caparo テストと呼ばれる判断定式が活用されてきた。Caparo テストとは、1990年の Caparo Industries plc v Dickman 事件[74]の貴族院判決において Bridge 裁判官が示した基準であり、注意義務が認めるにあたって、⑴被告の行為の結果として損害が発生することが合理的に予見可能であること、⑵二当事者間に十分な近接性（proximity）があること、⑶注意義務を課すことが公平（fair）、公正（just）かつ合理的（reasonable）であることを要求するものである。Bridge 裁判官が示した 3 要件（予見可能性、近接性、公正性）は、同判決以降の事案でも参照され、新規の類型の注意義務を認めるための定式化されたテストとしての地位を確立してきた。Caparo テストに対しては、その中核的要素である近接性（proximity）の内容が曖昧であり、実質的な基準としての機能を果たしていないという批判されてきた。また、近時の最高裁も新規の注意義務の判定にあたり Caparo テストに依拠すること消極的な姿勢を見せているとの指摘もなされているが[75]、上記の Chandler 事件判決では高等法院、控訴院ともに Caparo テストが採用されている。

72)　注意義務が課されていないのであれば、いかなる不注意な行動についても法的責任は負わない。この大原則を要約する表現として、Le Lievre v Gould [1893] 1 Q.B.491 における Esher MR 裁判官の「全世界の人々に対していかなる義務も負っていないのであれば、人間は好きなだけ怠ける権利がある。」という判示がしばしば引用される（Goudkamp 80）。

73)　Christian Witting, *Street on Torts* (*14th edn*, OUP 2015) 26-28.

74)　[1990] 2 AC 605. 同事案は上場会社の監査済み計算書類に誤りがあったところ、同社の株式を公開買付によって取得した株主が監査役に対して訴訟を提起した事案である。同事案の詳細及び分析については、川島いづみ「イギリス法における不実の企業情報開示に関する民事責任－判例法の展開－」早稲田社会総合科学研究 13 巻 1 号（2012 年）31 頁以下を参照。

75)　Caparo テストに関する議論と判例法における近時の傾向については、Goudkamp 90 頁以下を参照。

第 3 章　英国法の分析

(2)　Omissions Doctrine とその例外

　ネグリジェンスにおける重要な原則の 1 つとして、自身に原因がない理由で第三者が危険に晒されている場合に、その危険を除去し、損害を防止するために積極的な介入を行う義務を負わないという原則（omissions doctrine）[76]がある。例えば、偶然通りかかった車道において人が倒れていても、通行人はその者を車道から退避させ、安全を確保する義務を負うことにはならない[77]。

　もっとも、そのような不作為（omissions）の類型であっても、一定の場合には例外が認められ、法益保護を図る義務（作為義務）が課されることが、学説上及び判例上確立している。

　英国不法行為法の代表的な体系書[78]は、(1)不作為者が被害者の利益のために行動すると（被害者が）合理的に信じていた場合や、(2)危険が発生した状況につき、不作為者がこれを支配していたか、あるいは責任を引き受けていたような場合には、作為義務が認められる傾向があると説明し、そのような場合であれば、不作為者に作為義務を認めても、行動の自由を不当に侵害することにはならないと説く。また、作為義務が認められる可能性のある様々なカテゴリの根底には、信頼（reliance）、支配（control）、責任の引受け（assumption of responsibility）という要素があると指摘する。

　別の体系書[79]は、omissions doctrine の例外を導く要素として、(1)不作為者と被害者や、不作為者と直接の加害行為者との間における関係性、(2)不作為者によって創出された危険な状況、(3)責任の引受け等を挙げる。また、不作為不法行為責任の正当化について論じる近時の有力な研究[80]も、かかる

---

76)　他にも pure omissions rule と表記される場合もあるが、本書では omissions doctrine に統一する。

77)　Hoffman 裁判官は、omissions doctrine の正当化根拠は政治的、道徳的、経済的観点にあると説く。具体的には、作為義務を課さない方が個人の行動や選択の自由は保障されること、偶然その場に居合わせたに過ぎない人間に法的責任を問うことは不当であること、資源の効率的な配分という観点からは特定の活動によって利益を得ている者にコストも負担させることが望ましいこと等を指摘する（Stovin v Wise [1996] A.C. 923.）。

78)　C.T. Walton（ed）, *Charlesworth & Percy on Negligence*（14th edn, Sweet & Maxwell 2018）2-65.

79)　Goudkamp 95-100.

104

例外が認められてきた状況を説明する項目として、⑴責任の引受け、⑵危険の創設、⑶人又は物に対する支配、⑷被害者と不作為者の間の特別な関係性の４つを挙げる。

　以上のとおり、細かな分類は論者によって若干の違いはあるものの、omissions doctrine の例外が認められる場合（すなわち、不作為者に作為義務が課される場合）の中核的要素として、危険の支配や創設、人的関係性、責任の引受け等が存在することについては、おおむね見解が一致している状況にある。

⑶　第三者加害行為型の判例

omissions doctrine の例外は様々な場面で問題となりうる。典型的類型の１つが、ある者の加害行為によって法益が侵害される可能性がある場合に、別の者（不作為者）がその加害行為や損害の発生を防止する義務を負うかどうかが問題となるケース（以下「第三者加害行為型」という。）である。子会社（第三者）による加害行為に関連して親会社が不法行為上の注意義務を負うかはまさにこの第三者加害型の事案であるところ、この類型には Dorset Yacht 事件判決[81]（1970 年）及び Littlewoods 事件判決[82]（1987 年）という２つのリーディング・ケースが存在し、Chandler 事件判決でもこれらの事案が言及された。両判決の概要は、以下のとおりである。

ア　Dorset Yacht 事件
㋐　事案の概要
Dorset Yacht 事件は、ブラウンシー島にあるボルスタル施設（英国における非行少年の更生施設）に収容されていた訓練生が、施設外で行われていた労働訓練中に脱走し、島に停泊していた民間会社（Dorset Yacht）所有のボートに乗って逃走を図った事案である。訓練生は逃走の過程で内務省の所有する別のヨットに衝突し、民間会社所有のボートを破損させた。破損したボ

---

80)　Sandy Steel, "Rationalising Omissions Liability in Negligence" (2019) 135 Law Quarterly Review 484.
81)　Dorset Yacht Co Ltd v Home Office [1970] AC 1004
82)　Smith v Littlewoods Organization Limited [1987] AC 241

第3章　英国法の分析

ートの所有者は、訓練生たちを監督していた施設管理者（内務省）に過失があったとして損害賠償を求めた。

　本件において留意すべき点としては、ボルスタル施設における訓練（ボルスタル訓練）は青少年の更生を目的とする性質上、刑務所や少年院と異なり広く行動の自由が与えられている点である。本判決も、監督者は訓練生たちを常時拘束しておく一般的な義務を負っているわけではなく、訓練生には不可避的に逃亡の機会が与えられることから、逃走を許したこと自体がただちに監督者の過失に該当するわけではないことを前提とした。その上で、監督者に被害の発生を防止すべく積極的な行動をとる義務があったかどうかが検討された。

　　　(イ)　判　旨　等

　控訴院判決において、Diplock 裁判官は、(1)訓練生の行動を支配する法的な権利（必要に応じた身体拘束の権利を含む。）を有しており、逃走を防止する措置をとることが可能であったこと、(2)訓練生たちが逃走した場合訓練場所の近くに停泊しているボートを利用し、場合によっては損傷をもたらすおそれがあると認識可能であったことを挙げ、監督者が必要な監督権限を行使して訓練生の脱走を防止し、ボートへの干渉及び破損を回避する注意義務を負っていたことを認定した[83]。

　また、監督員が上記の注意義務を負担する相手方は、「訓練施設の近辺に、訓練生が追跡から逃れるために直ちに盗むか、又は使用し、損傷する可能性のある財産を持っていると合理的に予見できる者」に限定されるべきとした[84]。そして、研修生が逃亡した場所は島であり、島の海岸からアクセスできる船しか逃亡の手段はなかったことから、島の沖合に係留されたボートの所有者は、監督員が逃走防止のための予防措置をとる義務の相手方に含まれると結論づけた。

　本判決において Pearson 裁判官が「支配は責任を輸入する（control imports responsibility）」と述べたとおり、監督者と訓練生の間の支配関係が作

---

　83)　Dorset Yacht Co Ltd v Home Office [1970] AC 1004, section30-31.
　84)　Ibid, section 37.

106

為義務を認定する基礎となっている。また、被害者を名宛人とした作為義務が認められたのは、（支配関係に加え）被害者の財産が訓練施設に近接しており、一般の人々とは差別化された高度の危険に晒されていたことに基づく。このように、本判決では、たとえ第三者の行為によって加害結果が発生した場合であっても、⑴不作為者から加害行為者に対する支配関係と、⑵結果発生に対する不作為者の予見可能性が認められる場合には、⑶危険に対して近接性を持った被害者に対して、不作為者が注意義務違反に基づく不法行為責任を負う可能性があることが明らかとなった[85]。

そして、第三者加害行為型における作為義務のリーディング・ケースとして、本判決は、Chandler 事件判決のみならず、その後の類似事案の裁判例においても幾度となく言及されることとなる。

イ　Littlewoods 事件
㈦　事案の概要

同じく第三者加害行為型の事案における重要な判決として、1987 年の Littlewoods 事件判決が挙げられる[86]。本事案は、ダンファームリンの中心部に所在する廃業済みの映画館が暴徒に侵入・放火され、周囲の建物に延焼した事案である。延焼の被害を受けた建物の所有者（Smith 氏）は、映画館の所有者（Littlewoods Organization 社）が、暴徒の加害行為を防ぐ適切な予防措置[87]をとる義務を怠ったとして損害賠償を請求した。Dorset Yacht 事件と同様、本件も損害を直接的に発生させたのは不作為者（映画館の所有者）ではなく第三者（暴徒）であるが、加害行為及び損害の発生を防止する作為義務が不作為者に認められるかどうかが争われた。

---

85)　Claire McIvor, *Third Party Liability in Tort*（Hart Publishing 2006）18-19. McIvor は、本判決において示された第三者加害行為に対する作為義務が認められる状況について、「⑴不作為者と加害者の間には非常に強い権限による支配の関係が存在すること、⑵請求者が限定された潜在的被害者の属性を有すること、⑶加害行為に対する高度の予見可能性が存在すること」と要約する。

86)　David Howarth は本判決を第三者の行為に対する責任に関する現代的な権威であるとする。David Howarth, "My Brother's Keeper Liability for Acts of Third Parties"（1994）14 Legal Studies 88.

87)　原告は、建物の扉や窓の施錠、施錠状況の定期的な点検、管理人による建物の監視等を行うべきであったと主張していた。

(イ)　判　旨　等

　Griffiths 裁判官は、次のような根拠に基づき、映画館の所有者の作為義務
を否定した。まず、本件の被害は Littlewoods 社の敷地内における第三者の
犯罪行為によって引き起こされたものであるところ、法律が敷地の占有者に
そのような不測の事態に対する特別な予防措置を要求する状況は、本当に極
端なものでなければならない。そして、映画館には本質的に危険な性質のも
のは何も保管されておらず、設備を撤去した映画館が、他の施設よりも暴徒
にとって魅力的であった可能性が高いとは思われない。また、Littlewoods
社が、地元の警察、消防隊、近隣住民から、暴徒が施設内に危険をもたらそ
うとしているという通知を受け取ったこともない。これらの事実をふまえる
と、本件の映画館は国内各地にある何万もの空き物件と著しく異なる点は何
もなかった。そして、空き物件に 24 時間態勢で警備員を配置することは現
実的ではないところ、例外的な状況を除き、法がそのようなことを要求すれ
ば建物所有者に対して耐えがたい負担となる。そして、本件では例外的な状
況は存在しない。Griffith 裁判官は以上の点を指摘し、建物所有者の作為義
務を否定した。

　また、Goff 裁判官は、「一般に、原告が被った損額の直接の原因が他人の
故意の違法行為であっても、被告が原告に対して過失責任が問われる可能性
がある。それは、被告が過失により危険源を発生させ、また発生することを
許し、そして第三者がそれに干渉し、危険を誘発することで原告に損害を与
えることが合理的に予見可能であった場合である。」と述べ、危険源の創出
行為が作為義務の発生原因となることを示唆する。その上で、そのような場
合は限定的であり、本件の事実関係（空の映画館はその性質上火災の異常な危
険があるとは思われないこと、不作為者に火災の発生を予見することは困難であ
ったこと等）をふまえれば、作為義務を認める例外的事情は見当たらないと
した。

　前述の Dorset Yacht 事件と異なるのは、同事件においては不作為者が加
害行為者を直接的に支配していたのに対し、本件では不作為者が支配してい
たのは空き家となった映画館であって、加害行為者ではないことである。確
かに映画館は第三者によって侵入・着火されることで燃焼物となり、周囲に
被害を及ぼす危険が生じるものの、そのような状況になければ映画館単体と

しては危険源になり得ない。そのため、本件では不作為者の危険源に対する
支配が認められるような事案ではなかった。

また、本判決では、暴徒が建物内に侵入する危険や、放火の危険について
不作為者に認識がなかったことが再三強調されている[88]。これは、仮に所
有者が特定人による侵入の危険を何らかの形で認識していれば、侵入を防止
する措置をとる義務が認められうることを示唆しているようにも思われる。

　　ウ　小　　括

　以上のとおり、英国法における第三者加害行為型の２つの代表的な判例は、
作為義務の認定にあたり、不作為者の危険源に対する支配と、加害結果への
予見可能性の有無を中核的な判断要素としている点で共通している。いずれ
の事案も、加害結果は第三者による故意行為によって発生しており、過失に
よって加害結果が発生した場合においても射程が及ぶのかは議論の余地があ
るようにも思われるが、Chandler 事件判決はこの２つの事案を参考になる
先例として扱っている。また、これらの判例は親会社の作為義務を検討する
上でも重要な先例的価値を有する旨が、Chandler 事件判決以後の裁判例で
も繰り返し明示されている。

(4)　責任の引受け

　責任の引受け（assumption of responsibility）は不作為不法行為における作
為義務の発生根拠の１つとして位置付けられている。かかる法概念のリーデ
ィング・ケースとなったのは Hedley Byrne & Co Ltd v Heller & Partners
Ltd 事件[89]（以下「Hedley Byrne 事件」という。）である。

　広告代理店である原告（Hedley Byrne 社）に対して、ある顧客が大口の発
注をかけたところ、原告は当該顧客の信用力を確認するために、顧客の取引

---

88)　Brandon 裁判官も「Littlewoods 社が、暴徒の行動を目撃した地元住民から通
　　報を受けていれば、侵入及び放火の危険が合理的に予見可能であったはずである。
　　しかし、その住民は Littlewoods 社にも警察にもそのことを知らせず、警察自身
　　もそのような行動を目撃しなかった。住民及び警察から暴徒の行動に関する情報
　　を得られていなかった以上、侵入及び放火の発生は Littlewoods 社にとって合理
　　的に予見可能ではなかった」と指摘する（［1987］AC 241 section1）。

89)　［1964］AC 465

第 3 章　英国法の分析

銀行（Heller & Partners 銀行）へ照会をかけた。被告は原告から受けた照会に対し、冒頭に「当行では責任を負いかねる」という免責文言を付した上で、「通常の業務運営にあたり支障はないと思われる」という報告書を無償で提供したため、原告は顧客の大口発注を受注した。しかし、その後すぐに顧客は清算したため、原告は売掛金の回収不能という損失を被った。そのため、原告は取引銀行の過失により不十分な情報が与えられたとして被告を提訴した。

　裁判所は、特別な知見を有する者がそれに依存する他者を援助するためにかかる知見を活用することを引き受けた場合、契約関係がなかったとしてもその活用において注意義務が生ずるところ、本件においても銀行（被告）が信用情報を提供するにあたり、その情報や助言を信頼する情報受領者（原告）に対して注意を払う特別な関係性が形成されていたと判示した（その上で免責文言による免責を認め、請求は棄却した）。かかる判決を契機として、同責任の引受けは他の事案でも頻繁に言及されるようになり、それが注意義務の発生原因の1つとなることが実務上も確立した[90]。

　Hedley Byrne 事件がそうであったように、注意義務を発生させるためには特定の任務や仕事の引受けが、引受人の任意で、かつ意識的になされることが必要であるというのが通説的な理解である[91]。しかし、Chandler 事件の控訴院判決は、「裁判所は関連当事者が自主的に責任を引き受けたことを認定する必要はない。」として Cape 社の任意性を問わないことを明示し、「責任の『引受け』（assumption）という用語は若干語弊があり、責任の『設定』（attachment）という方がより正確かもしれない。」とする。実際に、本件で裁判所が認定した事実関係を前提にすれば、親会社（Cape 社）が子会社（Cape Product 社）の安全衛生管理を自らの任務として意識的に引き受けていたとは言い難いように思われる。また、4 要件においても知見の優越性

90)　近時の責任の引受けの活用と議論状況をまとめた文献として、Donal Nolan, "Assumption of Responsibility. Four Questions" (2019) 72 Current Legal Problems 123. また責任の引受けは注意義務が存在するという結論を正当化するために用いられる虚構に過ぎないと批判する見解として、Barker Kit, "Unreliable assumptions in the modern law of negligence" (1993) 109(3) Law Quarterly Review 461.

91)　Goudkamp 101.

や依存関係という客観的な事実のみが問われており、親会社の自主性は問題とされていない。以上をふまえると、本件において親会社の作為義務の実質的な発生根拠となったのは、（従来型の「責任の引受け」論ではなく）危険な状況に対する親会社の支配関係にあったようにも思われる。

(5)　Chandler 事件判決への評価

Chandler 事件判決は、会社法や不法行為法の主要な基本書から個別の論文に至るまで、様々な文献において言及されている[92]。

Andrew Sanger（2012年）は、本判決には3つの重要な示唆があるとし、⑴裁判所は2つの法人間の関係性に着目しており、これは親会社が子会社の業務運営について積極的な役割を果たすことを期待していることの表れであること、⑵4要件における、（親会社が子会社の職場環境が安全ではないことを）「知っていたか又は知りうる立場にあった」という表現からは、親会社が子会社を実際に支配していたかではなく、支配するに足りるだけの能力があったかどうかを注意義務の認定において重要な要素であること、⑶親会社が子会社の従業員に対して負う義務は、子会社自身が負う義務とは別物であり、法人格の否認が問題とならないような論理構成になっていることを挙げる[93]。さらに、4要件は必ずしも不作為者と加害行為者の間に資本関係があることを要求していないため、契約に基づく支配関係（例えば長期かつ独占的な供給契約を締結した場合における、売主と買主の関係性）においても、本判決のテストが適用され、支配者に注意義務が生じる可能性があることを指摘する[94]。

---

92)　いわゆる判例評釈に該当するものに限定すると、① Andrew Sanger, "Crossing the Corporate Veil : The Duty of Care Owed by a Parent Company to the Employees of Its Subsidiary" (2012) 71(3) Cambridge Law Journal 478、② Martin Petrin, "Assumption of Responsibility in Corporate Groups Chandler v Cape plc" (2013) 76 Modern Law Review 603、③E McGaughey, "Donoghue v Salomon in the High Court" (2011) 4 Journal of Professional Injury Law 49（ただし高等法院判決についてのみ）、④Tim Bullimore,"Sins of the father, sins of the sun" (2012) 28(3) Professional Negligence 212 が挙げられる。

93)　Andrew Sanger, "Crossing the Corporate Veil : The Duty of Care Owed by a Parent Company to the Employees of Its Subsidiary" (2012) Cambridge Law Journal 478, 480.

第 3 章　英国法の分析

　もっとも、本判決に対して批判的な見解を示す論者も少なくない。以下では、その代表的な論者として、Martin Petrin、Dalia Palombo、Tim Bulli-more の三者の見解を概観する。

　　ア　Martin Petrin

　Martin Petrin（2013 年）は、本判決が親会社の子会社に対する支配として言及した内容について批判的検討を加える[95]。控訴院判決では、親会社（Cape 社）が子会社（Cape Products 社）に支配を有していたことの根拠として、親会社が子会社の製品のプロダクト・ミックスに指示を出す慣習があったことや、子会社が親会社の承認なしに資本的な支出を行うことができなかったこと、親会社の取締役会は親会社の会社方針に従って子会社の業務を個別に管理・承認していること等を挙げている。しかし、これらの事実は子会社における安全衛生と直接的な関係性がなく、安全衛生とは無関係な分野における親会社の関与であっても、注意義務を発生させることになってしまう。また、グループ会社においては、その性質上、過半数の議決権を背景にした垂直的かつ組織化された支配関係が常に存在する[96]。今日においては、グループ会社では事業戦略、財務・法務、安全衛生等に関する包括的なグループ方針を持つことが一般的であることに加え、親会社の取締役会はその職責として、グループ全体における中核的なリスク管理に対して主体的な関与が求められている。こうした実情をふまえると、Chandler 事件判決に従って親会社の注意義務を判断した場合、その責任範囲が過度に広範になりかねないというのが Petrin の懸念である[97]。

　また、Petrin は株主有限責任制度との平仄の観点からも、本判決の妥当性に疑念を呈する[98]。控訴院判決は、3 段階テストのうち近接性（proximi-

---

94）　非常に興味深い指摘であるが、本書執筆時点において、Chandler 判決の 4 要件を活用し、資本関係にない第三者の加害行為を防止する作為義務を課した事例は見当たらない。

95）　Petrin 612.

96）　Petrin は、Dorset Yacht 事件判決における「支配」とは、内務省が少年たちに有している直接的かつ物理的な権限であり、親子会社における資本関係を前提にした「支配」とは質的に異なることを指摘する。

97）　Petrin 613.

112

ty）と公正（fairness）は本質的に同じ問いかけであるとしてあっさりと公正
の要件の充足を肯定している。しかし、親会社の子会社債権者に対する責任
という会社法上の文脈も考慮する必要がある。すなわち、不法行為法の観点
からは十分な近接性を持った支配者に対して損害賠償責任を課すことは公正
であるとしても、有限責任制度から得られる重大な経済的価値とのバランス
を慎重に考慮しなければならない。確かに、親会社が、企業グループを垂直
に組織化することを通じて、子会社の債務をたやすく免れられてしまうこと
は望ましくないようにも思われる。しかし、Adams 事件判決はそのような
問題意識を前提にしながらも「このような方法で企業構造を使用する権利は、
わが国の会社法に固有のものである」として法人格否認の法理の適用を否定
している。すなわち、それが望ましくないということのみをもって有限責任
を否定することはできない。本件において Chandler 社に責任を課すことは
公正であるように見えるかもしれないが、広範囲に及ぶ責任の根拠とするの
にあたり、「公正」とは危険とも言えるほどに曖昧な概念であると Petrin は
指摘する。

　以上の点をふまえ、Petrin は、本判決は親会社の責任の境界線を曖昧に
するものであり、子会社の純粋な経済的損失や他の損害についても親会社の
責任を拡張することに繋がりかねず、その責任範囲に歯止めが利かなくなる
危険をもたらすものであると警鐘を鳴らす。そして、本判決は会社法の根幹
となる概念に不当な介入を行い、法人格否認に課せられた厳格な制限を弱体
化させる危険性があると結論づける[99]。

　イ　Dalia Palombo

　Dalia Palombo（2019 年）は、従来ネグリジェンスで検討されてきた近接
性について、不作為者（被告）と被害者（原告）間の関係性において問題に

---

98)　Ibid 615.
99)　なお、Petrin はグループ会社における親会社の責任を拡張すること自体につい
　　ては原則として歓迎する立場である。同氏はあくまで控訴院判決の論理構成と責
　　任判断の基準について懐疑的な姿勢を示しているに過ぎず、子会社の加害行為に
　　ついて親会社が責任を負うこと自体について否定しているわけではない。Petrin,
　　617.

第 3 章　英国法の分析

なってきたにもかかわらず、Chandler 事件判決及び 4 要件では、分析の対象が親会社（不作為者）と従業員（被害者）の関係性から、親会社（不作為者）と子会社（第三者）の関係性にすり替わっており、従来の判例法理とは整合しないことを指摘する[100]。そして、親会社と子会社の関係性に対する分析は、近接性がいかなる範囲で認められるのかという重要な課題に対して何ら答えを提供しておらず、親会社が注意義務を負う対象を特定することができるのか、注意義務は従業員以外への第三者にも及ぶのか、（及ぶとするのであれば）子会社の事業によって損害を受ける可能性のある全ての人が含まれるのか（それともより限定された範囲の人間になるのか）など、議論の余地が大きく残されたままであると分析する。

　さらに Palombo は、Chandler 事件判決が言及した責任の引受け論についても、従来の判例法理において認められてきたものとは異なることを指摘する。これまでの判例では、責任の引受けは自発的なものであって、責任発生の根拠は他人に対して責任を負うと合理的に想定させるような表現に由来するものと解釈されていた。これに対して、Chandler 事件判決は、親会社が子会社の従業員に対して行った自発的な行為ではなく、親会社が子会社の従業員に損害を与えることを知っていたか、知るべきであったという状況をもって責任の引受けがあったと認定している。Palombo は、こうした従来の判例法理との乖離を指摘した上で、Chandler 事件判決は予見可能性の議論と責任の引受けに関する議論を混同していると批判する[101]。

ウ　Tim Bullimore

　Tim Bullimore（2012 年）は、(1)「責任の引受け」という概念が不適切に使われていること[102]、(2) 4 要件は親会社が子会社に対して負うべき注意義務の存在を裏付けるものであるが、（特に従業員が親会社の作為に対して明確な信頼を寄せていたわけではなかった本件では）親会社が子会社の従業員に対して負うべき注意義務の存在を裏付けるものとは考えにくく、論理の飛躍が存在すること[103]を指摘する。前者については Palombo と同様の指摘であり、

---

100)　Dalia Palombo, *Business and Human Rights* (Hart Publishing 2019) 83, 85.
101)　Ibid 86.
102)　Bullimore (n92) 213.

後者についても（表現こそ異なるものの）近接性を検討すべき対象（関係性）がすり替わっていることを指摘する Palombo の見解と趣旨を同じくするものと思われる。

さらに Bullimore は、⑶ Chandler 事件判決が言及した判例はいずれも第三者の故意に基づく加害行為によって引き起こされた財産的損害が問題になっていた事案であり、子会社の過失により損害が生じている本件との関係で先例価値があるか不明であること[104]、⑷親会社に責任を認めること自体、分離原則との関係で正当化が困難であることを指摘する[105]。Bullimore は、ほとんどの親会社が子会社の行動に対して何らかの指示をしているか、少なくともその経営に大きな影響を与えていることをふまえると、4 要件において言及された要素はほぼ全ての親子会社関係に存在する可能性があると指摘した上で、本判決が別個の法人格という概念の上に「馬車を走らせるようなものである」と非難する。さらに、Chandler 事件判決は法人格否認の法理の適用を否定しているものの、その効果に着目すれば、不法行為の適用により法人格を否認することと同義であると説く。そして、親会社と子会社は別個の事業体として扱われる権利があるにもかかわらず、直接的な契約関係にない従業員に対して親会社が注意義務を負うとすることは、Caparo テストの 3 段階目である公正・妥当要件を満たさない可能性があると結論づける[106]。上記の⑷に係る Bullimore の指摘は、まさに本判決を株主有限責任制度との整合性の観点から批判するものであり、Petrin の指摘と趣旨を同じくするものと考えられよう。

　エ　小　　括

以上のとおり、Chandler 事件判決については、複数の論者からそれぞれ多面的な問題意識が表明されているが、それらはおおむね次の 3 点に集約できるように思われる。

第 1 に、親会社の作為義務を認めることと、株主有限責任の原則との関係

103）　Ibid 215.
104）　Ibid 213.
105）　Ibid 214.
106）　Ibid 215.

性である。本判決はあくまで不法行為法に基づく親会社固有の義務として作
為義務を認定しているのであり、子会社の負債に対する親会社の副次的・派
生的な責任を認めているわけではない。したがって、株主有限責任と正面か
らぶつかるわけではなく、これらは両立するものとして整合的に解釈するこ
とが可能である[107]。しかし、子会社の行為に起因して生じた損害に対して
親会社が責任を負うという結果に着目すれば、株主有限責任の原則と緊張関
係に立つことは否めない。実際、この点は第一審及び控訴審において被告代
理人から一貫して主張されてはいたものの、両判決ともにかかる主張を棄却
するにとどまり、株主有限責任との関係についての言及はない。親会社の注
意義務を認めることが株主有限責任をふまえてもなお正当化されるか（3段
階テストにおける公正・妥当要件が認められるべきか）という重要な論点を本
判決が置き去りにしてしまっているという点において、Petrin と Bullimore
の指摘は的確であるように思われる。

　第2に、親会社・子会社の近接性と従業員に対する注意義務の関係である。
Palombo と Bullimore が指摘するとおり、本判決が主たる検討の対象にして
いるのは、被害者（従業員）と不作為者（親会社）ではなく、加害行為者
（子会社）と不作為者（親会社）の関係性である。従前、3段階テストの近接
性とは、被害者と不作為者の関係性において検討されてきたところ、本判決
では、4要件を充足するような関係性が親子会社間において認められる場合
に、なぜ親会社の従業員に対する直接の注意義務が生じるのかという点は明
示されていない。

　第3に、責任の引受け概念の変容である。上記3(3)で述べたとおり、これ
まで責任発生原因としての責任の引受けは、相手方（請求者）に対して自発
的かつ能動的になされる表示ないし行為を対象としていたのに対し、4要件
はそのいずれにも該当しない。もっとも、責任の引受けは抽象的な概念であ
り、近年では責任の引受け概念が裁判所の多目的ツール（versatile tool）に
なっているとも評されている[108]。したがって、本判決における責任の引受
けとは、親会社が第三者の引き起こした加害結果について例外的に責任を負

　107）　Petrin 自身、「（本判決は）有限会社の概念を崩壊させるものではない」こと
　　　を認めている。
　108）　Petrin 611 footnote 56.

うべき状況それ自体を表す記号的な意味しか持たないという整理も可能であろう。

第3項　Chandler 事件以降

Chandler 事件判決は、子会社の事業によって生じた従業員の健康被害に対する親会社の直接責任が英国法において初めて認められたという点、また親会社が直接責任を課されうる具体的な状況（4 要件）が示されたという点において画期的な判決であった。そして、この Chandler 事件判決を皮切りに、子会社の事業活動によって法益を侵害された者が親会社に対して直接責任を追及すべく英国の裁判所に提訴することが相次いだ。本項では、Chandler 事件判決以降に問題となった 4 つの事案（Renwick 事件、Unilever 事件、Vedanta 事件及び Okpabi 事件）を通じて、親会社の直接責任に関する判例法理がどのように発展していったのかを分析する。

なお、4 つの事案のうち、Renwick 事件を除く 3 つの事件は、2017 年から 2021 年にかけて各審級の判決が出されており、その時系列が各事件・各審級を交差する形で入り組んでいる（各事案の概要及び判決の先後関係は下表のとおりである。）。混乱を避けるために、以下では最終の上級審による判決が出された順番に従い、Renwick 事件、Unilever 事件、Vedanta 事件、Okpabi 事件の順番で取り扱う。また、特に明示的な言及がない限り、「〜事件判決」と記載した場合は、当該事件の最上級審の判決を指すものとする。

（時系列順）

年月日	事件	審級	結果[109]	要旨
2013/04/24	Renwick	高等法院	○	－
2014/05/03	Renwick	控訴院	×	・　Chandler 事件の事案とは事実関係がかけ離れており、同判決の 4 要件を満たさないため注意義務は認められない。
2016/05/27	Vedanta	高等法院	○	－
2017/01/27	Okpabi	高等法院	×	－

第 3 章　英国法の分析

2017/02/27	Unilever	高等法院	×	−
2017/10/13	Vedanta	控訴院	○	−
2018/02/14	Okpabi	控訴院	×	−
2018/07/04	Unilever	控訴院	×	・　親会社の直接責任に関する特別な法理はなく、あくまで不法行為一般の原則によって責任の有無が判断される。 ・　Chandler 事件判決の 4 要件は、責任判断において考慮すべき事項について有益な指針を与えるものではあるものの、親会社の直接帰任に関する特別なテストを定めたものではない。 ・　不法行為の一般原則に基づき親会社の直接責任が認められうるパターンは、2 つの類型に分類される。
2019/04/10	Vedanta	最高裁	○	・　親会社に注意義務が認められるかどうかは、親会社が子会社の関連事業を引き受け、監督し、管理し、助言する機会を、どの範囲で、どのように利用したかによって決せられる。 ・　グループ全体の方針がそれ自体では第三者に対する注意義務

109)　Unilever 事件、Vedanta 事件、Okpabi 事件の 3 事件は、いずれも英国の裁判所に管轄権が認められるかどうかが直接的な争点となった。そして、管轄権の有無を判断するにあたり、被害者の親会社に対する請求が認容される現実的な見込みがあるかどうかが問題となった（詳細については Unilever 事件の「(2)争点」を参照）。したがって、表中の「結果」とは、実体法上の請求権に係る請求認容又は棄却を表すのではなく、請求が認容される現実的な見込みの有無に対する裁判所の判断を表す。

118

				を生じさせない場合でも、親会社が単にそれを宣言するだけでなく、関連する子会社がその方針を履行するように、積極的な措置を講じている場合は注意義務が生じる可能性がある。 ・ 実際には管理・監督を行っていなくても、公表された資料の中で、親会社が子会社に対してその程度の監督・管理を行っているように見せかけている場合、親会社は第三者に対して関連する責任を負う可能性がある。 ・ Unilever 事件控訴院判決のように、全ての事案を特定の類型に分類することは適切ではない。
2021/02/12	Okpabi	最高裁	○	・ 親会社の注意義務の存否は、Vedanta 事件最高裁判決で示された指針によって判断されるべきである。 ・ Okpabi 事件控訴院判決は、Vedanta 事件最高裁判決の指針に反するものであり、法律上重大な誤りが認められる。

1 Renwick 事件

Renwick 事件は、Chandler 事件以降初めて親会社の直接責任が問題になった事案である。控訴院判決は、Chandler 事件と本件では事実関係が大きく異なることを強調し、4 要件に言及した上で親会社の責任を否定した。

第3章 英国法の分析

(1) 事案の概要

Thompson 氏は、1975 年から 1978 年の間、David Hall & Sons Ltd（以下「David Hall 社」という。）に勤務していた。同社は、大規模な倉庫を所有しており、この倉庫には銅や亜鉛、アスベストを含む様々な化学物質を含む工業製品が保管されていた。Thompson 氏の仕事は、製品の配送や荷下ろしであり、アスベスト製品に日常的に触れていた。

David Hall 社は、William Nuttall Transport Ltd（以下「William Nuttall 社」という。）の完全子会社であり、William Nuttall 社は The Renwick Group Ltd（以下「Renwick 社」という。）の完全子会社であった。つまり、Renwick 社にとって、William Nuttall 社は子会社、David Hall 社は孫会社、Thompson 氏は孫会社が雇用する従業員という関係性にあった。

Renwick 社は他社の株式の保有のみを行う持株会社であり、事業運営はしていなかった。また、Renwick 社のグループ会社の事業活動のほとんどは、旅行、レンタカー、造船等のレジャー分野に集中していた。

Thompson 氏は、退職後にアスベストの吸引を原因とする呼吸器障害を発症した。直接の雇用主である David Hall 社は、既に弁済資力を喪失しており保険にも未加入であったことから、グループ親会社にあたる Renwick 社に対して訴訟を提起した。

原審（マンチェスター群裁判所・公刊物未登載）は、Renwick 社が、自身が任命した David Hall 社の取締役（Rushton 氏）を通じて同社の日常的な事業運営を支配しており、Rushton 氏は David Hall 社の安全衛生に関する職務を担当していたことから、Renwick 社は David Hall 社の従業員の安全に関して注意義務を負っているとして、原告の請求を認容した。これに対して、被告は控訴した。

(2) 判示事項

控訴院判決（本判決）は被告の控訴を認め、原告の請求を棄却した。本判決は、本件の証拠関係から、子会社の従業員をアスベストによる健康被害のリスクから保護するという注意義務を親会社に課すことが正当化できるかどうかが決定的な問題であるとした。そして、以下のとおり、関連する近時の事例として Chandler 事件判決が存在することを指摘した上で、事実関係が

第3節　親会社の直接責任を巡る議論の変遷

Chandler 事件とは異なることを指摘した。

> 「3段階テスト〔筆者注：Caparo テストのことを指す〕が満たされた結果、子会
> 社従業員を職場のアスベストに晒される危険から保護する義務が親会社に課さ
> れることが裁判所に認められた近時の事例は、Chandler 事件である。しかし、
> Chandler 事件の事実関係は、本件の事実関係とはかけ離れたものである。」
> （para29）

　続けて、Chandler 事件で認定された事実関係を詳細に指摘した上で、本
件で原告が注意義務を基礎づけるものとして主張した事実関係[110]について、
「これらの要素を挙げてみるだけでも、本件が Chandler 事件からいかにか
け離れているかが分かる。これらの点を個別に考慮しても、精査に耐えるも
のではない。」とした上で、以下のように続ける。

> 「Renwick 社が、他の会社の株式を保有していたことを除き、いかなる事業も行
> っていた証拠はない。ましてや、運送業や、請求が成功する現実的な見込みの
> ために必要となる、アスベストや潜在的に危険な物質の保管や取り扱いが不可
> 欠のある事業を行っていたという事実もない。したがって、Arden 裁判官〔筆
> 者注：Chandler 事件判決の担当裁判官〕の最初の基準は満たされない。これは
> 単なる形式論ではない。Arden 裁判官の指標のバランスが示すように、ここで
> 求められているのは、親会社がその優れた知識や専門性のために、子会社の従
> 業員を傷害リスクから保護するのに適した立場にあり、さらに、その特徴のた
> めに、親会社がその優れた知識を駆使して従業員を傷害リスクから保護するこ
> とに子会社が依存すると推測するが妥当と言えるような状況である。」（para37）

　そして、「1970 年台半ばに生のアスベストを手で梱包することが危険な行
為であることを理解するのに高度な専門知識は不要であるのはそのとおりか
もしれない。しかし Renwick 社が、子会社が持っていることが期待される
水準よりも、リスクについて優れた知識を持っていたか、持つべきであった

---

110)　具体的には、(1)David Hall 社で使用する納品書や伝票は Renwick 社の書式だ
　　ったこと、(2)仕事の移動には Renwick 社が手配したタクシーが利用されていた
　　こと、(3)David Hall 社のトラックには Renwick 社の塗装がされていたこと、(4)
　　グループ子会社の積み荷が同じ車両で運搬されることがあったこと、(5)グループ
　　子会社の業務が同じ事務所で行われることがあったことが主張されていた。

ことを裏付ける証拠はない。」(para38) と述べ、「裁判官が非常に限られた
証拠をもとに認定した事実は、控訴人に注意義務を課すうえで必要な水準か
らは程遠いものであった。」(para39) として、3 名の裁判官が全員一致で請
求を棄却した。

(3) 分　　析

　本判決は、4 要件を含む Chandler 事件判決の判示内容に言及し、親会社
の注意義務の有無を検討した初の裁判例である。もっとも、Chandler 事件
とは異なり、本件では 30 年以上も昔の事実関係を裏付ける証拠が極めて限
られており、注意義務を課す上で参照できる評価根拠事実自体が乏しかった
という特徴がある（判決中でも再三にわたって事実関係を裏付ける証拠がないこ
とが指摘されている。）。

　さらに、認定することができた事実関係も、Chandler 事件の事案とは
「かけ離れている」と評価される内容であった。本判決の評釈を執筆した
Ugljesa Grusic（2015 年）は、Chandler 事件との決定的な相違点が 2 つある
と分析し、⑴ Chandler 事件では、親会社がグループ内の全従業員の健康と
安全に責任を持つグループの医療顧問と、アスベスト粉塵の抑制方法を検討
する科学担当者を雇っていただけでなく、子会社での生産工程の多くの側面
が親会社によって検討・承認されていたのに対して、Renwick 事件では親
会社が子会社の安全衛生に責任を持つ者を子会社の取締役に任命していたに
過ぎない点、⑵ Chandler 事件の親会社は、安全衛生に関する優れた知識と
専門性を持っていたのに対し、Renwick 事件の親会社は、主にレジャー分
野の会社の株式を保有していたに過ぎず、アスベスト関連の安全衛生問題に
対する優れた知識と専門性を有していなかった点を挙げる[111]。実際に、原
告が注意義務を基礎づける事情として主張していたのは、注文書の書式がグ
ループ会社間で共通していたことや、グループの子会社間の積み荷が混載さ
れたり事業所が共有されていたことにとどまり、親会社の子会社に対する知
識の優越性や安全管理体制の依存関係とは関連性の薄い事実ばかりであった。

---

111)　Ugljesa Grusic , "Responsibility in Groups of Companies and the Future of
　　　International Human Rights and Environmental Litigation"(2015) 74(1) Cam-
　　　bridge Law Journal 30, 32.

また、本件では Chandler 事件と異なり、親会社が株式の所有のみを行う持株会社であった。親会社が純粋持株会社である場合、Chandler 事件判決で示された 4 要件の 1 つ目である「親会社の事業と子会社の事業が重要な点において共通していること」という要件は自動的に満たされなくなり、いかなる状況でも親会社の注意義務が認められなくなるという考え方もあり得た。しかし、本判決はこの要件を充足しないことを指摘しつつも、「これは単なる形式論ではない。」として、単なる持株会社であるがゆえに子会社よりも優れた安全管理上の知見があったわけではなかったことにも踏み込み、他の要件も充足しないことを認定している。また、本判決は Chandler の 4 要件自体についても「義務が課せられる可能性のある状況を網羅的に説明するのではなく、記述的に表現することを意図していたことは明らかである。」、「4 つの要素は可能性を網羅するものではなく、親会社と子会社の従業員の間で Caparo テストの要件を満たすことができる方法を示しているに過ぎない。」（para33）と評価しており、4 要件に依拠しつつも、柔軟かつ弾力的に注意義務が認定できることを示唆している。

　本判決の特徴として重要なことは、注意義務の認定プロセスが Chandler 事件判決の影響を強く受けており、同判決が依拠すべき先例として扱われている点である。このことは、Chandler 事件判決と事実関係が違うことを複数回にわたって強調していることや、注意義務の存否を検討するにあたって（それが絶対的なものではないとしつつも）4 要件に依拠してあてはめを行っていることからも読み取れる。親会社の注意義務を巡る判例が集積する過程において、Chandler 事件判決は事例判決に過ぎないことが確立されることとなるが、本判決は Chandler 事件判決の直後に出たということもあって、同判決との相対性が比較的強く意識されたことが伺われる。

2　Unilever 事件

　Unilever 事件は、外国子会社の従業員が、現地で発生した暴動によって死傷した事案である。本判決は、Renwick 判決と異なり、親会社の直接責任はあくまで不法行為の一般原則に基づいて判断されるべきものであるとして Chandler 事件判決の 4 要件を採用せず、親会社の責任が認められる場合を 2 つの類型に整理した。その上で、本件はいずれの類型にもあてはまらな

いとして親会社の責任を否定した。

(1) 事案の概要

英国会社である Unilever Plc（以下「Unilever 社」という。）は、ケニアで設立され、茶葉の栽培事業を行っている Unilever Tea Kanya Limited（以下「UTKL 社」という。）の最終親会社[112]である。2007 年のケニア大統領選挙後、ケニア国内は大きな混乱に見舞われ、UTKL 社が運営する農園が所在するエリアでも暴動が発生した。武装した暴徒は農園に押しかけ、殺人、性的暴行、器物損壊などの暴力行為を行った。被害を受けた UTKL 社の従業員及びその親族が、Unilever 社と UTKL 社は自身の安全に対する注意義務を負っていたにもかかわらず適切な危機管理方針を導入しなかったこと等を理由に、英国において両社に対する訴えを提起した。

(2) 争　点

本件は Unilever 社が被害者に対し直接責任を負うかという実体法上の問題に先行し、そもそも本件が英国の裁判管轄に服するかという訴訟法上の問題が争われた。すなわち、本件は Chandler 事件・Renwick 事件と異なり、①英国外（ケニア）に所在する子会社（UTKL 社）も被告になっており、かつ、②直接的な加害行為が英国外（ケニア）で行われているという特徴があり、①については外国法人に対して英国裁判所の裁判管轄が及ぶのかという問題、②については英国ではなくケニアが適切な紛争解決地ではないかという訴訟法的論点に繋がる（この点は、後述する Vedanta 事件、Okpabi 事件についても同様である。）。

他方で、かかる訴訟法上の論点においては、Unilever 社に対する実体法上の請求権が成立しうるかという点も非常に重要な意味を持つ。

国際私法上、複数の当事者を共同被告として訴訟提起する場合、被告の 1 人に対して適切な管轄がある場合は、（単独では当該管轄に属しない）他の当事者に対しても、一定の条件のもと管轄が拡張される場合がある。この場合、

---

112)　UTKL 社の発行済株式の 88.2% を Brooke Bond Group Limited 社が保有し、Unilever 社は同社の全株式を保有していた。すなわち、UTKL 社は Unilever 社にとって孫会社に該当する。

単独でも管轄が及ぶ被告は、（特定の国に裁判管轄を固定するという文脈から）anchor defendant と呼称される。

　そして、EU 加盟国に対して適用される Recast Brussels Regulation[113]（改正ブラッセル規則。以下「RBR」という。）では、加盟国に居住していない被告に当該国の裁判権が及ぶかどうかは、原則として当該国の法律によって決せられる旨が規定されている[114]。すなわち、英国裁判所が UTKL 社に対して管轄を有するかは英国法の規定によって決せられる。そして、英国民事手続規則（Civil Procedure Rules：CPR）に該当する規定があり、6.36 条及び 6.37 条では、一定の条件を満たした場合、裁判所の許可により、（本来的に管轄に含まれる当事者に加えて）域外の当事者への送達が可能とされている。要は、英国裁判所が本来的に管轄を有する当事者（Unilever 社）を被告に含めることで、域外に所在する当事者（UTKL 社）についても、一定の条件を満たせば、共同被告として裁判権が拡張されることになる（この場合、Unilever 社が anchor defendant となる。）。

　そして上記の「一定の条件」の内容が、実務指令（Practice Direction）6B 3.1 条(3)に規定されており、(a)本来的に管轄権を有する被告（anchor defendant）との間で、裁判において審理されるべき現実の問題（real issue）が存在すること、(b)原告が送達を希望する者が当該請求との関係で必要かつ適切な当事者であることが必要となる。そして、上記(a)における「現実の問題」とは、現実の勝訴可能性（real prospect of success）を意味するとされる[115]。すなわち、およそ勝訴見込みのない請求を anchor defendant に対して提起し、anchor defendant を形式的に共同被告とすることで域外当事者に裁判権を拡張することは許されない。

　したがって、仮に被害者から親会社（Unilever 社）に対して直接的な請求権が成立する現実的な見込みがなければ、Unilever 社との間に現実の問題（real issue）が存在しないこととなり、UTKL 社に対して裁判管轄を拡張す

---

113)　Regulation（EU）No 1215/2012

114)　Article6.1. 本件訴訟提起時点では英国による欧州連合離脱が発効していないため、当然に RBR の適用対象となる。

115)　David McClean and Veronica Ruiz Abou-nigm, The Conflict of Laws（10th edn, Sweet and Maxwell 2021）134.

第3章　英国法の分析

ることができなくなる。また、かかる請求権が存在しうるかどうかは、親会社の注意義務を発生させる原因事実の有無を審理することの要否及びその重要性に直結し、これは（親会社が所在する）英国を紛争解決地として選択することが適切であるかの判断にも影響を及ぼしうる。

　以上の理由により、本件は管轄の有無という訴訟法上の論点に対する検討の過程で、実体法上、親会社に対する請求権が成立する余地の有無（勝訴の現実的な見込み）が判断されたのである。

(3)　判示事項
　ア　高等法院判決
　高等法院判決[116]は、本件の事実関係は Chandler 事件の事案とかけ離れていることを強調する。具体的には、⑴ Unilever 社と UTKL 社の間に密接な地理的繋がりがなく、また UTKL 社は Unilever 社の直接の子会社ではないことや、⑵本件で問題となっている第三者の加害行為は、過失ではなく故意による犯罪行為であり、それも法秩序が崩壊した特殊な環境下において発生したことを指摘した。

　その上で、ケニアにおけるこのような特殊なリスクについて、UTKL 社よりも優れた知識を持っていた、あるいは UTKL 社が Unilever 社に対して安全管理を依存していたと判断することはできず、親会社に責任が認められる現実的な可能性はないと結論づけた（para103）。

　イ　控訴院判決
　控訴院判決[117]は、Unilever 社のグループ決算説明や、有価証券報告書に記載された内容についても言及し、同社が表明するグループ・ガバナンスに関する指針や、リスクマネジメントポリシーを詳細に分析した。そして、Unilever 社は、UTKL 社を含むグループ会社の事業運営及び安全衛生管理に対して一定の関与を行っていたことを認定した（para16-25）。

　他方で、⑴ UTKL 社の決算書には、同社の経営陣によって策定された同

---

116)　AAA & Others v Unilever Plc［2017］EWHC371
117)　AAA & Others v Unilever Plc［2018］EWCA Civ1532

社独自の「危機及び緊急事態の対応方針」が策定され、想定される危機の種類として、政情不安定や暴動・民族衝突が挙げられており、その具体的な内容として「歴史的な土地を取り戻すための先住民による土地侵攻」、「会社の資産や人員に対する武力攻撃」が挙げられていること、(2)UTKL 社は独自の危機管理トレーニングプログラムを実施しており、危機管理ポリシーや労働安全衛生ポリシーの作成、危機管理のためのスタッフ・トレーニングについて、Unilever 社から具体的な指示やアドバイスを受けていなかったこと、(3)UTKL 社は、Unilever 社が雇用したリスクコンサルタントから 2007 年の大統領選挙に関する政治的リスクについて助言を受けていたものの、その範囲は国全体のリスクに関する一般的な助言にとどまり、UTKL 社や、同社の農園及び従業員に対していかなる危険が及ぶかについての助言はなかったことも指摘する（para26-31）。

　そして、控訴院は、以下のとおり親会社が注意義務を負う場合は 2 つの類型に分類できると説く。

　「不法行為法には、子会社の活動に関連して、その活動によって影響を受けた者に対する親会社側の法的責任についての特別な法理はなく、親会社と子会社は別々の法人として、それぞれが別々の活動に責任を持つ。親会社が子会社の活動に関連して注意義務を負うと認められるのは、請求者のために親会社側に注意義務を課すことに関する不法行為法の通常の一般原則が、特定の事案で満たされた場合に限定される。この法的原則は、第三者（子会社に助言を与えるコンサルタントなど）が、子会社と取引する請求者に負う不法行為による注意義務の対象となるかどうかの問題に適用されるものと同じである。Chandler 事件では、関連する考慮事項について有益な指針が与えられているが、この事件は、親会社との関係で注意義務を課すための、一般的な原則とは異なる個別のテストを定めたものではない。法律上の原則としては上記のとおりであるが、特定の事例において、他の第三者よりも子会社の業務に介入する余地が大きい親会社が、注意義務を課すための関連するテストを満たすような行動をとったと言えるような場合がある。このような主張が可能なケースは、通常は次のような 2 つの基本的な類型に分類される。すなわち、(1)子会社の活動の管理を、子会社自身による管理に代わって（または共同で）親会社が実質的に承継したような場合、(2)会社が特定のリスクをどのように管理すべきかについて、親会社が関連する助言を行った場合である。」（para36-37）

第 3 章　英国法の分析

その上で、本件の事実関係のもとでは、上記の 2 類型のいずれにも該当せず、親会社の責任が認められる余地はないものとして、控訴を棄却した。

「本件では、控訴人側の代理人は、控訴人の主張が上記の第 1 類型に属するとは言えないことを認めている。（中略）そのかわり、控訴人は自らの主張が第 2 類型に該当すると述べ、ケニアにおける政情不安と暴力に関するリスク管理に関連し、Unilever 社が UTKL 社に助言を与えたと主張し、そのことに依拠しようと試みている。しかし、控訴人たちが、かかる根拠に基づき、Unilever 社に対する十分な議論の余地のある請求権の立証に成功したとは到底言えない。人証及び物証は、UTKL 社がそのような問題について Unilever 社から適切なアドバイスを受けていなかったことを示している。また、証拠によれば、UTKL 社は自らリスク管理方針を策定しており、2007 年代後半に発生した深刻な危機に対処する責任は自らにあることを理解し、それを実行していたことも明らかである。」（para38-40）

(4)　分　　析

高等法院判決と控訴院判決は、いずれも Unilever 社の不法行為責任を否定したという点では共通している。しかし、その結論に至るアプローチは両判決において大きく異なる。

高等法院は、本件が Chandler 事件の事実関係とかけ離れていることを述べた上で、親会社に注意義務が存在しないとの結論を導いている。これに対して、控訴院判決は、Chandler 事件判決の 4 要件が定式化されたテストではないことを指摘し、あくまで不法行為一般の問題として近接性判断を行うべきであることを強調する。その上で、親会社の注意義務が認められうるパターンとして 2 つの具体的な類型があることを示し、本件ではそのいずれにも該当しないことを根拠として請求を棄却している。

かかる判断枠組みの違いは、事実認定の方向性にも反映されている。高等法院は本件の事実関係の中でも表層的な部分（Unilever 社と UTKL 社に地理的な離隔があったこと、両者は直接の親子関係にあるわけではないこと、被害をもたらしたのは法秩序が崩壊した社会における犯罪行為であること等）に着目しているのに対して、控訴院は UTKL 社における危機管理対応の独立性や Unilever 社における関与の度合いを精緻に分析している。これは、（本件では否定されたものの）仮に Unilever 社から UTKL 社の危機管理対応について

128

十分な関与や助言がなされていた場合、両社の地理的な離隔や間接的な資本関係にかかわらず、第 2 類型に該当するとして Unilever 社の注意義務が肯定されていた可能性を示唆するものであるように思われる。

また、控訴院判決は親会社の注意義務の存否は不法行為一般の問題であることを強調し、Chandler 事件判決の 4 要件を定式化されたテストとして採用することを拒絶しつつも、類型論を採用することで、責任判断のプロセスについて一定の定式化を試みる。こうした控訴院の判示内容からは、親会社の注意義務が認められる要件をどこまで具体化するかについて裁判所が苦心している様子を見て取れる。

もっとも、本判決の翌年に現れた Vedanta 事件の最高裁判決では、Chandler 事件判決の 4 要件のみならず本判決の類型論すら否定され、親会社の注意義務が認められる範囲はさらに拡大した。したがって、英国法において類型論が主流となることはなく、その当否についても十分な議論がなされないまま現在に至っている。

3　Vedanta 事件

Vedanta 事件は従来の事案と異なり、被害者が従業員ではなく社外の人間（近隣住民）であった。また、親会社の直接責任について英国の最高裁が初めて判断を示した事案でもある。Vedanta 事件判決は、Chandler 事件判決の 4 要件と Unilever 判決の類型論のいずれについても規範として採用することを否定し、⑴親会社の責任の有無はより幅広く柔軟に検討されること、⑵親会社が対外的に行った表示行為に基づいても責任が認められうることを明らかにした。同判決はその後の Okpabi 事件判決の結論にも大きな影響を及ぼしており、現時点におけるリーディング・ケースとしての地位を確立している[118]。

⑴　事案の概要

KCM 社は、ザンビアにおいて鉱山の民営化を目的に設立された会社であ

---

[118]　これらの判例につき比較的詳細な紹介・検討を行う邦語文献として、古賀祐次郎「途上国での事業で生じた人権・環境問題に関する欧州親会社の民事責任」国際取引法学会 8 号（2023 年）331 頁以下。

る。設立された 2000 年初頭の出資比率は、Angro-American Plc（以下「Angro-American 社」という。）の子会社である KCM Holdings SA が 65%、ザンビアの国営企業である ZCCM Investment Holdings（以下「ZCCM 社」という。）が 35% であった。しかし、2002 年に Angro-American 社は同事業から撤退し、自身の保有する持分を Vedanta Resource Plc[119]（以下「Vedanta 社」という。Vedanta 社はロンドン証券取引所の上場会社である。）の子会社である Vedanta Resources Holdings Limited（以下「VRHD 社」という。）に譲渡し、同社は KCM 社株式の 51% を所有した。2008 年には、コール・オプションの行使により、VRHD 社の KCM 社株式持分は 79.42% にまで上昇し、残りの 20.58% を ZCCM 社が保有していた。Nchanga 鉱山（以下「本鉱山」という。）は KCM 社によって所有・運営される鉱山の 1 つであった。そして、本鉱山から放出された排水には、許容レベルを大幅に超える量の有害金属や化学物質が含まれており、周辺の水路及び土地に深刻な環境被害をもたらした。

　原告はザンビアのザンゴラ地域の農民であり、その大半は本鉱山近くの村に住んでいた。ザンゴラ地域の水路は、原告にとって飲料や調理に用いられる生活用水の供給源であるだけでなく、農作物の灌漑や家畜の飼育、漁の実施など経済的にも極めて重要なものであった。そこで原告は、Vedanta 社及び KCM 社の双方に対し、地域住民の生活環境への注意義務違反を主張して、英国の裁判所に訴訟を提起した。

(2) 争　　点

　主な争点は Unilever 事件と同一である。すなわち、訴訟法上の争点として英国裁判所が Vedanta 社及び KCM 社を被告とする本件につき管轄権を有するかという問題があり、その中の 1 論点として、原告の Vedanta 社に対する直接的な責任追及が「現実の問題」（real issue）と評価しうる程度には立証可能性があるかどうかが問題となった[120]。

---

119)　Vedanta 自体は持株会社であり、数十名の従業員しかいない一方、グループ全社では 82,000 人以上の従業員を抱える巨大企業であった。

(3) 判示事項

ア　下級審判決

高等法院判決[121]は、事実関係によっては子会社の業務に起因する損害について親会社の過失が成立しうる可能性があるとした上で、親会社に対する請求には議論の余地があり、親会社の主張する事実と証拠関係[122]に照らして、現実の問題が存在することを肯定した（para119-121）。そして控訴院判決[123]は、(1)親会社が、重要な安全衛生方針の策定について直接的な責任を負っている場合か、(2)請求の原因となった業務を親会社が管理している場合には、親会社の注意義務が発生する可能性があると判示した上で、原告の主張と証拠関係に基づけば、実際に勝訴するかは不明であるものの、現実の問題が存在する旨判示した（para83-90）。

---

120)　この「現実の問題」の有無のほかに、①KCM 社に管轄を及ぼすために anchor defendant として英国に所在する Vedanta 社に対して訴訟提起することは EU 法の濫用に該当するかという点、②英国が KCM 社に対する請求を行う上で適切な場所であるかという点が争われたが、本章の目的に照らし、ここでは「現実の問題」に関する論点のみを扱う。

121)　Lungowe v Others v Vedanta Resources Plc［2016］EWHC975

122)　原告は親会社である Vedanta 社が注意義務を負うことを基礎づける事実として、(1)Vedanta 社のサステナビリティ報告書において、Vedanta 社の取締役会により全子会社への監督がなされており、地表水や地下水が汚染されないようにするためのガバナンスの枠組みをもっていると記載されていること、(2)Vedanta 社は KCM 社との間で各種のサービス提供契約（採掘、従業員訓練、財務サポート、技術支援等）を締結し、サービスを提供していること、(3)株主間契約において、Vedanta 社は南部アフリカにおける許容可能な採掘、金属処理及び環境慣行に従った大規模鉱山の採掘プロジェクトの実施調査を行うことが合意されていたこと、(4)Vedanta 社のサステナビリティ委員会が、同社のサステナビリティフレームワークの一環として、KCM 社に対し、Vedanta 社による環境・技術情報の提供や、安全衛生管理・環境事故などの特定のトピックに関する訓練を実施していたこと、(5)Vedanta 社自身が、KCM 社の鉱山インフラにおける環境リスクや技術的欠点を改善するために投資を行い、コミュニティに最も影響を与える部分に焦点を当てて世界の産業基準に合わせたインフラの近代化を実施したこと等を公式声明として発表していたこと、(6)Vedanta 社は KCM 社を買収した後に同社の経営・事業方針を大きく転換し、同社の事業運営に関与していたことを挙げていた（Vedanta 事件高等法院判決 para119 及び控訴院判決 para84 参照）。

123)　Lungowe v Others v Vedanta Resources Plc［2017］EWCA Civ 1528

イ　最高裁判決

　Briggs 裁判官をはじめとする 5 名の裁判官は、全員一致で本件は原告と
Vedanta 社の間に現実の問題が存在すると結論づけ、原審判決を支持し
た[124]。そして、以下のとおり、親子会社間に存在する資本関係は、親会社
の不法行為責任の有無を検討する上で特別な意味を持たないことを強調する。

　「本件は、Chandler 事件の請求と同様に、親会社がその子会社の活動によって
　被害を受けた者（この場合は従業員ではなく近隣住民）に対してコモンロー上
　の注意義務を負うという請求に大まかに分類されるかもしれない。しかし、子
　会社の活動に関連する親会社の責任は、それ自体がコモンロー上の過失責任に
　おける独自のカテゴリではない。ある会社が他の会社の株式の全部又は過半数
　を直接又は間接的に所有すること（これは親子関係における本質である。）によ
　り、親会社は子会社の事業運営や所有する土地の管理を支配することができる
　かもしれないが、親会社はそうする義務を課されるものではない。全ては、親
　会社が、子会社の関連事業（土地使用を含む）を引き受け（take over）、監督
　し（supervise）、支配し（control）、助言する（advise）機会を、どの範囲で、
　どのように利用したかによる。親子関係の存在が証明するのは、親会社がその
　ような機会を持っていたということのみである。」(para49)

　そして、Unilever 事件判決における類型論の採用を否定した上で、親会
社がグループ全体の方針やガイドラインを定めただけでも、その方針等に誤
りがあれば不法行為責任を負う可能性があることを肯定する。

　(Unilever 事件控訴院判決で採用された類型論は)「分析のために役立つことは
　間違いないものの、親会社の責任に関する全てのケースをこの種の特定のカテ
　ゴリに押し込めることは抵抗がある。多国籍企業のグループ内で実施される可
　能性のある支配・監督のモデルには限界がない。一方で、親会社は様々な直
　接・間接子会社が行う個別事業への受動的な投資者に過ぎない場合もある。他
　方で、親会社は、リーマン・ブラザーズグループにおいて見られたように、倒
　産手続が開始されるまでは、グループ内の法人格や所有権の境界に関係なく、
　経営上、あたかも 1 つの商業事業であるかのごとく事業が遂行されるよう、グ
　ループの事業を徹底的に垂直的に再編成することもできる。」(para51)

　「原告代理人は、Unilever 事件控訴院判決と Okpabi 事件控訴院判決から、親会
　社がグループ全体の方針やガイドラインを定め、各子会社の経営陣がそれを遵

---

　124)　Lungowe v Others v Vedanta Resources Plc [2019] UKSC20

守することを期待するだけでは、特定の子会社の活動に関して注意義務を負うことはないという一般原則を導きだそうと試みた。（中略）しかし、私はそのような信頼できる制限的な原則が存在するとは考えない。採掘のような本質的に危険な活動による環境への影響を最小限に抑えるべく策定されたグループガイドラインには、特定の子会社によって実施された結果、第三者に対して損害を与えるような体系的な誤りが含まれていることが示されるかもしれない。」（para52）

Briggs 裁判官はさらに踏み込み、誤ったグループ方針の策定のみならず、子会社に対する監督・管理・支配をはじめ、方針が実行されるよう積極的な措置を講じていたことや、（実際に実施はしていなくても）そのような措置を講じることを公表していたこと自体からも、親会社の注意義務が導かれうると説く[125]。

「グループ全体の方針それ自体が第三者に対する注意義務を生じさせない場合でも、親会社が単にそれを宣言するだけでなく、関連する子会社がその方針を履行するように、研修、監督、強制などの積極的な措置を講じている場合には、注意義務が生じる可能性がある。同様に、実際にはそうしていなくても、公表された資料の中で、親会社が子会社に対してその程度の監督・支配を行っているように見せかけている場合、親会社は第三者に対して関連する責任を負う可能性があると思われる。このような状況では、親会社の不作為が公的に引き受けた責任の放棄となる可能性がある。」（para53）

そして、「Vedanta 社に対する損害賠償請求の本質は、Vedanta 社が鉱山での活動を十分に高いレベルで監督・支配し、それらの活動が周辺の水路に有害物質の流出を引き起こす傾向があることを十分に知っていたため、被害

125)　Marilyn Croser らは、本判決の para52-53 を総括し、「外国子会社の業務によって損害を受けた個人に対し、親会社がグループ全体の方針とガイドラインを定めたことで注意義務を負う可能性がある 3 つのルートが裁判所によって特定された：(1)欠陥があるか、あるいは不十分なグループ全体の方針やガイドラインを広めること、(2)グループ全体の方針を実行するために積極的な措置をとること、(3)実際にはそうしていなくても、そのような方針を策定することによって、自らが子会社の監督と管理を行っているように見せかけること」と分析する。Marilyn Croser and Martyn Day, Mariette Van Huijstee and Channa Samkalden, "Vedanta v Lungowe and Kiobel v Shell: the Implications for Parent Company Accountability" (2020) 5(1) Business and Human Rights Journal 130, 133.

者に注意義務が生じたというものである。」と整理した上で、「原告は、Vedanta 社がグループ全体の適切な環境管理と持続可能性の基準の確立、それらの（訓練を通じたグループ全体での）実施とその監督及び執行について責任を負うことを宣言している公開文書を豊富に参照している。」、「Vedanta 社が子会社の活動、とりわけ鉱山の操業において適切な環境管理基準を維持する責任を負い、また単に基準を定めるだけではなく、訓練、監視及び実施によってその基準を実施していることを宣言している公開資料は、Vedanta 社及び KCM 社の関連する内部文書及び両者間の通信を完全に開示した後、Vedanta 社による鉱山操業への十分な水準の介入を裁判で証明するにあたって十分なものである。」（para55-61）と評価し、本件においては親会社が不法行為責任を負う現実的な可能性があると結論づけた。

なお、原告代理人の声明文によれば、本判決の後、2020 年 12 月に両当事者の間に和解が成立したとのことである（和解金額は非公表）。

(4) 分　　析

本判決は、子会社の事業によってもたらされた不法行為被害について、親会社の直接責任が成立する可能性を認めた初の最高裁判決である。本判決の重要な点としては大きく以下の 2 点が挙げられる。

ア　総合考慮型のアプローチ

本判決は Chandler 事件判決の 4 要件は採用せず、Unilever 事件の控訴院判決において示された類型論についても（分析のためには役立つと一定の評価をしつつ）否定的な見解を示す。本判決のこのような姿勢からは、責任判断のプロセスを定式化し、責任類型や考慮要素を具体化することへの抵抗感が読み取れる。

本判決によれば、注意義務の有無を判断する上で考えるべきは、「親会社が、子会社の関連事業を引き受け、監督し、支配し、助言する機会を、どの範囲で、どのように利用したか」であり、親会社の子会社に対する関与を裏付けるあらゆる事情が総合的に考慮されることを示唆する。これより前の判例群では、(1)Chandler 事件判決が 4 要件を提示し、(2)Renwick 判決がかかる 4 要件を充足しないことを理由に請求を棄却し、(3)Unilever 判決が 2 類

型のいずれにも該当しないことを理由に請求を棄却したことと比較すると、その違いは明確である。

　また、本判決は、子会社の活動に関する親会社の不法行為責任は特別な責任類型ではなく、あくまで不法行為の一般原則から導かれるものであり、その源流は Dorset Yacht 判決まで遡ると述べる。既に Unilever 事件において、Chandler 事件をあくまで事例判断と位置付け、4 要件に規範性を認めない判断が示されていたが、最高裁判決である本判決が同様の立場を明らかにしたことで、親会社の作為義務に関する判例法理は 4 要件と完全に訣別したものと評価できよう。親子会社関係（資本関係）を特別視しない本判決の立場は、後述の Okpabi 事件最高裁判決において再び強調されることになる[126]。前述のとおり、Chandler 事件判決の時点で、資本ではなく契約で形成された支配関係においても、支配者に注意義務が認められる可能性がある旨を指摘する見解[127]が存在したが、本判決の判示内容はその可能性をより強固に示唆するような内容となっている。

　イ　対外的表示に基づく責任

　本判決は、親会社が実際には子会社事業について支配・監督していなかったとしても、これらを行っていることを対外的に表示していた場合は、その懈怠に係る責任を負う可能性があることを示唆した[128]。対外的な表示のみを根拠として親会社に責任が肯定される余地を示したのは、本判決が初となる[129]。

　もっとも、表示に基づく責任が認められる理論的な根拠は必ずしも明確で

---

126)　英国法上における不法行為責任構成では、親子関係が当事者の関係性の単なる媒介に過ぎないと要約する見解として、古賀・前掲注 118) 337 頁。

127)　Andrew Sanger, "Crossing the Corporate Veil : The Duty of Care Owed by a Parent Company to the Employees of Its Subsidiary" (2012) Cambridge Law Journal 478, 480.

128)　Andrew Sanger は、本判決の評釈において、「（義務の立証にあたって）実際の支配関係が存在したことを示す必要はなく、単に支配を引き受けたことだけで注意義務が生じうることを述べたことは（当該判示部分の）特筆すべき点である。」と評価する。Andrew Sanger, "Parent Company Duty of Care to Third Parties Harmed by Overseas Subsidiaries" (2019) The Cambridge Law Journal 486, 487.

第3章　英国法の分析

はない。判決文中では「親会社の不作為が、公的に引き受けた責任の放棄」と説明されており、責任の引受けを根拠となっているようにも思われる。だが、引受けの名宛人は「公」、すなわち抽象的な社会という存在を観念することになるところ、特定の個人及び集団（本件であれば被害を受けた周辺住民）に対する具体的な注意義務を発生させる論拠として成立しうるかは議論の余地があろう。

　また、任意性と表示行為を基礎にしているという点では、（Chandler 事件判決と比較すれば）まだ従来の判例法による責任の引受け法理との親和性があるようにも感じられる。しかし、これまでは責任の引受けの名宛人は特定の個人又は集団だったことをふまえると、本最高裁判決における責任の引受けもまたこれまで前提としてきた概念とは一線を画するものであるように思われる。

　　　ウ　小　　括
　以上のとおり、Vedanta 最高裁判決は、親会社による監督・支配・助言等と対外的表示という 2 つの異なる責任根拠を示し、(1)監督・支配・助言等については定式化されたテストを否定し、従来よりもさらに判断プロセスの抽象化を推し進めることで、(2)対外的表示については新たにこのような責任根拠を認めることで、それぞれ親会社の注意義務が認められる余地を拡張した。
　とりわけ、(2)の表示に基づく責任を認めたことについては、①親会社の子会社に対する具体的な支配の態様を立証するのは部外者にとっては難しいが、対外的な表示行為であれば証拠収集が容易であり立証上の困難を解消する点、②グループ会社の管理やコンプライアンスの遵守に関する企業の対外的発信の意義を高める点などを理由に、学説としても肯定的な評価を示す見解が見

---

129)　本件では親会社が子会社の事業を実際に支配していたことが原告より主張されており、高等法院判決及び控訴院判決と同様、最高裁判決も Vedanta 社の KCM 社及びその事業に対する管理に基づいた責任が成立する可能性を認めている。したがって、本件は表示に基づく責任という類型を認めなくても、支配に基づく責任が成立しうることを根拠に、「現実の問題」を認定することは可能であった（現に高等法院と控訴院判決は専ら Vedanta の子会社事業に対する関与の事実を根拠として「現実の問題」の存在を肯定している。）。

136

受けられる[130]。

4　Okpabi 事件

Okpabi 事件は、Vedanta 事件と同様、子会社事業によって近隣住民の法益が侵害された事案である。第一審、第二審は、親会社の責任を否定する内容であったが、第二審の後に Vedanta 事件の最高裁判決が確定したため、Okpabi 事件最高裁判決は Vedanta 事件最高裁判決の内容に反することを理由に原審判決を棄却し、親会社の責任が認められる可能性を肯定した。

⑴　事案の概要

ナイジェリア法人である The Shell Petroleum Development Company of Nigeria Ltd（以下「SPDC 社」という。）が所有・運営する石油パイプラインから、多量の石油がニジェール川に流出する事故が発生し、これによりニジェール・デルタ地帯において、水質及び地質汚染を含む深刻な環境被害がもたらされた。当該事故により地域の天然資源が汚染され、ニジェール・デルタ地帯に居住する地域住民は飲料水の確保や漁業・農業ができなくなった。SPDC 社は、多国籍企業である Shell グループの親会社である英国会社の Royal Dutch Shell Plc（以下「RDS 社」という。）の最終子会社[131]であり、ナイジェリアの国営石油公社である Nigerian National Petroleum Corporation（以下「NNPC」という。）とともに石油の採掘事業を行っていた。そのため、環境汚染の被害を受けた住民ら（原告）は、SPDC 社のみならず、RDS 社についても SPDC 社の事業を適切に監督する義務に反したとして損害賠償請求訴訟を提起した。

---

130)　Samantha Hopkins, "Vedanta Resources plc and Another v Lungowe and others" (2019) 70(3) Northern Ireland Legal Quarterly 371, 375. Hopkins は、本判決によってステークホルダーの利益の保護について企業が対外的に発信していた文書はもはやうわべだけの飾り（"window-dressing"）では済まなくなり、大きな重みを持つようになったと分析する。

131)　SPDC 社の株式を直接保有していたのは Shell Petroleum NV という RDS 社の子会社であった。

第3章　英国法の分析

(2)　判示事項

ア　下級審判決

　高等法院判決[132]は、Chandler事件判決に言及しつつも、(1) RDS社の開示文書の中でグループ会社の環境指針・安全指針等に関する記載があることは親会社の注意義務を認める要因にはならないこと（para99）、(2)ナイジェリアにおけるSPDC社の全ての事業決定を行うのはRDS社ではなくSPDC社自身であったこと、(3)ナイジェリアでの事業活動における専門的知識や経験はむしろSPDC社自身の方が豊富であったこと（para106）等を理由として、RDS社に注意義務が認められる見込みはないと判断した。

　控訴院判決[133]も、RDS社に対する請求に成功する見込みがなく、現実の問題がないとして控訴を棄却した。もっとも、多数意見を構成するSimon裁判官及びGeoffrey裁判官（裁判長）と、少数意見であるSales裁判官で判断が分かれた。

　Simon裁判官は、「重要な業務を支配しているか、かかる支配を共有している親会社と、特定の水準へ適合することを確保するために、グループ全体に適用することを意図して強制的な方針や基準を策定している親会社とを区別することが重要である。強制的な方針を策定したことは、親会社が子会社の経営を支配し、方針の影響を受ける人又は集団に対して何らかの義務を生じさせることを意味するものではないことは明白である。」（para89）と説き、(1)サステナビリティレポートや安全基準に記載された情報は、グループ企業の事業について株主や規制当局に情報提供を行う目的で発行されたものに過ぎず、このような記述は適切な文脈で理解されるべきであること、(2)グループ企業全体に適用される内部統制指針や各種の文書からは、RDS社がSPDC社の重要な業務を支配していたとは読み取れないこと、(3)原告から主張された事実関係はRDS社がSPDC社の事業を十分に支配していたことを示すものではないこと等を指摘して、本件では直接責任に必要な近接性が認められないとした。

　また、Geoffrey裁判官はSimon裁判官の意見を支持し、「国際的なグルー

---

132)　Okpabi & Others v Royal Dutch Shell Plc [2017] EWHC 89

133)　Okpabi & Others v Royal Dutch Shell Plc [2018] EWCA Civ191

プ企業の親会社が、その全ての子会社の業務によって影響を受ける人々に対して義務を負うとしたら驚くべきことである。」（para195）、「親会社が各子会社の事業運営に責任を負うことを意図しているのであれば、わざわざ独自の管理体制を持つ海外子会社のネットワークを構築する手間をかけることは驚くべきことである。企業構造そのものが、近接性要件を阻害する傾向にある。」（para196）と説く。そして、「Vedanta 事件のような具体的な事実がなくても、必要な近接性が確立される状況は想定しうる。例えば、親会社が子会社やフランチャイジーに特定の方法で製品を製造・加工するように要求し、その要求を積極的に強制（enforce）した結果、それが健康に有害であることが判明したような事例が考えられる。例えば、多くの人を害した食品が、親会社によって提供された規定のレシピに依拠して作られたものであった場合があげられるかもしれない。だが、今回のケースはそのような状況からはほど遠い。」（para196）と述べた上で、「RDS のような国際的な親会社が、その子会社の事業によって影響を受けるすべての人々に対して注意義務を負うということはあり得ない」（para206）ことであり、「RDS に対する請求は絶対に成功しないと確信するに至った」（para208）と結論づける。

　これに対し、少数意見となった Sales 裁判官は、サステナビリティレポートやグループの内部統制指針に記載された情報を根拠として、グループ会社の事業が必要な安全性の基準を満たしていない場合は親会社（RDS 社）が介入することが想定されており、また、積極的にそうすることが意図されていたと認定し、RDS 社に対する請求が成立する現実的な見込みがあると結論づけた（para163-165）。

　　イ　最高裁判決
　最高裁判決[134]は、本件は Vedanta 事件の最高裁判決が示した指針に従って検討される必要があるとした上で、以下の 3 点を指摘し、控訴院判決には重大な誤りがあると判示した。

「第一に、控訴院が、親会社がグループ全体の方針や基準を発布すること自体は決して注意義務を生じさせないと指摘した範囲において、それは Vedanta 最高

---

134)　Okpabi & Others v Royal Dutch Shell Plc［2021］UKSC 3

裁判決の判示内容と矛盾している。」(para143)

「第二に、控訴院の多数意見は支配の問題に不適切な焦点を当てたと言えるかもしれない。Simon 裁判官は親会社による支配の行使の証明が重要であると考えているようだが、Vedanta 事件最高裁判決で Briggs 裁判官が指摘したように、『全ては、親会社が、子会社の関連事業を引き受け、監督し、支配し、助言する機会を、どの範囲で、どのように利用したかによる』のである。この問題を考えるうえで、支配の有無はあくまで出発点に過ぎず、問題はいかなる程度で親会社が関連事業（本件ではパイプライン事業）の管理を引き受けるか、子会社と共有をしていたかという点である。これは親会社が子会社を支配することによって証明される場合もあれば、そうでない場合もある。ある意味において、全ての親会社は子会社を支配しており、その支配は、子会社の経営に関与する機会を与える。しかし、企業を支配していること（control of a company）と、事業活動の一部を事実上管理すること（de facto management）は別物であり、子会社は法律上の支配（de jure control）を維持しながらも、その一部の実質的な管理（de facto management）を親会社の使者に委ねることができる。」(para146-147)

「第三に、Vedanta 最高裁判決が『不法行為法には親会社に法的責任を負わせる特別な法理は存在せず、単なる親子関係には特別な要素も決定的な要素も何もない』と明らかにしているところ（中略）、控訴院の Geofrrey 裁判官の判示内容にはそうでないことを示唆する箇所がある。例えば『親会社が各子会社の事業運営に責任を負うことを意図しているのであれば、わざわざ独自の管理体制を持つ海外子会社のネットワークを構築する手間をかけることは驚くべきことである。』『RDS 社のような国際的な親会社が、その子会社すべての事業によって影響を受けるすべての人々に対して注意義務を負うということは、あり得ないことである』と述べる部分がそれにあたる。しかし、このように、一般的な仮定や推定をおいて注意義務の存否にアプローチする手法は誤りである。」(para149-150)

さらに、最高裁判決は、控訴院判決では少数意見となった Sales 裁判官の分析と結論を支持すると明示した上で、RDS 社が策定・公表していた 2 つのリスク管理方針には、RDS 社の最高経営責任者（CEO）と経営委員会（Executive Committee）が、「Shell グループの施設と資産の安全と環境面についての責任ある運営」を含む広範な責任を負うことが示されていると指摘する。そして、これらのリスク管理方針は、審理されるべき現実の問題を提起するのに十分であり、Shell グループの組織構造がどのように機能したか、ある

いは最高経営責任者や経営委員会の権限が SPDC 社の意思決定に関連して
どのように行使されたかは非常に重要な争点であるとして、審理されるべき
現実の問題がないと判断した控訴院判決の多数意見は誤りであると結論づけ
た（para154-159）。

(3) 分　析

　本件は、下級審では親会社の注意義務が認められる見込みがないと判断さ
れるも、その後に現れた Vedanta 事件最高裁判決の影響により、最高裁で
原審の結論が覆された事案である。すなわち、本件の控訴院判決が出された
2018 年の時点では、まだ Vedanta 事件の最高裁判決は存在しなかったが、
2019 年に同事件の最高裁判決が出されたため、これと同様の論点が問題と
なった本件においても、その判示内容を前提として親会社の注意義務が判断
されることとなったのである。

ア　資本関係の位置付け

　Okpabi 事件控訴院判決において多数意見を構成した Geoffrey 裁判官の見
解には、グループ会社制度の機能的側面への配慮が色濃く表れている。
Geoffrey 裁判官は、国際的な親会社が世界中にわざわざ現地子会社を設立
するのは、その事業運営の結果に関する責任を親会社が負わないことを意図
したものであることを婉曲的に述べ、親会社が子会社の事業によって影響を
受ける全ての人々に対して義務を負うことはあり得ないと断じた。

　これに対する Vedanta 最高裁判決の立場は明確であり、同判決では、親
会社の注意義務の存否を判断するにあたり、親子会社関係に特別な意味はな
く、特定の者の有害な活動について第三者が注意義務を負うかどうかという
問題の 1 つに過ぎないとされる。そして、Okpabi 事件最高裁判決も、かか
る立場を踏襲した上で、親子関係に特別な意味を持たせようとする控訴院の
アプローチは Okpabi 事件最高裁判決と矛盾するものであり、誤りであると
説く。

　このように、Okpabi 事件最高裁判決は、Vedanta 最高裁判決の見解を踏
襲した上で更にその内容を敷衍し、資本関係に基づく子会社への制度的な支
配関係と、親会社の注意義務を基礎づける事業上の管理・監督は別物である

141

第 3 章　英国法の分析

ことを明確にした上で、親会社の注意義務を認めるにあたって重要なのは後
者であることを改めて確認するものとなった。

　　イ　「表示」に基づく責任の肯定
　高等法院判決の事実認定によれば、子会社の事業に関する決定は親会社で
はなく子会社自身でなされており、現地での事業活動における専門知識や経
験は子会社の方が豊富であったことが認められている。かかる事実認定につ
いては控訴院及び最高裁でも特段異論は示されておらず、（正式審理の前段階
ではあるものの）親会社の支配に基づく注意義務の認定が困難な事案であっ
たものと思われる。控訴院判決で、多数意見（Simon 裁判官・Geoffrey 裁判
官）と少数意見（Sales 裁判官）が分かれるポイントとなったのは、親会社の
支配に基づく責任ではなく、表示に基づく責任をどのように考えるかという
点であり、これは高等法院判決・控訴院判決と最高裁判決の結論が異なった
理由の 1 つでもある。
　控訴院判決の多数意見では、親会社が公表していた資料（サステナビリテ
ィレポート、安全管理指針、内部統制指針等）に記載された内容を根拠にして
注意義務を認めることを否定した。その理由として、これらの公表資料は投
資家への情報提供を目的として発行されたものであり、何らかの法的責任を
引き受ける目的で発行されたものではないことが挙げられている。
　しかし、控訴院判決の後に出された Vedanta 事件最高裁判決は、親会社
の表示を手がかりにして注意義務を認めるアプローチを採用した。これを受
けて、本件の最高裁判決も、親会社がグループ全体の方針や基準を発布する
こと自体は注意義務を発生させないとした控訴院のアプローチ「法律上の誤
り」であったと否定した。
　このように、Vedanta 事件最高裁判決によって表示に基づく責任追及の
可能性も認められたからこそ、本件においても親会社に対する責任追及が成
功する合理的な見込みが肯定されたものと思われる。

　　ウ　小　　括
　以上のとおり、本判決が先行した Vedanta 事件判決の内容を踏襲し、こ
れに反する原審判決の多数意見を否定したことで、Vedanta 事件判決の判

142

示内容は英国法における確立した法理であることがひときわ強調される結果
となった。すなわち、親会社が子会社事業に存在する危険について（第三者
との関係で）注意義務が認められるかどうかは、親会社の子会社事業に対す
る支配や監督の内容次第であり、そのことは資本関係の有無とは直接的な関
係性を持たない。この問題は、従来から議論されてきた第三者加害行為型の
（不作為）不法行為の一類型に過ぎず、資本関係に対する特別な配慮は不要
である。また、親会社が対外的に公表した表示内容は、現実に行われていた
支配や監督の態様にかかわらず、親会社の注意義務を導く根拠となりうる。

　こうして、子会社事業による不法行為被害に対する親会社の責任という英
国法において長らく議論されていた問題は、Adams 事件判決から約 30 年、
Lubbe 事件や Connelly 事件からは約 20 年の時を経て不法行為責任構成が
確立したことで、新たな局面を迎えている。

第4項　小　　括

　本節では、親会社の注意義務に関する議論と判例法理を題材として、それ
らの発展と変遷に分析を加えてきた。その内容はおおむね以下のように要約
できる。

　1990 年の Adams 事件判決により、法人格否認の法理を用いて子会社の加
害行為について親会社の責任を問うことが困難となり、また 2006 年会社法
制定の検討委員会によって、立法を通じた制度的な解決を図ることも否定さ
れた。そうした状況で台頭したのが不法行為上の注意義務を通じて親会社の
責任を問う考え方であり、既に 1998 年の Connelly 事件と 2000 年の Lubbe
事件では親会社が責任を負う可能性が認められていた。もっとも、これらは
管轄の検討においてなされた付随的な判断であり、いずれも時効や和解によ
って本案での判断に至らなかったことから、親会社の注意義務を認める考え
方は一般的なものではなかった。

　かかる状況を大きく変えたのが、2012 年の Chandler 事件判決であった。
同判決は、作為義務違反を根拠に親会社の不法行為責任を認めたため、不法
行為責任構成に対する学術的な関心が一気に高まり、その理論構成の是非も
含めて活発な議論が交わされた。

　同種事案である 2014 年の Renwick 事件判決、2018 年の Unilever 事件判

第 3 章　英国法の分析

決を経て、ついに 2019 年には Vedanta 事件において英国最高裁がこの論点に対する見解を示した。同判決は、親会社に注意義務が認められるかどうかにつき、「全ては、親会社が、子会社の関連事業を引き受け、監督し、支配し、助言する機会を、どの範囲で、どのように利用したかによる」と述べ、Chandler 事件判決が提示した 4 要件や、Unilever 事件判決が提示した類型論にとどまらず、より広く親会社の責任が認められうることを肯定した。また、同判決は、親会社が子会社の事業を管理・監督していることを対外的に表示していた場合、かかる表示に基づく責任が認められうる可能性についても認めた。このように、Vedanta 事件判決は、親会社による支配と表示がそれぞれ独立して注意義務の根拠となりうることを示すものであった。そして、かかる考え方は 2021 年の Okpabi 事件最高裁判決においても引き継がれ、不法行為責任構成が英国法において確立された法理論となったのである。

　もっとも、Vedanta 事件と Okpabi 事件の最高裁判決は、いずれも管轄の有無を決定する上での付随的な検討として、親会社に対する請求が認められる合理的な見込み（「現実の問題（real issue）」）の有無を判断したのであって、本審理を経て実体法上の請求権の有無が認められたわけではない。したがって、具体的にどのような監督や支配、表示等が行われていれば親会社に作為義務が成立するのかは未だ不明確であり、今後の事案の集積が待たれる状況にある。

144

第 4 節　代位責任

　本章の締めくくりとして、英国法における代位責任（vicarious liability）についても考察する。第 3 節で検討した親会社に独自の作為義務を課すアプローチとは異なり、代位責任に基づいて親会社の責任を認めた判例は現時点において存在しない。他方で、近時の英国の判例では、代位責任を柔軟かつ積極的に活用する傾向が顕著であるところ[135]、これに伴って親会社の責任追及にも代位責任法理を適用すべきとする見解も提唱されている。本節では、代位責任法理の判例の集積と近時の議論の状況を整理することで、親会社の責任追及を巡る英国法の議論の現状分析を終えることとしたい。

第 1 項　代位責任の概要

　コモンローにおける代位責任（vicarious liability）とは、第三者による不法行為につき、当該第三者との関係性を根拠に、被害者に対して負担する責任を指す[136]。代位責任は、これを負担する者の行為から生じるのではなく、不法行為者との関係性から生じるのであり、加害行為への関与や何らかの義務に違反することを要しない[137]。

　代位責任の歴史は、奴隷によってなされた加害行為について主人に責任を認めるゲルマン法・ローマ法にまで遡ることが可能であり、ノルマン朝時代のイングランドにおいても代位責任が認められていたとされる[138]。

　20 世紀以降は Salmond の定式と呼ばれる 2 つの要件によって使用者責任

---

135)　英国法における代位責任を概説した近時の文献としては、Anthony Gray, *Vicarious Liability Critique and Reform*（Hart Publishing 2018）が詳細である。また、近時の代理責任の発展を分析する文献としては、Desmond Ryan,‘"Close Connection" and "Akin to Employment : Perspectives on 50 Years of Radical Developments in Vicarious Liability"（2016）56 Irish Jurist 239、邦語文献としては、新屋敷恵美子「イギリスにおける代位責任（Vicarious Liability）法理の近時の展開(1)・(2)」法政研究 87 巻 4 号（2021 年）392 頁及び同 88 巻 1 号（2021 年）266 頁等が存在する。

136)　Goudkamp 595.

137)　そのため、代位責任はコモンローにおける過失責任主義の唯一の例外であるとも評される（Armes v Nottinghamshire CC［2017］UKSC 60）。

145

第3章　英国法の分析

としての代位責任が規律されるようになった[139]。具体的には、(1)不法行為を犯した者（加害者）と責任を追及される者（不作為者）の間に、主人（master）・使用人（servant）というべき関係性が存在し、(2)不法行為（加害行為）が雇用の中で（course of employment）行われたものであれば、使用者からの指示・授権行為の有無や加害者の目的を問わず、原則として加害行為者の加害結果に対し使用者が責任を負うことが定着した[140]。

そして、使用者（企業）・被用者（従業員）の関係性が(1)に該当するという前提のもと、代位責任は専ら雇用（employment）に基づいて生じる責任として位置付けられるようになる。そして、(1)に係る争点の多くは、加害行為者が従業員である労働者に該当するのか、それとも独立した請負業者に該当するのかという点に力点が置かれ、前者に該当すれば代理責任が適用でき、後者であれば適用できないという結論が前提となってきた。労働者に該当するかどうかは形式的な雇用契約の有無ではなく、当事者間の支配関係や加害行為者の事業者性をふまえた実質的判断によって決せられるが、いずれにせよ重要なのは不作為者と加害行為者の関係性が雇用（employment）に該当するかどうかであり、これに該当しないものは代位責任の対象外と整理されてきた[141]。

第2項　近時の判例法理の発展

上記のとおり、従来の英国不法行為法における代位責任とは雇用（employment）を前提としたものであったが、近時ではこれを雇用関係に類似する関係（akin to employment）に拡張する判例法理が相次いで形成された。以下では、その契機となった2012年のJGE事件とCCWS事件、そして2016

---

138)　代位責任の歴史に関する研究として、John Wigmore, "Responsibility for Tortious Acts: Its History. –II" (1894) 7(7) Harvard Law Review 383.

139)　John W. Salmond, *Law of Torts: A Treatise on the English Law of Liability for Civil Injuries* (Stevens and Haynes 1907)

140)　かかる定式はJohn Salmondによって提唱されたテストであるが、判例法理によって承認されてきた。Lister v Hesley Hall Ltd [2001] UKHL 22において、Milett裁判官は、Salmond氏の執筆した概説書の該当部分を「おそらく法律教科書の他のどの一節よりも頻繁に引用されてきた」と評価する。

141)　Goudkamp 600-603.

年の COX 事件について概観する。

1 JGE 事件

(1) 事案の概要

JGE v Trustees of the Portsmouth Roman Catholic Diocesan Trust[142]（以下「JGE 事件」という。）は、教区司祭によって行われた児童に対する性的虐待につき、当該地域を監督管区として統括していた教区組織の代位責任が争われた事案である。教会という組織の性質上、不法行為（性的虐待）を行った教区司祭と教区組織の間に雇用関係が存在しないため、そもそも代位責任が認められる余地があるのかどうかが予備的審査の対象となった。

(2) 判示事項

控訴院において Ward 裁判官は、従来の判例法理を前提にすれば雇用関係がない司祭の加害行為について教区組織が代位責任を負担することはないとしつつも、「雇用類似の関係性」（akin to employment）でも代位責任が認められるかどうかが問題の本質であるとした（para31）。その上で、代位責任の正当化根拠としては、支配関係（control）、賠償資力（deep pockets）、行為の抑止機能（deterrence）、損失の分散（loss-spreading）、企業責任（enterprise liability）などの考え方が提唱されていることを指摘した上で、「いずれか単一の根拠では代位責任の賦課について完全な回答を得られない」とし、現代の代位責任の法理は政策的配慮の組み合わせに基礎を置くものと述べる（para53）。

そして、代位責任とは静的な概念ではなく時代の変化に対応した適切な解決策を提供するものであること、英国における労働市場は従来の標準的な雇用契約だけでなく、より柔軟で新しい非継続的・非規則的な労働形態の出現という構造的な変化に直面していることなどを指摘した上で（para58-60）、代位責任は必ずしも雇用関係に限定されるものではなく、雇用類似の関係にも生じうるものとし、雇用関係以外の特殊な関係性に代位責任が公正かつ適切に拡大されるかどうかは政策的な要因の検討も不可欠であるとする

---

142) ［2012］EWCA Civ 938

（para71）。

　以上を前提に、本件では、⑴司祭は教区の運営に関する裁量を有する一方、教会法による規律に服し、これに違反する場合は教区組織による制裁の対象となること、⑵教会組織は神の言葉を広めるという目標を達成するため高度に組織化された団体であり、その活動はビジネスとの類似性が認められること、⑶司祭の役割は、教会の事業の一部を構成するものであり、教会の組織構造に統合されていること、⑷司祭の収入はミサで得られる献金に依存しているものの、献金の余剰金は教区の資金の一部となり司祭に帰属するわけではないこと等に照らして、司祭は独立した請負業者というよりも従業員に近い存在であると認定し、教区における司祭の活動につき教区組織に代位責任が生じうると結論づけた（para74-80）。

2　CCWS 事件
⑴　事案の概要
　Catholic Child Welfare Society v Various Claimants and Institute of the Brothers of the Christian Schools[143]（以下「CCWS 事件」という。）は、JGE 事件と同様、聖職者による性的虐待に関する宗教団体の代位責任が問題となった事案である。当該宗教団体は世界各地で寄宿制の教育機関（学校）を設立・運営している著名な団体であるところ、学校に教師として派遣していた修道士（団体の構成員）が生徒に対して性的虐待を行っていたことが発覚した。第一審（高等法院）及び原審（控訴院）は宗教団体の代位責任を否定したが、2012 年に JGE 事件判決が出されたため、本件でも代位責任の適用範囲が雇用関係以外にまで拡張するかどうかが最高裁で争われた[144]。

⑵　判示事項
　Philips 裁判官は、「代位責任に関する法は変化し続けている」（para19）と述べ、JGE 事件における Ward 裁判官の判示事項を詳細に検討・引用し、

143）　[2012] UKSC 56
144）　時系列としては、①CCWS 事件の控訴院判決（2010 年 10 月 26 日）、②JGE 事件の控訴院判決（2012 年 7 月 12 日）、③CCWS 事件の最高裁判決（2012 年 11 月 21 日）となる。

その内容を肯定的に評価する。すなわち、代位責任は公平、公正かつ合理的な結果を追求するものであり、その根底にある政策理念は複数の要素が存在するとした上で、今日においては形式的な雇用関係が存在するか否か自体は本質的な要素ではなく、5つの要素（①使用者が被用者よりも補償手段を持ち、その責任に対して保険を加入することが予想できること、②被用者が使用者のために行った活動の結果として不法行為が行われたこと、③被用者の活動が使用者の事業の一部である可能性が高いこと、④使用者が被用者を雇用することにより被用者による不法行為が行われるリスクを生み出したこと、⑤行為者が使用者の支配下に置かれていたこと）が、代位責任を課すことの公平、公正かつ合理性を基礎づける中核的な要素（基準）になりうるとした（para34-35）。

　そして、団体と教員（修道士）の関係は「代位責任の文脈において、雇用者と被雇用者の関係の多くの要素、そして全ての本質的な要素を備えている」とし、具体的には(1)団体が階層構造に細分化され、あたかも企業のような活動をしていたこと、(2)教員の教育活動は団体が指示したために行われていたこと、(3)教員が行った教育活動は、団体の目的・使命を推進するものであったこと、(4)修道士が教員としてどのように行動するべきかという規範が団体の規則で決められていたことを挙げた（para56）。そして、「教員と団体の関係は、代位責任テストの第1段階を満たすには十分なほど、雇用者と被雇用者の関係に類似していた」（para60）と述べ、団体が代位責任を負うことを肯定した。

3　Cox 事件

(1)　事案の概要

JGE 事件と CCWS 事件は、いずれも教会と聖職者という関係性について代位責任を認めた事案であった。これを刑務所と囚人の関係性にも拡張できるかが問題となったのが、Cox v Ministry of Justice 事件[145]（以下「Cox 事件」という。）である。本件では、受刑者が刑務作業の一環として食堂で食材の運搬に従事していたところ、過誤により階段上から食材の入った袋を落下させてしまい、それが別の受刑者の背中にあたって負傷させてしまった。そ

---

145)　［2016］IRLR 370

こで負傷した受刑者が、刑務所を所管する司法省（Ministry of Justice）に対し、受刑者の不法行為に関する代位責任を追及する訴訟を提起した。囚人による食堂での作業はあくまで刑務作業として行われていることから、刑務所（司法省）と囚人間に雇用関係はなく、これが雇用に類似する関係に該当するかどうかが最高裁で争われた。

⑵　判示事項

　Reed 裁判官は、CCWS 事件における Phillips 裁判官の判旨を引用した上で、「Phillips 裁判官が示した一般的なアプローチは、児童への性的虐待のような特殊なケースに限定されるものではないことを理解することが重要である。それは雇用関係以外でも、原則として代位責任を課すことが可能な状況を特定するための基礎を提供することが意図されている。被告が行った事業活動とそれに伴うリスクに焦点を当てることで、現代的な職場環境では、被用者が現実には組織と雇用契約を結んでいなくても、組織の労働力の一部の可能性がある状況に関連する問題に注意を向けるとともに、その活動によって生じるリスクに対する企業の責任に関する一般的な考え方も反映している」と述べ（para29）、さらに代位責任を認めるための要件について、「“ビジネス”、“利益”、“企業”などの形式的な字句解釈論に狭い範囲で焦点を当てて惑わされないことが重要であり（中略）通常の意味でのビジネスや企業である必要はなく、不法行為者の活動から得る利益（benefit）は、収益（profit）である必要もない。自己の利益のために活動する不法行為者が存在すれば十分である。そして、不法行為者は、代位責任者の事業の不可欠な部分として、その利益のために割り当てられた活動を行っている必要があり、また代位責任者は、当該不法行為者に対してそのような活動を割り当てることで、不法行為を犯す危険性を生じさせたものでなければならない。」と判示した（para30）。

　そして本件では、⑴食堂で行われる受刑者の刑務作業は刑務所の運営に組み込まれており、特に受刑者に食事を提供するという不可欠な活動の一部を構成していること、⑵受刑者は割り当てられた刑務作業の様々な活動分野において過失による不法行為を行う可能性があること、⑶受刑者の刑務作業は、刑務所職員の指示のもと行われていることなどを根拠に、本件では刑務所

（司法省）に代位責任が認められると結論づけた（para32）。また、被告側からは、刑務所と囚人という特殊な関係性をふまえ、刑務作業は受刑者自身の社会復帰のために行われており経済的利益を目的としたものではないことが指摘されたが、⑷上記のとおり代位責任者が得る利益は経済的・金銭的利益（profit）である必要はないこと、⑸受刑者の食堂における刑務作業は、刑務所内のサービス自体に直接的な利益をもたらすものであること理由に、被告側の主張を退けた（para33-35）。

4 小 括

　以上のとおり、JGE 事件、CCWS 事件、Cox 事件を経て、英国の不法行為法における代位責任の適用範囲は急速な拡がりを見せた。代位責任の適用にあたって雇用関係の存在は前提ではないことが確立されただけでなく、（雇用関係の類似性を基礎づける）指揮命令関係が司祭職の選解任権を通じた間接的な権力関係をもって認定されたことや（JGE 事件）、不法行為者の活動から得られる利益が金銭的なものに限られないとされたこと（Cox 事件）など、最高裁が指摘するところの「雇用類似の関係性（akin to employment）」は比較的柔軟に解釈されている。Philips 裁判官が「代位責任に関する法は変化し続けている」と指摘したとおり、今後も多様な関係性に基づいて代位責任が認められる潜在的な可能性を残すものと評価できよう。

第3項　親子会社関係への適用に関する議論

　不法行為法の分野では、雇用関係の有無という形式面にとらわれることなく、組織的階層性や、共通の目的に基づく業務遂行、一定の規律や役職の選解任権の存在といった諸要素に着目して代位責任が拡張されてきたところ、"それならば一定の親子会社関係にも代位責任を拡張する余地があるのではないか"という問題意識が持たれるようになった。もっとも、かかる責任を認めた裁判例は現時点で存在せず、学説上も以下のとおり肯定説・否定説の両方が存在し、通説的な見解が形成されるには至っていない。

1 代位責任の拡張を支持する見解

Philip Morgan（2015 年）は、有限責任制度による不法行為コストの外部

化を問題視し、その対処法として代位責任を活用することを提唱する[146]。
Morgan は JGE 事件と CCWS 事件に言及した上で、"akin to employment"
という新たなカテゴリが導入された現代においては、もはや「雇用」の形式
面ではなくその機能的側面に焦点が当てられていると考えるべきであり、あ
る企業が他の企業に対して行使する機能的支配にも雇用関係との類似性を見
出すことが可能であると主張する。さらに Morgan は、近時の判例におい
て重視されているのは、⑴事業活動が使用者の監督や指示のもとで行われて
いるか、⑵事業活動が使用者のビジネスに不可欠な一部であるか、⑶使用者
が当該事業活動から利益を得る立場であるかといった点であるところ、これ
らの要素は法人（使用者）と自然人（被用者）の関係性に限定されるもので
はないと指摘する。そして、代位責任の背景にある政策的考慮の多くの点は
親子会社関係においても妥当すると説き、親会社はグループ内のどの子会社
よりも適切なリスク・アセスメントや予防策を実施する知識や能力を兼ね備
えていることが多く、また賠償手段や損失を分散させる手段も豊富であると
ころ、代位責任を認めることが加害行為の抑止という観点からも望ましいと
説く。Morgan は全ての親子会社関係に対して一律に代位責任を負わせるこ
とには否定的であるが、例えば子会社の従業員が親会社の管理者によって指
揮され、親会社の事業に不可欠な活動に従事しているという状況においては、
子会社は親会社の従業員に近い存在であり、子会社に対する親会社の代位責
任が発生する可能性が高いと説く[147]。さらに、こうした代位責任は資本関
係がある場合に限定されるわけではなく、契約上の手段による支配や、事実
上の支配によって支配力を行使する会社に対しても代位責任が生じるという
のが Morgan の主張である。

　また、Martin Petrin（2013 年）も、前述の Chandler 事件判決の評価とし
て、自分の利益のために行動する第三者を支配することは代位責任を発生さ

---

146)　Philip Morgan, "Vicarious Liability for Group Companies: the Final Frontier
of Vicarious Liability?"（2015）31（4）Professional Negligence 276, 295.

147)　Ibid 296. なお、Morgan は子会社の法的同一性（legal identity）を尊重する見
地から、子会社役員の選解任や子会社取締役の議決など、会社法上の子会社内部
のプロセスに関連する支配は親会社の代位責任を検討する上で無視されるべきで
あるとも説く。

せる根拠になりうるのであり、そうであれば（支配要件として親会社の作為義務の問題にするよりも）親会社の代位責任を検討する方がこの問題に対処する上でより直接的なアプローチであったかもしれないと述べる[148]。前述のとおり、Petrin は親会社に広範な責任を負わせること自体については慎重な立場であり、代位責任構成についても「法人格の独立と有限責任制度という会社法の原則に対する過度な干渉になりうるという問題が残る」と留保を置きつつも、代位責任構成によれば近接性の要件や責任の引受けに伴う理論的な問題を回避できるとしてその利点を説く。

2　代位責任の拡張を支持しない見解

　他方で、代位責任を親子会社関係にまで拡張することを支持する見解は未だ少数であり、これに否定的な見解の方が有力であるように思われる。Christian Witting（2018 年）は、親子会社間に代位責任の適用を認めるということは、一定の関係性を有する子会社（被用者）の責任が自動的に親会社（使用者）に拡張されることを意味するところ、このような責任の自動的な拡張は株主有限責任の原則と相容れず、同原則の重大な例外となることを指摘する[149]。そして、そのような実質的な制度変更は立法によってなされるべきであり、近時の判例法理による代位責任の拡張に基づいて実現されるべきではないと主張する。さらに、代位責任を認めても不法行為債権者が請求できるのは子会社に対して支配関係を持つ直接の親会社に限定されるため、当該親会社にも十分な資産が存在しない場合（分社化によって資産が企業グループ内に分散している場合）には問題の解決にならず、むしろ代位責任の拡張を恐れてそのような資産の分散化の動きが加速化するだけであると説く。

　Vibe Ulfbeck と Andreas Ehlers（2016 年）も、親子会社間に代位責任を適用することは法人格や有限責任という会社法の基本原則を根底から覆すことと同義であると説き、代位責任の拡張には慎重な立場を示す[150]。Ulfbeck

---

148)　Petrin 613.

149)　Witting 403-405.

150)　Vibe Ulfbeck and Andreas Ehlers, "Tort Law, Corporate Group and Supply Chain Liability for Workers' Injuries: The Concept of Vicarious Liability" (2016) 13(5) European Company Law 167, 168.

らは、株主有限責任制度という会社法の大原則は親子会社の関係性を規律するために制定された特別規定であるため、一般規定に優越する関係にあることを理由に、親会社が子会社の債務について代位責任を負う可能性は、有限責任制度の存在によって排斥されていると考えることが可能であると説く。親子会社関係へ代位責任を拡張することによって会社法と不法行為法の間に緊張関係を生じさせるのを避けるべく、Ulfbeck らは専ら資本関係がない二当事者間（例えばサプライチェーン上において影響力を行使する別会社）に対してのみ代位責任を拡張することを提案する。

3 小 括

以上のとおり、親子会社間においても代位責任を拡張できるか（すべきか）否かについては見解の対立が存在するが、拡張を支持する見解は未だ少数にとどまっているように見受けられる。確かに、別個の法人格という形式面を捨象し、(1)資本関係を背景に構築された階層的な構造、(2)共通の企業理念・経営方針に基づく一体的な事業運営、(3)役員の選解任を含む議決権行使による強力な支配権といった典型的なグループ企業が備える特徴に目を向けると、これらはいずれも近時の代位責任を巡る判例法理において"akin to employment"を基礎づけるものと裁判所に評価された要素と類似性があることは否定できない。

他方で反対説が示すとおり、親子会社間に代位責任を認める上での最大の難点は、株主有限責任制度との整合性をどのように考えるかという点であろう。これまで本章で述べてきたとおり、英国の裁判所は Salomon 原則の例外を認めることに対して一貫して消極的な姿勢を見せてきた。代位責任の拡張も、（異なる法人格である）子会社が負担する債務について親会社に責任を負わせるという点においては法人格否認の法理と共通するメカニズムを持つ。ゆえに、仮に親会社の代位責任を認めるとなれば、それは単なる代位責任の対象者の拡張という不法行為法上の解釈論にとどまらず、有限責任制度に対するこれまでの姿勢を大きく転換することにほかならない。英国の判例法が代位責任の拡張に舵を切ってからまだ日が浅く、代位責任構成に対して裁判所がどのような反応を示すかについては今後の事案や議論の集積を待つ必要があるものの、少なくとも現時点においては、親子会社間に代位責任を拡張

する見解は一部の論者による問題提起の域を出ておらず、学説上広く支持されているとは言い難い。

第 4 章

英米法諸国における親会社の不法行為責任

＜Summary＞

　　子会社による加害行為について親会社に作為義務を課し、加害結果に対して直接責任を課すことは、英国法にだけ存在する特殊な法律構成ではない。

　　米国法においては、法人の加害行為によって生じた法益侵害につき、これに直接関与した個人や構成員にも法人の責任とは別に独自の法的責任（参加責任）を負わせる法理として参加理論（participation theory）が存在する。これは、法人が負担する責任を個人に派生又は帰責させるのではなく、あくまで当該個人に独自の法的責任を観念する点において、法人格否認の法理とは明確に区別される。

　　親会社（株主）についても参加理論を適用し、子会社の不法行為に対する参加責任を肯定するという考え方は古くから提唱されていたものの、従来の裁判所は親会社に参加責任を課すことについて謙抑的な姿勢を見せてきた。かかる状況に一石を投じたのが、イリノイ州最高裁判所による Forsythe 事件判決（2007 年）である。本件は、子会社の製油所で発生した火災事故につき、設備の安全点検予算の削減を指示した親会社の責任が争点となった事案であるところ、裁判所は当該事案において親会社に不法行為責任が生じる可能性を認めて原審の略式判決を取り消し、原告の勝訴的和解によって決着した。同判決は、従来の判例よりも柔軟に親会社の参加責任を認めていると評しうるような判示内容であったため、大きな反響を呼んだ一方、現時点においてイリノイ州以外の裁判所がこれに追随する動きは乏しい。

　　カナダの Hudbay 事件判決（2013 年）においても、子会社の人権侵害行為につき親会社には注意義務違反に基づく不法行為責任が成立する可能性があることがオンタリオ州裁判所によって認められた。もっとも、同判決は親会社の注意義務を認めることと株主有限責任制度を「明らかに競合する政策的配慮」であるとしつつ、その優先関係については留保して本案審理に結論を先送りにしている。

157

第4章　英米法諸国における親会社の不法行為責任

第1節　米　国　法

　米国法における参加理論は、株主のみを対象とした責任法理ではなく、従来はむしろ取締役の個人責任との関係で議論されることが多かったものと見受けられる。以下では、まず取締役の参加責任について若干の紹介を行ったのち、株主（親会社）の参加責任を限定的に解釈してきた従来の判例群と、これを認めた判決として注目されたイリノイ州最高裁のForsythe事件判決（2007年）を中心として米国法の検討を行う。

第1項　取締役の参加責任

　米国法では、法人が行った不法行為に関連して取締役は個人としても法的責任を負うのか、仮に負うとしたらそれはどのような場合であるのかということが伝統的に議論の対象となってきた。その背景には、これを広く認めてしまうと実質的には企業の不法行為責任に強制的な個人保証を付すことと同義であり、有限責任原則や法人格の分離原則の機能を害するのではないか[1]、あるいは取締役の経営判断を委縮させ、取締役会の機能や経営判断原則の趣旨を害するのではないかという問題意識が存在する[2]。他方で、仮に取締役の個人責任を否定した場合、取締役は会社を媒介にして法益を侵害することにより、法人格を盾にして容易に責任逃れができてしまうことにもなりかねない[3]。このように、取締役個人の不法行為責任は、会社法と不法行為法の交錯領域にある問題として取り扱われてきた。

　この論点に関する代表的な裁判例としては、1958年のWicks v Milzoco

---

1) Shannon Kathleen O'Byrne and Cindy Schipani, "Personal Liability of Directors and Officers in Tort: Searching for Coherence and Accountability" (2019) 22(1) University of Pennsylvania Journal of Business Law 81, 84.

2) Robert Rhee, "The Tort Foundation of Duty of Care and Business Judgement" (2013) 88(3) Notre Dame Law Review 1139. なお、Rhee自身は不法行為上の注意義務と経営判断原則は対極的な関係にはなく、相補的な関係にあって整合的に解釈できると主張する。

3) 後述のカリフォルニア州最高裁判所判決（1986年）はまさにこの点を指摘して、取締役個人の不法行為責任を認める立場を明らかにした。

158

Builders 事件における連邦控訴裁判所判決（第 10 巡回区）[4]が挙げられる。
同判決は、法人の不法行為につき役員個人も不法行為責任を負う場面として
「不法行為若しくは不法行為が必然的に生じるか、あるいは生じることが合
理的に予測される行為の遂行を指示するか、これに積極的に参加した場合」
であるとした。そして「単に法人の役員や代理人であるだけでは、会社の不
法行為に対して個人責任を負わせることはできない。」と述べ、「会社の不法
行為に対する役員又は代理人の個人的賠償責任を生じさせるためには、原告
に対して損害や不利益を与えるような不正な行為や不作為を積極的に指示、
認可、参加又は協力することが必要である。」と判示し、取締役の積極的な
関与（参加行為）が個人責任の責任原因となることを示した。

　各州の裁判所も、法人の加害行為に対する役員の積極的な関与がある場合
には個人責任が課されることを明示的に肯定する。例えば、ペンシルヴァニ
ア州最高裁判所は、「一般的な規則として、会社による不法行為に参加した
会社の役員は、それに対して個人的責任を負うが、会社の不法行為に参加し
なかった役員は、特定の行為を行うことを明確に指示したか、それに参加又
は協力した場合を除いて、かかる不法行為およびそれを行った会社の他の代
理人、役員又は従業員の行為について第三者に対して個人的に責任を負わな
い。」と判示し、さらに、「不正な行為への個人の参加に対する責任と、偽装
企業のヴェールの下で行われた行為に対する個人の責任とは区別される。裁
判所が法人格を否認した場合、会社は独立した事業体ではなくなることから、
所有者が責任を負うことになる。参加理論の下では、裁判所は所有者として
ではなく、行為者としての個人に責任を課す。このような責任は、会社が見
せかけのものであり、個々の会社役員の単なる分身であるという認定を前提
とするものでない。」と述べ、参加理論は法人格の否認と異なる性質の責任
であることを強調する[5]。

　また、カリフォルニア州最高裁判所は、「取締役は、会社を代表して行動
していたかどうか、また、会社が責任を負うかどうかにかかわらず、自身の

　4）　261 F.2d 406,（10th Cir. 1958）. 本件は、自転車を購入した客が、自身が乗車中に
　　　怪我をしたのは自転車の整備状況や販売時の組み立て工程に瑕疵があったことを理
　　　由として、自転車の販売会社とその役員及び販売店の店長を訴えた事案である。
　5）　Wicks v. Milzoco Builders, 470 A.2d 86, 89-90（Pa. 1983）

不法行為によって損害を被った第三者に対して責任を負う。この責任は、例えば不十分な資本金を根拠とする法人格の否認とは異なり、むしろ役員又は取締役の不法行為への個人的な参加又は具体的な承認に依拠する（中略）取締役は、他の従業員と同様に、第三者に人身傷害を与える不当な危険を生じさせるような行動を控えるという、企業体自身の義務とは独立した注意義務をそれぞれ負っているのである。」と述べた上で、「原告が取締役に対して個人としての不法行為責任を追及するためには、取締役が不法行為とされる行為を具体的に承認、指示、若しくは参加したこと、又は、取締役がその管理下にある危険な状態若しくは活動が原告に損害を与える可能性があることを具体的に知っていたか、合理的に考えて知るべきであったにもかかわらず、損害を避けるための適切な行動をとらず、若しくは命じなかったことを示さなければならない。」と判示する[6]。

このように、参加理論は法人が引き起こした加害結果について取締役個人の第三者責任が生じる可能性を肯定する一方、取締役の積極的な関与（参加行為）を要求することで通常の不法行為よりもその成立範囲を狭め、会社法と不法行為法の調和を図ってきた。もっとも、実際には取締役の「参加」を柔軟に認定して個人責任を肯定する事例も散見される。具体的には、①それが違法なものだという認識がなくても、不法行為被害を及ぼすおそれのある決定に賛成票を投じた取締役に個人責任が発生する可能性を肯定した判決（第4巡回区控訴裁判所）[7]、②取締役は会社の管理・統制において積極的な行動をとる公的責任を負っているという理解のもと、会社の違法行為を黙認していたことをもって個人責任を肯定した判決（コロンビア特別区控訴裁判所）[8]などである。このように、取締役の「参加」を認めるにあたっては必ずしも取締役の能動的な働きかけが求められているわけではなく、賛成票の

6) Frances T. v Village Green Owners Assn. (1986) 42 Cal.3d 490, 229 Cal.Rptr. 456; 723 P.2d 573. 本件は、コンドミニアムに宿泊中に強盗などの被害にあった原告が、コンドミニアムを管理する非営利法人及びその役員たち個人を訴えた事案である。原告は、被告らが防犯対策の必要性を認識していたにもかかわらずこれを放置した上に、原告が自ら設置した防犯用の照明の撤去を命じたことによって犯罪被害が生じた旨を主張した。

7) Tillman v Wheaton-Haven Recreation Association, Inc., 517 F.2d 1141 (4th Cir. 1975)

投票、違法行為の黙認など、取締役の様々な関与形態が参加者責任の根拠となりうると理解されている[9]。

ただし、取締役が能動的な関与を行っていなかった場合にも個人責任が認められるかどうかについては州ごとに温度差がある。上記のとおり、カリフォルニア州最高裁やコロンビア特別区控訴裁判所は取締役の不作為に対しても参加責任が成立することを肯定しているのに対し、デラウェア州上級裁判所は、全ての個人は自らの不法行為に責任を負わなければならず会社役員もその例外ではないこと、そして会社役員は行為が会社の名前のもとでなされたことを主張して自らの不法行為責任から逃れることはできないとしながらも、「しかしながら、会社役員はこの法理の下において不当行為（misfeasance）か積極的過失（active negligence）についてのみ責任を負う。不作為（nonfeasance）や人がなすべき行為の懈怠（the omission of an act which a person ought to do）については責任を問われない。」と述べ、あくまで法人の誤った行為に対する指示、命令、承認又は同意が必要であることを強調する[10]。自己の管理下にある危険や活動の加害性に対する認識可能性があればそれで足りるとするカリフォルニア州最高裁判決や、会社事業の管理・統制につき取締役には積極的な行動をとる公的責任があるとするコロンビア特別区控訴裁判所判決と比較すると、デラウェア州では参加責任が認められるハードルが高く設定されていると言えよう[11]。

以上のとおり、どこまで取締役の「参加」を柔軟に認定するかについては裁判所ごとに若干の振れ幅が存在するが、取締役も参加理論に基づき第三者に対して個人責任を負担しうること自体は、管轄を問わず広く肯定されてきた。

---

8) Vuitch v Furr, 482 A.2d 811（D.C. 1984）. 同判決において、裁判所は「会社役員は、法律上、会社事業の管理・統制における積極的な公的責任を負っており、その事業の通常の過程において、自分の知識と同意又は承認、あるいはそのような同意又は承認を推論することができるような黙認をもって行われたことにつき、これを承認し指示しなかったと主張することによって、犯した過ちに対する個人責任を回避することはできない。」と判示した。

9) Martin Petrin, "The Curious Case of Directors' and Officers' Liability for Supervision and Management: Exploring the Intersection of Corporate and Tort Law" (2010) 59(6) American University Law Review 1661, 1668.

10) Heronemus v. Ulrick No. CIV.A.97C-03-168-JOH, 1997 WL 52427（Del. Super Ct.）

第4章　英米法諸国における親会社の不法行為責任

第2項　親会社の参加責任

　参加理論の核となっているのは、法人によってなされた加害行為であって
も、これに関与した参加者（participant）であれば、法人とは別個に独自の
賠償責任を負担するという考え方である。これを前提にすれば、参加責任は
必ずしも取締役に限定されるものではなく、株主をはじめ他のステークホル
ダーであっても、その関与の態様によってはやはり固有の法的責任（参加責
任）が認められることになるはずである。

　事実、学説としては古くから株主の参加責任を肯定するものが存在する。
後に連邦最高裁判事となる Douglas William は、1929 年に公表した論文に
おいて、子会社が親会社の「道具」、「ダミー」、「分身」などと扱われないよ
うにするためには4つの基準を遵守する必要があるとし、(1)独立した財務部
門を設置し、十分な資金を用意すること、(2)日常業務をそれぞれ別に行うこ
と、(3)2社間の経営機関の形式的な障壁を維持すること、(4)2社を1つの単
位として表示しないことを挙げている。その上で「組織と運営に関する上述
の4つの基準を満たしているにもかかわらず、子会社の不法行為について親
会社が責任を課される場合も存在する」と述べ、「親会社は、株式所有によ
って子会社が原告との契約に違反するよう仕向けたとして、不法行為責任を
問われたことがある。株式所有だけでは十分ではない。しかし、特定の結果
を達成するために株式所有に付随する潜在的な力を利用することで、親会社
はその行為の参加者又は実行者となる。」と分析する。そして、親会社から
子会社の内部的な管理へ干渉があり、それが子会社経営者の裁量を覆すよう

---

11)　このようなデラウェア州裁判所の慎重な姿勢には批判的な見解も有力である。
　　Shannon O'Byrne らは、「デラウェア州法では、取締役や役員は、不作為に起因
　　する単純過失について免責されるというのが暗黙の了解である。換言すれば、過
　　失が“積極的”なものでなければ、責任は課されない。」と分析した上で、個人の
　　身体・財産に対する重大な法益侵害が生じるような事案であっても、通常であれ
　　ば（その者が取締役でなければ）違法となる不作為が、取締役という地位がある
　　だけで免責されることを正当化するのは難しいと主張し、カリフォルニア州裁判
　　所と同様、不作為も参加責任として捕捉するアプローチを採用すべきであると説
　　く。Shannon Kathleen O'Byrne and Cindy Schipani, "Personal Liability of Direc-
　　tors and Officers in Tort: Searching for Coherence and Accountability" (2019)
　　University of Pennsylvania Journal of Business Law 22(1) 81, 97-102.

なものであった場合、発生した損害と干渉の関係は非常に密接なものとなり、派生的な責任ではなく直接責任として、親会社に不法行為責任を負わせるのが妥当であると主張する[12]。

また、Robert Thompson（1994 年）は、Hansmann らが提唱した不法行為債務に対する株主の無限責任（比例責任）論を批判し、経営に関与しない（関与する力を持たない）受動的な株主に対して無限責任を課したところで経営改善の効果は期待できず非効率であると説く。また、企業活動による不法行為リスクを抑制するためには、経営に積極的に参加する者に対して責任を負わせるのがもっとも効率的であるとして、株主としての責任よりも、経営参加者としての責任を問うことの重要性を強調する。そして、直接参加責任は株主責任とは区別されるものであり、「法人という企業形態は、個人が会社という資格を持ちながら不法行為に関与することに対して、決して盾になるものではな」く、「会社法は不法行為原則の適用を妨げるものではない。」と主張する[13]。

このように、親会社（株主）についても参加理論を適用し、子会社の不法行為に対する参加責任を肯定するという考え方は古くから提唱されていた。しかし、従来の裁判所は親会社に参加責任を課すことにつき一貫して謙抑的な姿勢を見せてきた。以下では、親会社の参加責任について判示した 2 つのリーディング・ケースとして、①Esmark 事件判決（1989 年）と②Bestfoods 事件判決（1998 年）を取り上げる。そして、子会社の安全管理予算の削減について親会社の責任を否定した事例として、③Coastal 事件判決（2004 年）と④Waste Management 判決（2004 年）を紹介した上で、参加理論に基づく親会社の不法行為責任につき肯定的な判断を示した近時の有力な判決として、⑤Forsythe 事件判決（2007 年）の分析を行う。

---

12) William Douglas and Carrol Shanks, "Insulation from Liability through Subsidiary Corporations" (1929) 39(2) Yale Law Journal 193, 209.

13) Robert Thompson, "Unpacking Limited Liability : Direct and Vicarious of Corporate Participants for Torts of the Enterprise" (1994) 47(1) Vanderbilt Law Review 1, 39-41.

第4章　英米法諸国における親会社の不法行為責任

1　Esmark 事件

親会社に対する参加理論の適用を巡る重要判決の1つが、1989年のEs-mark Inc. v NLRB 事件における連邦控訴裁判所（第7巡回区）判決[14]である。本件は、企業グループ内の事業再編を巡って行われた子会社の従業員に対する処遇が、当該従業員に対する不当労働行為にあたるものとして全米労働関係局（National Labor Relations Board、以下「NLRB」という。）[15]に救済申立てがなされた事案である。NLRB の委員会（Board）は、子会社の行為が不当労働行為に該当することを認め、かつ、親会社（Esmark 社）は子会社による不当労働行為の「積極的参加者」（active participant）であったと認定した。その上で、子会社のみならず親会社（Esmark 社）も名宛人に加え、経済的損失の補償を含む各種の救済の実行を命令した。これを不服とした Es-mark 社が命令取消訴訟を提起したため、子会社の不当労働行為について親会社が責任を負うかどうかが裁判所によって判断されることとなった。

本判決は、委員会の命令は参加理論に基づいて親会社の責任を肯定したものであると整理し、前述の Douglas 裁判官の論文を引用した上で、一定の場合にはかかる理論が正当化され、親会社が参加責任を負うことを肯定した。しかし、その適用範囲については、以下のとおり厳格な姿勢を強調する。

「子会社の義務に対する親会社の責任の免責という一般的な原則が損なわれることを防ぐべく、"直接参加"（direct participation）理論は、親会社の支配が子会社の異なる法人格の独自性を無視して行使されているような状況に、注意深く限定されて適用されなければならない。親会社や支配株主は、ほとんど常に、所有する会社の業務の『積極的参加者』（active participants）である。そして、通常の場合、子会社の行為に対するそのような支配の行使は完全に許容され、所有者の個人的な責任をもたらすものではない（中略）NLRB の命令は、許容可能な親会社による子会社の業務への積極的な参加（active participation）と、

14)　Esmark, Inc. v. N.L.R.B 887 F.2d 739 (7th Cir. 1989)
15)　NLRB は、全米労働関係法（National Labor Relations Act）の執行のために設立された独立した連邦機関であり、不当労働行為が疑われる事案に対する調査を行う行政的機能と、労使間の紛争を解決する司法的機能の双方を併せ持つ。委員会（Board）は、労働者による救済申立てに応じて事案の審理を行い、不当労働行為の成立が認められる場合は、当該行為の中止や、労働者の不利益を回復するためにおいて必要な措置（地位回復や金銭的補償）を命じる。NLRB の命令に対して不服がある場合は、連邦高等裁判所に取消訴訟を提起することができる。

164

許容不可能な子会社への直接的な支配（direct control）、すなわち子会社の独立した企業形態を無視した介入の重要な区別ができていない。」（下線は筆者による。以下同じ。）

そして、参加理論に基づき親会社である Esmark 社に責任を課すのであれば、同社が子会社の独立した意思決定を無視したという明確かつ包括的な認定が必要であるにもかかわらず、NLRB の命令にはそれが欠けるとして、Esmark 社の異議を認めた。

このように、Esmark 事件判決は、親会社に参加責任を認めるにあたり、子会社への関与の態様が「積極的な参加」という水準では足りず、「直接的な支配（子会社の独立した企業形態を無視した介入）」が必要であることを判示するものであった。上記のとおり、取締役の場合は（デラウェア州でさえ）積極的な参加があれば個人責任が認められており、親会社の場合はそれよりも参加責任を肯定するためのハードルが高く設定されていることが読み取れる。

2 Bestfoods 事件

1998 年に連邦最高裁判所によって示された United States v Bestfoods 事件判決[16]も、子会社の加害行為に対する親会社の法的責任が問題となった重要判決の 1 つである。

同事件は、子会社（Ott Chemical 社）の化学工場から発生した産業廃棄物が周辺環境を汚染する環境被害が生じていたところ、その浄化費用につき、既に廃業した子会社ではなく、親会社である CPC International 社（以下「CPC 社」という。なお、後に社名を Bestfoods 社に変更した。）が負担する責任を負うかどうかが争われた事案である。かかる環境被害については、包括的環境対処補償責任法（Comprehensive Environmental Response Compensation and Liability Act、以下「CERCLA 法」という。）という特別法が存在するところ、同法は施設（facility）の所有者（owner）だけでなく、その管理者（operator）にも浄化費用の負担責任を定めている。そのため、本件では親会社で

16）　524 U.S. 51（1998）

ある CPC 社が、この「管理者」に該当するかどうかが直接の争点となった。すなわち、本件は子会社の加害行為に対する親会社の不法行為責任の有無ではなく、あくまで特別法の文言解釈と、同法が定める法定責任の有無が問題となったに過ぎない。しかし、その判断の過程において、連邦最高裁が子会社の加害行為に対する親会社の責任一般についても示唆に富む言及を行ったことから、本判決は以後の同種事案においても頻繁に参照されている。

本判決は、前述の Douglas 裁判官の論文を参照しつつ、「親会社は子会社の行為に対して責任を負わないというのが、"我が国の経済・法制度に深く根ざした"会社法の一般原則である。」とする一方で、「親子関係だけではなく一般的にも適用される会社法の基本原則」として法人格否認の法理が存在し、派生的責任として子会社の責任が親会社の責任となる場合があることに加え、親会社が子会社の行為に対して直接責任を負う可能性があることを述べ、両者は明確に区別されるものであると強調する。

そして、CERCLA 法における「管理者」(operator) の責任規定は、子会社の行為から生じる派生的な責任ではなく、自らの行為に対する直接責任に関して定められたものであると整理した上で、派生責任と直接責任を区別する観点からは、親会社が子会社を運営しているかではなく、親会社が施設を運営しているかどうかが重要であると説く。そして、親会社の直接責任を認めるために求められる関与の内容については、以下のとおり述べる。

> 「親会社の責任を生じさせるような直接的な運営行為は、通常の親子会社間で生じる干渉とは必然的に区別されなければならない（中略）子会社の業績のモニタリング、子会社の財務及び予算の決定の監督、一般的な方針や手続の明確化など、施設への関与ではありながらも親会社の投資家としての地位に見合った活動は、親会社の直接的な責任を生じさせるものではないはずである。重要なのは、親会社の代理人によって施設に指示された行動が、その程度や細部において、子会社の施設に対する親会社の監督の通念に照らして異様なもの (eccentric) であるかどうかである。」

そして、CPC 社における環境問題担当者であった従業員らが、子会社の施設管理についてどのような関与をしていたのかという点について審理を尽くさせるべく、審理の差戻しを命じた（差戻審において CPC 社の責任は否定された）。

第1節　米国法

このように、本判決では、(1)法人格否認の法理によって生じる派生責任とは別に、親会社が自らの行為によって法益侵害に対する直接的な責任を負う可能性があること自体は連邦最高裁によって明確に肯定された一方で、(2)かかる直接責任を認めるためには通常の親子会社関係における関わり合いとは区別される「異様な (eccentric)」関与が必要とされたのである。

3　Coastal 事件

2004 年は、子会社のリスク・マネジメントに関する親会社の注意義務違反を否定する判決が立て続けに現れた。1 つはテキサス州控訴裁判所における Coastal 事件[17]、もう 1 つはカリフォルニア州控訴裁判所における Waste Management 事件[18]である。両事件は別個の事案であるがその内容は類似しており、いずれも子会社で発生した事故につき、親会社が十分な安全対策予算を組まなかったことが原因であるとして親会社が提訴されるに至った。

Coastal 事件は、1999 年 5 月、Coastal Refining 社の製油所で爆発事故が起き、これによって同社の従業員である原告（Torres 氏ら）が重傷を負った事案である。爆発事故の原因は、圧力容器の壁が内部浸食により薄くなっていたことにあるところ、工場の設備点検やメンテナンスの実行を行うための予算は、Coastal Refining 社の親会社である Coastal 社の役員によって統制されていた。原審は親会社である Coastal 社の賠償責任を認めたため、同社は控訴した。

裁判所は、「事故を引き起こした活動に対する具体的な支配（control）が存在する場合に責任が課されることは明白である。」としつつも、「原告は特定の業務運営の細部に対する統制上の過失は主張しておらず、あくまで親会社の予算統制上の過失のみが主張されている」と主張整理をした上で、「テキサス州の判例において、不法行為法の本流の原則に基づき、予算編成のような遠隔行為に対する支配について親会社の過失を認めた事案は原告から提供されておらず、裁判所もこれを発見することはできない」と述べ、「我々は、テキサス州法が、親会社に対して、子会社がその敷地内における欠陥を

---

17) Coastal Corp. v Torres 133 S. W3d 776 (Tex. App. 2004)

18) Waste Management v Superior Court 119 Cal.App.4th 105 (Cal. Ct. App. 2004)

167

修理することができるようにすべく子会社の予算を承認する義務を課していないと結論づけなければならない。」として、親会社の注意義務を否定した。

4 Waste Management 事件

Waste Management 事件は、廃棄物処理事業を営む Waste Management of California 社（以下「WMC 社」という。）において働いていた整備士が、同社の保有するゴミ収集車の故障に起因して死亡した事案である。WMC 社の予算は、親会社である Waste Management 社（以下「WM 社」という。）によって管理されていたところ、原告（整備士の遺族）は、WM 社によって WMC 社のゴミ収集車の修理・交換が妨げられたとして、WM 社を提訴した。WM 社は、原告の主張する親会社の過失はそもそも請求原因として成立していないこと等を理由に却下の申立てをしたが、原審はこれを認めなかったため、異議申立てをした。

カリフォルニア州控訴裁判所は、原告の主張を分析し、「重要なことは、WM 社が WMC 社に収集車の使用を継続するよう命令・要求したと主張しているのではなく、WM 社が経費節減のために収集車の修理や交換に会社の資金を充てることを拒否したと主張しているという点である。」と述べ、本件の争点は、親会社（WM 社）の子会社（WMC 社）に対する予算面の対応が不法行為責任を生じさせるかという点にあることを強調する。

そして、「WM 社が資金を引き上げたり、予算要求を拒否したりする行為は、WMC 社に財政的な困難をもたらしたかもしれないが、被害者の怪我の原因ではない。（中略）本件では従業員の安全に対する最終的な責任は、雇用主である WMC 社に残されている。WMC 社が、危険と知りながら、あるいは故障していると知りながらゴミ収集車を使い続けたことは、不幸にして悲劇的な経営判断だった。原告が主張するように、WM 社が WMC 社の予算を支配し、影響を及ぼしていたとしても、WMC 社は独自の財源を配分することができる独立した法人であることに変わりはない。」と述べ、子会社である WM 社の責任を重視する。

その上で、「原告は、WM 社が WMC 社を、親会社によって通常なされる程度を超えるような支配をしていたとは主張していない。」と述べ、「このような事実に基づいて原告の請求原因を認めると、子会社の従業員が整備不良

の機器によって負傷した場合に、子会社の予算を承認した親会社の推定的な過失を創出することになる。我々は、このような広範囲にわたる影響を承認しない。」と説き、事故の損害につき、親会社であるWM社に責任を問うことはできないと結論づけた。

Coastal事件判決及びWaste Management事件判決において共通するのは、親会社が子会社の安全点検に関する予算権限を握っており、これを統制していたとしても、それのみでは事故に対する責任を課されないという点である。他方で、Coastal事件判決では「事故を引き起こした活動に対する具体的な支配（control）が存在する場合に責任が課されることは明白である。」とされ、Waste Management事件判決では「親会社によって通常なされる限度を超える支配」があれば不法行為責任が生じる余地が示唆されるなど、いずれの判決においても、子会社によってなされた危険な活動に対する親会社の支配の有無及びその内容次第では、親会社自身が不法行為責任を負担しうることが示唆されている。

5 Forsythe事件

1から4までの判例群が示すとおり、親会社（株主）が子会社の行為に関連して独自の法的責任を負う可能性自体は、いずれの事案においても排斥されていない。また、Esmark事件判決では親会社に参加責任が生じる場合が「親会社の支配が子会社の異なる法人格の独自性を無視して行使されているような状況」に限定され、Bestfoods事件判決でも親会社に施設管理者としての責任が生じるのは「親会社の代理人によって施設に指示された行動が、その程度や細部において、子会社の施設に対する親会社の監督の通念に照らして異様なもの」であった場合に限定されていたことをふまえると、Coastal事件判決とWaste Management事件判決は親会社に直接責任が生じる範囲をより広く理解しているようにも読み取れる。しかし、実際に親会社の法的責任を認めたものはなく、参加理論に基づく法的責任の負担は、親会社にとって必ずしも現実的な脅威としては認識されていないというのが実情であった。

かかる状況に一石を投じたのが、2007年のイリノイ州最高裁判所によるForsythe事件判決[19]である。本件は、子会社の製油所で発生した火災事故

につき、設備の安全点検予算の削減を指示した親会社の責任が争点となった事案であるところ、最高裁は親会社に不法行為責任が生じる可能性を肯定した。

本判決は、親会社が不法行為責任を負う場合について比較的詳細な説明を行っており、また最終的に被害者側の勝訴的和解で決着したことから、実務的にも大きな衝撃を与えるものであった。他方で、従前の判例群との整合性に対する疑義も呈されており、本判決は特定の州（イリノイ州）においてのみ現れた特殊な判決と位置付ける見解も有力である。

このように本判決の位置付けに関する評価は様々であるが、いずれにせよ米国法における親会社の参加責任に関する重要判決の1つであるため、以下ではその内容及び意義について分析する。

(1) 事案の概要

整備士2名（Forsythe 氏ら）は、イリノイ州で石油精製業を営む会社（Clark Refining 社）に勤務していた。ある日、別の作業員が配管のバルブの交換作業をしていたところ、配管内の可燃性物質の減圧が不十分であったために製油所に大規模な火災が生じ、整備所内で昼食を食べていた2名の整備士は死亡した。Clark Refining 社は、親会社である Clark USA 社の方針のもと、製油所における安全対策・保守点検作業に必要な予算を削減しており、バルブの交換作業を行っていた作業員は無資格であり十分な訓練を受けていなかった。そこで、原告の遺族らは、親会社（Clark USA 社）が合理的な注意を払わなかったことに火災の原因があるとして、不法行為に基づく親会社の直接責任を主張したのである。

第1審判決は略式判決によって請求が棄却されたが、控訴審では第1審の略式判決が破棄された。そこで審理はイリノイ州最高裁判所へ進み、本件を略式判決によって棄却することが妥当か（差し戻して正式な事実審理に進ませるべきか）どうかを判断する中で、原告の請求に理由があるか（子会社の安全管理に対する介入により、親会社が被害者に対して直接不法行為責任を負う可能性があるのか）が争点となった。

---

19) Forsythe v Clark USA Inc, 864 N.E.2d 227 (Ill. Sup Ct. 2007)

(2) 判示事項

本判決は、まず親会社の参加理論がイリノイ州においても有効であることを明言した上で、子会社の活動に関して親会社が参加責任を負担する可能性がある具体的な場面を複数例示する。

「我々は、直接参加者責任が、イリノイ州法における有効な損害回復の理論であることを認める。親会社が、子会社の利益を無視し、所有権の通常の行使として及ぼされる支配を超えて、全般的な事業・予算上の戦略を子会社に義務付け、その戦略を自らの具体的な指示又は承認によって遂行したことを裏付ける証拠がある場合、その親会社は責任を問われる可能性がある。そして、直接参加者責任の適用を受けるために重要な要素は、ある活動を行う方法について親会社が具体的に指示又は承認したことと、予見可能性である。仮に親会社が、傷害結果の発生を予見できるような活動を具体的に指示した場合、親会社は責任を負う可能性がある。同様に、親会社が全般的な行動方針を指示し、その行動方針に沿った態様で特定の活動が行われることを許可した場合も、予見可能な傷害結果に対して責任を負う可能性がある。ただし、単なる予算統制上の管理不行き届きを主張するだけでは、直接参加責任の適用には至らないことを強調する。」

そして、本判決は石油精製事業が本質的に危険なものであることに言及した上で、必要なリソースの削減が重大事故に結び付くことに加え、そのことは予見可能であることを述べる。そして、親会社は子会社の自由を拘束するような態様で直接的な干渉をしてはならない旨を述べた上で、仮に干渉するのであれば合理的な注意を払う必要があると説く。

「石油精製のような特定の重工業は、本質的に大きな危険を伴う。このような産業で人員、安全性、保守点検、訓練を大幅に削減すれば、他者に傷害結果を生じさせることに繋がりかねないことが合理的に予見可能であると考えられる。そのような状況下での人身傷害の発生可能性は決して低いものではなく、死に至る可能性もありうる。さらに、そのような傷害結果から保護するための負担は決して大きいものではないと思われる。親会社は、全ての事業・予算上の戦略を自由に立案することができるが、子会社が自らの専門性を活用する自由を失うような態様で、子会社の特定の活動方法に直接的な干渉をしてはならない。あるいは、もし親会社が子会社の特定の活動方法に干渉するのであれば、合理的な注意を払ってそれを行わなければならない。」

第 4 章　英米法諸国における親会社の不法行為責任

　上記をふまえた上で、本判決は本事案の具体的な事実関係に着目する。そして、問題は親会社（の代表者）が、子会社の利益を犠牲にして製油所の安全に関する予算の削減を指示又は承認したかということであるとした上で、これを明らかにするためには事実関係の調査が必要であると述べる。

　「このような悲劇的な事故が発生した当時の被告の全体的な事業上の戦略は、少なくとも部分的には予算の削減によって生産性の向上を義務付けるものであった。問題は、そのような予算削減が、Clark Refining 社の犠牲のもと、被告の過失によって指示され、あるいは許可された方法で行われたかということである。この疑問に答えるためには、被告の社長（President）であり、Clark Refining 社の最高経営責任者（CEO）である A 氏の役割を詳しく検討しなければならない。（中略）もし Paul Melnuk 氏が被告を代表して本件の予算削減の方法を指示又は許可したのであれば、同氏は過失のない方法でそれを行う義務があった。A 氏が、Clark Refining 社の裁量と利益に優先させる形で、製油所の安全性が損なわれることを知りながら予算削減を指示又は許可した場合は、直接参加者の責任が発生する可能性がある。この義務が本件の事実に適用されるかどうか、そして被告が責任を負うかどうかを決定するには、事実関係の調査が必要である。」

　そして、上記の判示事項を総括し、略式判決を取り消した控訴審の判断を支持することを結論づけた。

　「我々は、直接参加者の責任理論を認める。しかし、この責任論は限られた状況においてのみ義務を生じさせるものである。予算上の統制や、親会社が投資者としての地位に見合った行動をするだけでは不十分である。だが、親会社がある活動を行う方法を指示又は許可したことを示す十分な証拠がある場合、親会社には義務が生じる。具体的には、その活動が行われる方法を指示又は許可する場合に、合理的な注意を払わなければならない。したがって、もし親会社が、自らの利益のために、子会社の裁量と利益を無視して、子会社の予算執行の方法について指示又は許可を行い、それによって危険な状況を作出した場合、責任を負うことがある。（中略）以上の理由から、略式判決の付与を取り消し、さらなる手続のために巡回裁判所に差し戻すという控訴審の判決を支持する。」

　なお、本判決には補足意見が付されており、Freeman 裁判官は法廷意見の結論には賛成するとしつつも、以下のとおり親会社に参加責任を認めるこ

172

とに慎重な姿勢を示し、その適用範囲が拡大することのないよう念を押す。

「本日の我々の意見は、株主の有限責任という基本原則を変えるものではないこと、そして直接参加者責任はこの一般的な原則の非常に狭い例外であることを強調しておきたい。本判決は、親会社が単に一般的な方針を示し、子会社の予算編成の決定を監督する場合、そのような行為だけでは親会社の直接責任を生じさせるには十分ではない、という命題を支持するものである。換言すれば、"親会社の投資家としての地位に見合った"行為であれば、問題は生じない。」

「この訴訟を通じて、被告は、例外が一般的なルールを飲み込んで親会社に対する訴訟の洪水を生み出すことのないよう、直接参加責任による回復の理論が、株主の支配権の日常的で適切な行使を包含するほどにまで拡大されてはならないというもっともな懸念を表明してきた。私はこの点で被告に同意し、本日の我々の意見は、一般的なルールとこの狭い例外との間の適切なバランスを維持するものである。さらに被告は、子会社と役員を兼任しているというだけで、直接参加理論に基づく責任を負わせる可能性があるという懸念を表明している。本日の我々の見解は、"重複する役員や取締役が施設での方針決定や活動の監督を行っただけでは（直接参加理論による）責任を立証させるには十分でない"という原則を認識しており、そのような結果を警戒するものである。（中略）親会社は一般に、子会社の取締役会及び／又は役員が、親会社の役員又は取締役であるというだけでは、これらの役員が行った決定に対して責任を負わされない。むしろ、責任を問われるのは、役員／取締役が子会社のためではなく、親会社の役員／取締役として行動している間に、提訴された行為が行われた場合のみである。」

「会社の形式を一般的に遵守している親会社が、親会社の適切な役割を外れて、子会社の従業員や子会社と取引する第三者に直接損害を与えているとみなされるほど、子会社の運営に広範に干渉することは稀だということは強調されるべきである。しかしながら、被告の行為が、参加責任を生じさせるに足る程度に"親会社の監督の通念に照らして異様"であり、"子会社の利益に明らかに反しているが、それでも親会社にとって有利なもの"であるかという、重要事実に関する真の争点を生じさせるほどの証拠を原告が提示している。」

(3) 分　析
ア　本判決の位置付け
本判決はあくまで原審の略式判決の取り消しを確定させるものに過ぎず、

正式な事実審理（本審理）を経て親会社が責任を負うことを認めた判決ではない。もっとも、原告代理人事務所の声明文によれば、本件の差戻し後の本審理において、親会社は原告ら（整備士2名の遺族ら）に対して総額1,200万ドルの和解金を支払うことを合意したとのことであり[20]、原告らの実質的勝訴で決着した。

前述のとおり、本判決以前は親会社の参加責任が実際に認められる事例が乏しく、子会社の不法行為について親会社に責任を負わせるためには、原告において法人格否認の法理の厳格な要件（親会社が子会社を完全な支配、法人格の詐欺的な利用、過少資本等）を立証しなければならないと考えられていた[21]。しかし、本判決の法廷意見は、「親会社が、傷害結果の発生を予見できるような活動を具体的に指示した場合」や「親会社が全般的な行動方針を指示し、その行動方針に沿った態様で特定の活動が行われることを許可した場合」には参加責任が生じると述べ、法人格否認の法理に依拠することなく親会社の責任が生じる現実的な可能性を肯定したという点において、とりわけイリノイ州に拠点を置く企業・実務家には大きな衝撃を持って受け止められた。

本判決の法廷意見は「単なる予算統制上の管理不行き届きを主張するだけでは、直接参加責任の適用には至らない」、「予算上の統制や、親会社が投資者としての地位に見合った行動をするだけでは不十分」等とも述べており、これは従前の判例群と立場を同じくするものである。しかし、法廷意見は、その検討過程においてEsmark事件判決やBestfoods事件判決について言及こそしているものの、これらの判決で示された「親会社の支配が子会社の異なる法人格の独自性を無視して行使されているような状況」（Esmark事件判決）という基準や、特定の行動に対する指示が親会社の監督として「異様な（eccentric）」ものである（Bestfoods事件判決）といった基準は採用していな

---

20) Healy Scanlon," $12 Million Settlement for Two Mechanics Killed When Fire Erupted at Clark Refinery"〈https://www.healyscanlon.com/news-article/press-releases/12-million-settlement-for-two-mechanics-killed-when-fire-erupted-at-clark-refinery/〉. 2024年1月1日最終アクセス。

21) Jeremy LaMarche, "Cost-Cutting Schemes could end up Costing Parent Corporations" (2007) Loyola Consumer Law Review 19(4) 505, 508.

い。法廷意見が重視しているのは、あくまで親会社である Clark USA 社が子会社の経営に関与するにあたって合理的な注意を払ったかどうか、より具体的には親会社の代表者が安全性を損なわれる可能性を認識しながら子会社の予算の削減を指示又は承認したかどうかという点である。

このように、本判決は従前の判例群よりも参加責任の要件を緩和し、より柔軟に親会社の責任が認められることを示唆するようにも読める。Freeman 裁判官による補足意見では、参加理論が株主有限責任原則の「非常に狭い例外であ」り、本判決が株主有限責任という基本原則に例外をもたらすものではないことが強調され、"eccentric" の基準に基づいて法廷意見と同じ結論を導いているが、少なくとも法廷意見はそのようなアプローチを採用しているようには読み取れない。

本判決が出た直後においては、これを親会社の直接責任に関してより緩和されたアプローチを採用するものと捉え、その影響力を注視する向きが強かったように見受けられる。例えば、Matt Schweiger（2009 年）は、親会社の直接参加責任が法人格否認の法理と実質的に重複した機能を持つことを指摘し、Forsythe 事件判決は直接参加理論に基づき柔軟に親会社の不法行為責任を認めるものと評価した上で、これにより親会社（株主）の責任範囲が不明確となり、かかる不確実性は投資家の投資意欲を減退させることに繋がると警鐘を鳴らしている[22]。

また、イリノイ州のシカゴに本拠地を置く大手法律事務所は、「以前は親会社が子会社の従業員や関連する第三者の負傷に対して、親会社が負傷となった特定の行為を指示又は実行しない限り、責任を問われることはなかった。（中略）しかし、Forsythe 事件判決の理由付けを前提にすると、今や究極的に原告の傷害結果に繋がる可能性のある子会社の意思決定プロセスに対するあらゆる親会社の関与が、親会社を訴訟や法的責任の危険に晒すことになる。」と分析する[23]。そして、「（判決は）一般的な方針を示し、子会社の予

---

22) Matt Schweiger, "Forsythe v. Clark USA, Inc.: Contradictions in Parent Corporation Liability in Illinois"（2009）58（4）DePaul Law Review 1083.

23) Goldberg Kohn, "Illinois Supreme Court Expands Liability for Parent Companies"（2007）〈https://www.goldbergkohn.com/media/site_files/96_ClientAlertLiabilityforParentCompanies.pdf〉. 2023 年 4 月最終アクセス（現在は閲覧不能）。

算を監督するだけでは企業が直接参加者責任を負うには不十分であると述べているが、今や親会社が訴訟の対象となるために何が必要となるかはずっと曖昧になったというのが現実である。」と述べ、「実務的には、親会社の責任に関する調査がより事実に即したものとなるため、却下の申立てや略式裁判の申立てに勝訴することも難しくなる。同様に、証拠開示の範囲も広がり、原告は親会社の文書を入手することができるようになるだろう。訴訟費用や企業間のガバナンスへの介入を避けるために、原告と和解する親会社も出てくるものと思われる。」として、実務上の影響を懸念している。

　　イ　本判決の影響

　上記のように、Forsythe 事件判決は、(1)従来の判例群よりも柔軟に親会社の直接責任を認めるようにも読めること、(2)実際に本案審理に進むことが許され、被害者側の勝訴的和解によって決着したことから、大きな反響を呼び、その後の裁判実務に与える影響にも強い関心が寄せられた。

　もっとも、蓋をあけてみれば、本判決の影響力はイリノイ州法にとどまり、少なくとも米国法の参加理論全般に対する波及効果はほぼなかったと評価せざるを得ない。その象徴的な例として、2009 年のマサチューセッツ州上級裁判所による PCC 事件判決[24]が挙げられる。同判決は Forsythe 事件判決と Bestfoods 事件判決との整合性に疑義を呈し、Bestfoods 事件判決の基準（親会社の関与が異様なものであるか）を用いて、親会社の参加責任を否定した。

　同事件は、金属加工会社（Wyman-Gordon 社）に勤務する従業員（Born 氏）が就業中の事故で負傷し、親会社である Precision Castparts 社にも参加責任があるとして同社を提訴した事案である。マサチューセッツ州の判例には参加理論に基づいて株主に責任を課した先例がなかったことから、裁判所は Bestfoods 事件判決と Forsythe 事件判決を参照した。その上で、「イリノイ州最高裁が、直接参加者責任の理論を採用し、これを略式判決の記録にあてはめる上で、Bestfoods 事件判決の判示内容を正しく適用したかどうかという点につき、当裁判所はいくらかの不安を感じている」と指摘し、「本件では、裁判所が Forsythe 事件で示された直接参加者の責任の基準を適用

---

24)　Born v Simonds International, No. 200602483C（Mass. Cmmw. Dec. 30, 2009）

しようと、Bestfoods 事件判決に記載された親会社の責任の一般的なルール
を適用しようと、結果は同じになるであろう。」としながらも、「マサチュー
セッツ州法の下で直接参加者責任が存在するとすれば、それは親会社が子会
社の施設に対して、"異様（eccentric）な"管理を行い、それによって危険
な労働環境を予見可能性とともに引き起こした場合に限られる。」として
Bestfoods 事件判決の基準に依拠することを明言する。そして、原告が主張
する親会社の行為[25]がいずれも"eccentric"と評価できるものはないこと
を理由として、略式判決による請求却下を結論づけた。

　また、2019 年の Melton 事件では、列車の脱線事故に起因して汚染物質の
流出が発生したところ、事故現場の周辺に土地を有する原告が、Forsythe
事件判決の判断枠組みに依拠して運行会社の親会社に対しても責任追及を行
った。しかし、ミシシッピ州北部地区連邦地方裁判所は、Forsythe 事件判
決が「当裁判所を拘束しない権威である。」ことを指摘し、親会社の責任の
理論に関してミシシッピ州法が採用する立場を決定するものではないと慎重
に留保を置いた上で、仮に原告の主張を前提にしたとしても、親会社が子会
社に特定の戦略を義務づけた証拠はなく、またそれが「所有権の通常を超え
る方法で特別に指示又は承認されたこと」を示す証拠もないとして、親会社
に不法行為責任が生じることを否定している[26]。

　このように、Forsythe 事件判決以降の同種事案において、同判決が裁判
所の判断に影響を与えている、あるいはその先例的価値が高く評価されてい

---

25)　親会社が子会社の経営を支配していたことを基礎づける事実関係として、(1)
　　PC 社が Wyman-Gordon 社を買収して子会社化した後に、社長を含む経営幹部を
　　任命して送りこんだこと、(2) Wyman-Gordon 社の社長に就任した PC 社の CEO
　　（Donegan 氏）が、Wyman-Gordon 社を含む PCC 社のグループ企業が運営する
　　工場の責任者と四半期ごとにミーティングを行い、操業スケジュールを確認して
　　いたことなどを主張していた。しかし裁判所は、(1)については「親会社が子会社
　　の最高経営責任者を任命すれば、親会社が子会社の行為に直接参加することにな
　　るという見解は、親会社と子会社を別個の法人として認識する会社法の基本原則
　　と矛盾していることは明らかである。」としてこれを否定し、(2)については「その
　　ような子会社の運営、財務及び予算の監視及び監督は、まさに親会社によって期
　　待される種類の活動である」として、"異様な"ものではないと評価した。

26)　Melton Props., LLC v. Ill. Cent. R.R. Co., CIVIL ACTION NO. 4:18-cv-00079-
　　DMB-JMV (N.D. Miss. Nov. 4, 2020)

るといったような様子は見受けられない。また、筆者が米国の判例データベースを用いて調査した限りでは、イリノイ州以外の裁判所がForsythe事件判決を根拠にして親会社の直接責任の有無を判断した事案は見当たらず、少なくともFreeman裁判官の補足意見が懸念していたような「例外が一般的なルールを飲み込んで親会社に対する訴訟の洪水を生み出す」かのような事象は起きていないようである。

　こうした現状を反映してか、近時の論稿の中には、英国法の発展の紹介とあわせて「子会社によって引き起こされた損害に対する親会社の直接的な過失責任は、米国の判例法においてはまだ確立されていない。」と説明するものも存在する[27]。

　　ウ　法人格否認の法理との関係

　上記イで述べたことを前提にすると、親会社の注意義務に関しては、（現時点では）英国法の方が米国法よりも直接責任が認められやすい状況にある[28]。しかし、法人格否認の法理に対するスタンスはこれと真逆であり、英国法は（米国法と異なり）法人格否認の法理の適用に極めて厳格な姿勢を示しているのは第3章で述べたとおりである。

　この対照的な傾向につき、Thangら（2022年）は、⑴イリノイ州が全米でも法人格否認の法理の適用が最も厳格な州の1つであり、同州で直接責任が積極的に活用されるようになったことは驚くにはあたらず、⑵英国法でも法人格否認の法理の適用による救済が行き詰まったため、唯一の現実的な救済策として発展したのが親会社の不法行為に基づく直接責任であったと評価する[29]。

　つまり、Thangらの見解によれば、法人格否認の法理の適用に消極的な法域であるがゆえに、それによる弊害を解決するための手段として、直接責

---

27)　Rachel Chambers, "Parent Company Direct Liability for Overseas Human Rights Violation: Lessons from the U.K. Supreme Court" (2021) 42(3) University of Pennsylvania Journal of International Law 519, 550.

28)　King Fung Tsang and Katie Ng, "Direct Liability and Veil Piercing: When One Door Closes, Another Opens" (2022) 27(1) Fordham Journal of Corporate & Financial Law 141.

29)　Ibid 182-183.

第1節　米国法

任がより積極的に認められやすくなったことになる。この説の妥当性を検証するための検討材料が十分ではなく[30]、本書の立場は留保して今後の検討課題としたいが、英国法・米国法において上記のような逆転現象が生じたことを説明するための1つの仮説として、Thangらの指摘は示唆に富む。

6　小　　　括

　以上のとおり、米国法では、参加理論に基づき、株主であっても会社のもたらした加害結果に対して直接責任（参加責任）を負う可能性があることが承認されている。これは、法人格否認の法理とは区別された責任原因であり、法人株主（親会社）であっても適用対象となる。

　従来、子会社のリスク・マネジメントの瑕疵について親会社が参加責任を負う範囲は、一般に狭く解釈されてきた。しかし、Coastal事件判決では「事故を引き起こした活動に対する具体的な支配（control）が存在する場合に責任が課されることは明白である」とされ、Forsythe事件判決では、親会社が「傷害結果の発生を予見できるような活動を具体的に指示した場合」、「全般的な行動方針を指示し、その行動方針に沿った態様で特定の活動が行われることを許可した場合」、「自らの利益のために、子会社の裁量と利益を無視して、子会社の予算執行の方法について指示又は許可を行い、それによって危険な状況を作出した場合」等には、直接責任を負う可能性があることが肯定された。

　同判決におけるイリノイ州最高裁の考え方は、必ずしも他州の裁判所によって幅広い支持を受けているわけではない。しかし、子会社事業の安全に関する予算管理に対する介入であっても、その内容次第では親会社の参加責任（不法行為責任）を生じさせる可能性があること自体は、もはや否定しがたい状況になったものと思われる。

---

30)　前述のとおり、Forsythe事件判決が本当に従来の他州の判例群よりも直接責任の適用を緩和したものと位置付けられるかについては必ずしも明らかではない部分がある。また、仮に同判決が直接責任の適用を緩和するものであったとしても、イリノイ州以外では同判決の影響力が限定的であることをふまえると、イリノイ州という1つのサンプルをもって法人格否認の法理の適用への消極性と親会社の注意義務を認めることへの積極性が相関関係にあると評価することが適切であるかについては議論の余地があろう。

179

第2節　カナダ法

　米国法と異なり、近時のカナダ法において示された親会社の直接責任に対する考え方は英国法のそれと近い。その検討材料として、本節では 2013 年にオンタリオ州裁判所が下した Hudbay 事件判決[31]を取り上げる。本件は、子会社が引き起こした重大な人権侵害行為（先住民族の殺害等）につき親会社の注意義務違反を追及する訴訟が提起されたところ、被告である親会社が訴訟却下を主張したため、訴訟を本案審理に進ませるに足りるほどの合理的な請求原因があるかどうかが争われた事案である。

　本判決は、カナダ不法行為法における注意義務違反の要件（3 段階テスト）に即して事案を検討した上で、親会社が行ってきた対外的な発信とそれに対する地域社会の信頼を主たる根拠として、子会社の人権侵害行為に関して親会社に注意義務が認められる可能性を肯定し、訴訟却下の主張を棄却した。本節では、同事件の概要及び判示事項を概観した上で、英国法における近時の判例との異同を分析する。

1　事案の概要

⑴　訴訟に至るまでの経緯

　Hudbay Minerals Inc.（以下「Hudbay 社」という。）はカナダ法に基づいて設立された鉱山開発会社であり、グアテマラで設立された子会社である Compañia Guatemalteca de Niquel 社（以下「CGN 社」という。）を通じ、Fenix プロジェクトと呼ばれる資源採掘事業を行っていた。

　グアテマラ自体の治安が極めて悪いことに加え、同プロジェクトの開発区域は、歴史的経緯により先住民であるマヤ族との間で土地に対する権利関係を巡る対立が起きていたため、CGN 社は自社で数百人の警備員を雇用していた。別の土地を追い出された先住民のコミュニティが、開発区域の土地の一部を占拠し始めたため、CGN 社は自社が雇用する警備員に先住民の強制退去を行わせた。その際、一部の警備員が集団で先住民を銃撃、殺害、性的

---

　31)　Choc v. Hudbay Minerals Inc., [2013] ONSC 1414 (CanLII)

暴行等の人権侵害を行い、多数の先住民がこの被害に遭った。被害者の遺族である Angelica Choc 氏をはじめ 12 名の原告が CGN 社及びその親会社である Hudbay 社を被告としてオンタリオ州裁判所に訴訟を提起し、Hudbay 社に対しては、子会社である CGN 社が開発区域において人権侵害を行うことのないよう監督する義務を怠ったとして、不法行為に基づく直接責任を追及した。

　これに対し、被告である Hudbay 社は、オンタリオ州民事訴訟規則の 21.01 (1)(b)に基づく請求却下の申立てをした[32]。同規則では、本案の審理に入る前に、一方当事者が、他方当事者の訴又は抗弁の合理的な開示がないことを理由に他方当事者の主張を却下するよう裁判所に申し立てることができ、裁判所はそれに応じて判決を下すことが可能であることが規定されている。

　本件では、被告である Hudbay 社から請求却下の申立てがなされたことから、仮に原告の主張する事実関係が全て真実であったとしても Hudbay 社が注意義務を負わないことが明白であるかどうかがまず争われ、以下の判断もかかる争点に対してなされたものである[33]。

⑵　原告が主張する事実関係

　原告は、Hudbay 社の注意義務を基礎づける事実関係として以下の内容を主張していた（上記のとおり、本判決においてはこれらの事実関係が真実であったものと仮定した上で、裁判所の判断がなされる。）。

---

32)　同規則では、本案の審理に入る前に、一方当事者が、他方当事者の訴因又は抗弁の合理的な開示がないことを理由に他方当事者の主張を却下するよう裁判所に申し立てることができ、裁判所はそれに応じて判決を下すことが可能であることが規定されている。最高裁判所によれば、「訴因又は抗弁の合理的な開示がない」とは、当該請求又は抗弁に合理的な成功の見込みがないことが明白であることを指すと解釈されており（R v Imperial Tobacco Canada Ltd [2011] SCC 42)、却下の申立てがなされた場合、裁判所は他方当事者の主張した事実を真実とみなした上で訴因又は抗弁の合理性を判断する。

33)　すなわち、英国の Unilever 事件判決、Vedanta 事件判決、Okpabi 事件判決と同様、本件においても実体法上の請求権の有無を結論づける終局的な判断ではなく、一応の注意義務（prime facie duty）が認められるかどうかという中間的な判断がなされた点に留意が必要である。

第4章　英米法諸国における親会社の不法行為責任

① Hudbay 社は、以下の事実を認識していたこと
　・　過去に行われた先住民のコミュニティの強制立ち退きにおいて、過度な暴力が行使された経緯があること
　・　警備員が無免許で違法な銃器を所持していることや、警備員として十分な訓練を受けていないこと
　・　警備主任が過去に深刻な犯罪行為を起こした可能性があること
　・　グアテマラにおいては女性に対する性暴力の危険が非常に高く、またグアテマラの司法制度は脆弱で、暴力犯罪の大部分が処罰されずにいること
② Hudbay 社の幹部や従業員はプロジェクトにおいて以下の役割を果たしていたこと
　・　先住民コミュニティとの関係やセキュリティも含む、プロジェクトの現場におけるオペレーションの直接的な運用
　・　先住民コミュニティからの土地の返還請求に対する対応方針の策定
　・　警備員の行動基準、交戦規則の策定
③ Hudbay 社は以下のような対外的発信を繰り返し行ってきたこと
　・　Hudbay 社として先住民の間で進行している土地紛争に対してどのように対処するかという問題に関心を持っており、先住民のコミュニティと協議を行っていること（例として、「土地の請求と再定住に関する公正かつ衡平な解決に向け、地元住民との協力に引き続き取り組んでいく」「グアテマラにおいて、より広いコミュニティとの関係強化を目指して投資を継続していく」等）
　・　Hudbay 社は人権の促進と尊重に専念しており、プロジェクトにおける民間警備隊の使用に適用される「安全保障と人権に関する自主的原則」を採用し、警備担当者らを広範囲に訓練したこと

2　判示事項

　裁判所は、注意義務の存在を認める上で原告が立証すべき要素について述べ、本件は既存の注意義務の類型に属する事例ではなく、新しい類型の注意義務を確立する事案であるとした。その上で、カナダ法において確立された最高裁判決に基づき、注意義務を認めるためには、(1)申し立てられた違反の

結果として、訴えられた損害が合理的に予見可能であること、(2)当事者間に十分な近接性があり、被告に注意義務を課すことが不当又は不公正でないこと、(3)その義務を否定したり、制限したりするような政策的な理由がないことの3要素が立証される必要があるとした。

その上で、(1)予見可能性については、原告の主張を前提にすれば人権侵害の結果が合理的に予見可能な結果であったと立証しうると判示し、(2)の近接性については、以下のとおり述べてその存在を肯定した。

「被告が"Hudbay"、"Skye"[34]、"the company"が何かを行っていると公言したからといって、必ずしも親会社が実際にそれを行っていたとは限らないことに注意したい。広報担当者は、一般的な言葉で話していたかもしれないし、実際に行動を起こしているのは子会社であったかもしれない。しかしながら、親会社が行ったとされるこれらの公的発言は、考慮されるべき他の要因のうちの1つであり、被告と原告の間の近接した関係を示すものである。(中略)原告の主張によると、多くの期待と表明が原告側と被告側にあった。特に、Hudbay社は地元コミュニティとの関係や人権尊重へのコミットメントに関して公表したが、これは原告側の期待に繋がったはずである。また、本件においては、Fenixプロジェクトの開発に対するHudbay社の利益など多くの利益が関わっていたところ、Hudbay社のCEOによれば、グアテマラにおける同社の長期的な成功のためには、より広範なコミュニティとの関係性が求められ、そのコミュニティの効率的な機能や支援が不可欠であるとしていた。」(para68-69)

「以上のことからすると、被告は自らを原告と近接した関係性に持ち込んだ可能性がある。争点整理段階における開示によれば、原告と被告の間に近接関係が存在し、被告に注意義務を課すことが不当又は不公正でないことを示唆するに足りる十分な根拠が示されている。以上より、注意義務が認められないことが明白であるとは言えず、本申立ての趣旨に照らし、一応の注意義務(a prima facie duty of care)が存在すると認められる。」(para77)

そして、上記の近接性の認定に続き、裁判所は(3)の政策的な観点により原告の主張する親会社の注意義務が否定又は制限されるかについて検討を行った。被告側からは、①親会社に注意義務を認めれば、外国に子会社を持つカ

---

34) Hudbay社は、カナダの鉱山会社であるSkye Resourcesという採掘企業を買収して子会社にしており、同社もグアテマラにおける資源採掘プロジェクトに関与していた。

第4章　英米法諸国における親会社の不法行為責任

ナダ企業が理由のない無数の請求の対象に晒されかねないこと、②親会社に
注意義務を認めることは、コモンローや会社法に定着している、企業の独立
した法人格という基本原理を侵害する可能性が高いこと等を理由として、親
会社の注意義務を否定する政策的な理由があると主張されていた。

　これに対して、原告側からは、①親会社の注意義務を認めることは、カナ
ダ政府が推進する企業の社会的責任の尊重への取組みや、海外子会社の人権
侵害リスクを低減するという政策目標と整合的であること、②不法行為法は
グローバル化に合わせて進化すべきであり、カナダ企業の事業活動によって
不利益を被った地域社会が救済されずに苦しむことがあってはならず、その
損失は製品の最終的なコストに配分され消費者が負担すべきものであること
等が主張されていた。

　これらの主張をふまえ、裁判所は「本件の状況において注意義務を認める
にあたっては、明らかに競合する政策的配慮がある」とし、かかる事実（競
合する政策的配慮が存在すること）だけでも、(3)の要件の不充足が明白となる
ことを妨げていると述べる（para74）。そして、過去の判例が「裁判所は、
政策的主張の長所と短所を分析できる記録がない状態で、政策的な理由に基
づき、合理的な訴因を開示しないとして請求を棄却することには消極的であ
るべき」と述べていること[35]を指摘した上で、本件においては「政策的理
由によって一応の注意義務が否定され、あるいは制限されることが明白であ
るとは言えない」との判断を示した。

　そして、上記のとおり(1)から(3)までの全ての観点において、原告は注意義
務を認めるために必要な要素を適切に主張していることから、原告が訴因に
ついて合理的な開示をしていないことが明らかとは言えず、規則21.01条1
項(b)の要件は満たされないため、（原告の主張を却下することを求めた）被告
の申立てを棄却すると結論づけたのである[36]。

　本判決に対してHudbay社は控訴しなかったため、Rule20.01(1)(b)に基づ
く主張却下の申立ては棄却されることが確定し、本審理に進むことになった。
なお、2024年10月7日、Hudbay社は本件に関する全ての訴訟において原

---

　35)　Haskett v Equifax Canada Inc. [2003] CanLII 32896 (ON CA)
　36)　para75

告と和解した旨の声明文をリリースしている（和解金額は不明。）。

3　分　　析

(1)　判断枠組み

本判決は親会社の注意義務の有無を判断するにあたり、Chandler 事件判決で使用された Caparo テストと同様、3段階の審査を用いている。Caparo テストが(1)予見可能性、(2)近接性、(3)公平・公正・合理性で構成されるのに対して、本判決で用いられた3段階テストは、(1)予見可能性、(2)近接性、(3)政策的妥当性で構成される。(1)と(2)は両テストで重複しており、(3)も表現こそ異なるものの、政策的妥当性は公平・公正・合理性に含めて考えることが可能であるから[37]、Caparo テストと本判決の3段階審査は相当程度近接した内容である。

また、親会社の注意義務について、Chandler 事件判決はこれを新規のカテゴリの注意義務として構成したところ、本判決も同様の考え方を採用している（前述のとおり、Vedanta 事件判決では、親会社の注意義務は特別な性質を有するものではないと判示された。）。他方で、Chandler 事件判決が4要件を提示し、Unilever 判決が類型論を採用したのとは対照的に、本判決は親会社の注意義務を認定するにあたって特段要件や類型を示しておらず、本件の事実関係に即した個別的なあてはめを行っている。このような姿勢は、Vedanta 事件判決と通じるものがある。

(2)　対外的表示

本判決で特に目を引くのは、親会社の対外的な表示に関する評価である。本判決は、会社が何らかの対策をとることを対外的に表示していたからといっても、「必ずしも親会社が実際にそれを行っていたとは限らないことに注意したい。広報担当者は、一般的な言葉で話していたかもしれないし、実際に行動を起こしているのは子会社であったかもしれない。」として、表示がただちに責任に結び付くわけではないことを強調している。

---

37)　実際に Petrin は Chandler 事件判決における Caparo テストの第3基準において、株主有限責任制度や分離原則との関係性が考慮されるべきであったと批判していた（第3章第3節第2項3(5)ア参照）。

第4章　英米法諸国における親会社の不法行為責任

　他方で、英国のVedanta事件判決とOkpabi事件判決では、親会社がサステナビリティレポート等の対外的な開示資料において表明したグループ会社の管理方針や安全管理体制により、親会社の注意義務が導かれるとの立場が採用された。特に、Vedanta事件判決では、「実際にはそうしていなくても、公表された資料の中で、親会社が子会社に対してその程度の監督・管理を行っているように見せかけている場合、親会社は第三者に対して関連する責任を負う可能性がある」と明示的に述べられており、本判決よりも外形的な表示に重きが置かれている。

　本判決においても、「公的発言は、考慮されるべき他の要因のうちの1つ」であるとして、対外的な発信行為が近接性の認定に活用されているものの、従前から先住民と会社との間で土地の権利関係を巡る争いが継続しており、公的発言が先住民（原告）の信頼の惹起に繋がったであろうことが指摘されている。つまり、本件では、表示だけではなくそれに対する地域住民の信頼も責任原因として位置付けており、Vedanta事件判決が表示に対する被害者の信頼の有無は問題にせず、「公的に引き受けた責任の放棄」であることを根拠として注意義務の発生を認めたこととは違いがある。

(3)　政策的観点

　本判決では、親会社の注意義務を政策的な要請から否定ないし制限すべきかどうかということも正面から争点となった。Chandler事件判決では、Caparoテストの第3基準（公正要件）の検討にあたり、この問題に踏み込んだ分析は行われなかった。しかし、本件では原告・被告それぞれが親会社の注意義務を認めることの政策的な妥当性に関する主張を行っており、本判決もそれらが「競合する政策的配慮」であることを認めている。

　その上で、本判決は、本件がまだ本案審理前であることから、政策的主張の長所と短所を分析できる記録がない段階で主張却下することに慎重な姿勢を示し、上記(3)の要件の不充足（＝政策的な配慮に基づき、親会社の注意義務を否定又は制限すべきであること）が明白であるとはいえないとして、本案審理に進むことを容認している。

　したがって、結果的には本判決において明確な答えは出されなかったものの、株主有限責任の制度趣旨やその社会的効用に対する考え方次第では、

（本案において）親会社の注意義務が否定される余地が留保されているものと考えられる。

第3節 小　括

　本章では、米国法及びカナダ法において、子会社の加害結果に対する親会社の直接責任がどのように考えられているかにつき、近時の有力な判例も参照しつつ検討を行ってきた。それによって得られた重要な示唆のうち、特に重要なものは以下の2点である。

　第1に、米国法・カナダ法のいずれにおいても、子会社の引き起こした加害結果に対して、（法人格を否認することなく）親会社が直接責任を負う可能性が肯定されているという点である。不法行為責任構成は、英国法に限定された特殊な法律構成ではない。米国では2007年にForsythe事件判決が、カナダでは2012年にHudbay事件判決がそれぞれ注目されたように、近時の判例・裁判例によって実際に活用されている法律構成である。

　第2に、親会社の直接責任を認めるにあたって、株主有限責任との関係性に関心が向けられている点である。英国法ではこの点が明確に議論されないまま、Vedanta事件判決によって不法行為責任構成が確立されたが、米国法ではかねてより株主有限責任との緊張関係から参加責任の成立範囲が限定されており、Forsythe事件判決後も同様の懸念が指摘されている。また、カナダにおいても、親会社の注意義務という新しい類型の義務を認めるにあたり、株主有限責任の尊重という政策的配慮の是非が正面から争われた。この点について裁判所は判断を留保したが、当該事案において親会社に注意義務を認めるにあたっては「明らかに競合する政策的配慮が存在する」ことを認めている。

第 5 章

日本法における親会社の不法行為責任

＜Summary＞

　日本の判例においても、第三者の活動に対する不作為者の関与を根拠として、加害行為を防止する作為義務が認定されてきた。また、近時の学説では、作為義務の実質的な判断基準としていわゆる支配領域基準と先行行為基準が提唱され、これが広く受け入れられている。

　親会社の不法行為責任構成を検討するにあたっては、加害結果をもたらした子会社事業の危険源を特定し、その内容を精緻に分析することが出発点となる。また、親会社による危険源の支配とは、その影響力の行使により、子会社経営陣の責任と判断のもとで危険源を管理することが期待しがたい状況（具体例としては、危険源の管理について子会社が自律的な判断を行うことが実質的に困難である場合や、その裁量が大幅に制限されている場合等）を指す。かかる状況を認定する上では様々な考慮要素が考えられ、親会社による積極的介入（指示・命令等）や消極的介入（承諾・決裁等）の存在、経営資源の依存度等のほか、グループ内部統制システムの運用状況も支配の端緒となりうる。また、作為義務の具体的な水準は、危険源の性質や支配の程度、親会社の裁量などを総合的に勘案して決定される。

　不法行為責任構成においては、親会社はあくまで自らに課せられた作為義務を懈怠したことにより法的責任を負うのであって、これは直接の加害行為者（子会社）が被害者に対して負担する責任とは別個の独立した責任である。よって、親会社の直接不法行為責任は株主有限責任制度と論理的に両立するものであり、かかる制度を理由に特別の制限を受けない。

　不法行為責任構成は、かねてより提唱されてきた他の法律構成（法人格否認の法理や、会社法429条の活用等）と比較しても、判例や条文上の文言との親和性が高い。とりわけ、危険や支配の内容と態様を精緻に分析し、それを不法行為上の作為義務の具体的内容に落とし込むという不法行為責任構成の検討プロセスは、個別事案をふまえた妥当な結論を導く上で有用である。

189

第1節　不作為不法行為について

　第3章及び第4章の内容をふまえて、本章では日本法における不法行為責任構成を検討する。日本法の学説や判例を前提にした場合も、子会社のリスク・マネジメントに関する親会社の不法行為責任は成立するのか。仮に成立しうるとしたら、それはどのようなプロセスで認定されるべきか。また、株主有限責任との関係性はどのように整理すべきであろうか。

　上記の点を考える出発点として、本節では不作為不法行為責任に関する学説と判例を分析し、(1)加害結果をもたらす危険源を創設する者やこれを支配する者には、危険の現実化（結果発生）を防止する作為義務が課せられること、(2)不作為者と加害者間における法人格の独立性やそれに伴う事業リスクの分散機能は、作為義務を否定する理由にはならないことを示す。

第1項　学説の検討

1　不作為不法行為の位置付け

　不法行為責任を生じせしめる「行為」とは、加害者による積極的あるいは能動的な行為態様（作為）に限定されるものではなく、為すべきことを行わないという消極的・受動的な行為態様（不作為）も含まれる。しかし、両者は行為態様としては区別されるものであり[1]、また自己責任（個人責任）の

---

　1)　多くの論者は、作為と不作為を異なる行為態様として認識しつつ、事案によっては両者を明確に分離することが著しく困難となりうることも指摘されている。例えば、幾代通は「およそ人の行為ないしは外部的な容態というものは、一方では、ほとんど無限に近く細かく分解することが可能であるとともに、他方では、さまざまなレヴェルにおいて一まとめにくくって把握することも可能であるから、『作為』と『不作為』の区別は、本質的・哲学的にはきわめて困難である。この両者を対置するときの常識的な意味づけとしては、何かまとまった行為をし始めるべきであるのに、しなかったという場合に、『不作為』による不法行為が問題にされるようである。」と指摘する（幾代＝徳本20頁注5）。また、平野裕之は、とりわけ安全配慮義務違反や消費者取引・医療行為におけるリスク説明の懈怠を行った場合の事案では作為・不作為の区別が曖昧になるとした上で、「作為か不作為かいずれと分類するかは意味のあることではなく、義務違反が認定できさえすれば十分である。」と説く（平野裕之『不法行為〔第3版〕』（信山社、2013年）25頁）。

第1節　不作為不法行為について

原則により、人は自分の行為についてのみ責任を負い、他人の為した行為については責任を負わされないのが基本となる[2]。そのため、不作為によって成立する不法作為（不作為不法行為）を、作為による不法行為（作為不法行為）との関係でどのように位置付けるか、そしてその成立要件をどのように理解するかといった論点について多くの議論が蓄積されてきた。

まず、不作為不法行為の法的な位置付けにつき、日本の伝統的な学説はこれを不法行為上の特別な責任類型であると考えてきた[3]。これに対し、不作為不法行為を特別視せず、作為不法行為と不作為不法行為は単なる規範的要請（命題）の記述形式の違い（禁止規範か命令規範か）に過ぎないと考える見解も、近時では有力となっている[4]。両者の違いは作為義務を法律要件としてどのように位置付けるかという議論にも影響し、伝統的な理解では不作為を違法な行為と評価するための特別な成立要件として作為義務を理解してきたのに対し[5]、不作為不法行為を特別視しない立場は、作為義務に関する判断と過失における行為義務（結果回避義務）の判断は一致するもので、両者には同質性があると説く[6]。

もっとも、作為義務を不法行為要件の中でどのように位置付けるかにかかわらず、いかなる場合にどのような作為義務が認められるのか（換言すれば、個人責任の原則からはあくまで例外であるはずの「他人を損害から保護せよ」という命令規範がいつどのような内容で観念されるのか）が重要な問題になるという点においては共通している。

---

2)　幾代＝徳本18頁、前田達明『民法Ⅵ2（不法行為法）』（青林書院、1980年）20頁以下。

3)　加藤一郎『不法行為〔増補版〕』（有斐閣、1974年）63頁、前田・前掲注2）109頁、四宮和夫『不法行為』（青林書院、1987年）292頁等

4)　潮見347頁。

5)　作為義務のない不作為を違法性の欠如と理解する見解が有力であるが、因果関係の不存在として考える見解も存在する。伊藤進＝織田博子「不作為不法行為序説と判例の整理」Law School 52号（1983）4頁以下。

6)　潮見347頁。もっとも、不作為不法行為を特別な責任類型として考える立場からも、過失の不作為不法行為については、近時の過失の客観化を前提に作為義務違反の判断と過失要件が接近することが指摘されている（新注釈民法(15)284頁〔橋本佳幸〕）。

2 作為義務の実質的根拠

作為義務の発生根拠は、伝統的に、(1)法令、(2)契約・事務管理、(3)条理・慣習が挙げられてきた[7]。しかし、これらはいずれも義務の形式的な根拠を挙げているに過ぎず、実質的な基準であるとは言い難い。このような問題意識のもと、作為義務が課せられる実質的な根拠（基準）を提示したのが、橋本佳幸の研究（2006年）である[8]。

橋本は、何らかの原因から法益侵害に向かう因果系列をそのまま放置することを不作為不法行為の規律対象と整理した上で、作為義務の賦課をリスクの分配の問題と位置付け、その実質的基準としては当該因果系列と不作為者との関係、すなわち両者の「近さ」の観点から判断すべきであると説く[9]。そして、「近さ」の判断にあたっては、(1)法益侵害に向かう因果系列が不作為者の支配領域内に存在するか（支配領域基準）と(2)不作為者が自らの行為によって法益侵害に向かう因果系列を設定したか（先行行為基準）によって判断することを提唱する。橋本は、これらの基準の根底にある法思想につき、(1)の支配領域基準については「各人（領域主体）は、自らが事実的支配を及ぼす支配領域について他者による干渉を排除しているのであって、まさにそのゆえに、他者の法益との関係で自己の支配領域の安全を確保するように要請される」と説明し[10]、(2)先行行為基準については「先行行為者は、いわば自己の先行行為に対する責任として、自己の先行行為から他者法益の侵害に向かう因果系列について他者法益の安全のための作為義務を負わねばならない」ことを挙げる[11]。

さらに橋本は、不作為不法行為責任が問題になる場面を、①法益侵害それ自体を放置する不作為（＝法益保護の懈怠）が問題になる類型（橋本はこれを「法益関係型」と称する。）と、②法益侵害の危険源を放置する不作為（＝危険

---

7) 山田卓生編集代表『新・現代損害賠償法講座(1)総論』（日本評論社、1997年）105頁以下、広中俊雄＝星野英一編『民法典の百年Ⅲ』（有斐閣、1998年）580頁以下、山田卓生『損害賠償法』（信山社、2010年）111頁以下等。

8) 橋本佳幸「責任法の多元的構造−不作為不法行為・危険責任をめぐって−」有斐閣（2006年）

9) 橋本28頁。

10) 橋本29頁。

11) 橋本30頁。

第1節　不作為不法行為について

源の制御の懈怠）が問題になる類型（同じく「危険源関係型」と称する。）に大別する[12]。その上で、②の危険源関係型においては、上記における因果系列との近さという視点は危険源との近さによって具体化されるとし、(1)支配領域基準のもとでは当該危険源に対して事実的支配を及ぼす者に対して、(2)先行行為基準のもとでは自らの行為によって危険源を作出した者に対して、それぞれ作為義務が賦課されると説く[13]。そして、ここでいう作為義務の具体的内容とは、「高度の危険をはらむ危険源の存在を前提に、法益侵害に向かう因果系列が当該危険源から発することを阻止すべく、当該危険源に対して必要な制御措置を講じてこれに介入すること」であると説明する[14]。

　上記の作為義務の発生基準に関する橋本の見解は、不作為不法行為責任を特別の責任類型とは捉えない論者からも支持されている。例えば潮見（2009年）は、「作為義務を語るうえで決定的なのは、権利・法益を危殆化する先行行為（危険源の創設行為）または権利・法益を危殆化する領域を支配・管理する行為（危険源の支配・管理行為）を『不作為』と結びつけて捉え、これらの行為から、行為者の以後の行動の自由を制約してまで被害者の権利・法益侵害を回避するために一定の作為をすべき義務が導かれ、かかる作為義務違反を理由として加害者に損害賠償責任を負わせることが正当化されるという点である。」と説明する[15]。また、近時に公刊された不法行為法の体系書でも、作為義務が生じる実質的な根拠を支配と先行行為の2要素によって説明するものが多い[16]。さらに、本書執筆時点において、橋本の提示する作為義務の実質的基準について消極的な評価を行う見解は見当たらない。以上のことから、少なくとも支配と先行行為が作為義務を根拠づける重要な要素であることは、日本の不法行為法において通説ないしそれに近い見解とし

---

12)　橋本 59 頁。
13)　橋本 85 頁。
14)　橋本 86 頁。
15)　潮見 347 頁。
16)　平野裕之『民法総合 6 不法行為法〔第 3 版〕』（信山社、2013 年）25 頁以下、根本尚徳ほか『事務管理・不当利得・不法行為』（日本評論社、2021 年）94 頁以下等。また、作為義務の根拠については法令、契約・事務管理、条理・慣習等を挙げつつも、その判断基準につき橋本の見解を参照するものとして、吉本良一『不法行為法〔第 6 版〕』（有斐閣、2022 年）113 頁以下、藤岡康宏『民法講義 V 不法行為法』（信山社、2013 年）117 頁以下。

193

て異論なく受け入れられているように思われる。

第2項　判例の検討

　法益侵害の危険に介入して結果発生を防止する義務（作為義務）を観念した上で、その懈怠に対して不法行為責任を課すというアプローチは、学説のみならず日本の判例においても広く採用されてきた。もっとも、作為義務の成立に係る一般的な要件や基準が確立されているわけではなく、個別事案ごとに具体的な事実関係を総合考慮して作為義務を導くという判断手法が用いられている。

　前述のとおり、本書が問題とするのは、親会社が自身と異なる法人格を持つ子会社（第三者）が引き起こしうる法益侵害につき、これを防止すべく適切な対応をとる義務を負うかどうかである。したがって、以下では、第三者の行為や活動に対する一定の関与を根拠として、法益侵害を防止する義務を課すことの当否が争われた事案（第三者加害行為型）の裁判例を対象とし、そこから得られる示唆を分析する。

1　2つの最高裁判決

　日本における第三者加害行為型のリーディング・ケースとして、2つの最高裁判決が挙げられる。置石事件判決（最判昭和62年1月22日民集41巻1号17頁）では、先行行為を根拠として作為義務が課された。大学応援団事件判決（最判平成4年10月6日判時1454号87頁）では、加害者組織やその活動に対する支配を根拠に作為義務が課されている。これらの2つの最高裁判決により、我が国でも一定の場合には第三者加害行為型の（不作為）不法行為責任が成立することが確立している。

(1)　置石事件

　本事件では、鉄道のレール上に置いた石（置石）によって発生した転覆事故につき、仲間の置石行為を見ていた者（置石の実行者ではない者）の不法行為責任が認められた[17]。本判決以前は、不作為に基づく不法行為は国家賠償法（とりわけ行政による規制権限の不行使）の文脈において中心的に議論されており、私人間における不法行為責任の問題として争点化した本件は「最

第1節　不作為不法行為について

高裁のものとしてきわめてめずらしい例」として注目を集め[18]、現在もなおその先例的価値が高く評価されている[19]。

　本判決は、置石行為の危険性について言及し、置石を原因とする脱線事故により「不特定多数の乗客等の生命、身体及び財産並びに車両等に損害を加えるという重大な事故を惹起させる蓋然性が高い」と指摘した上で、以下のように述べて被告の不法行為責任を肯定した。

「このように重大な事故を生ぜしめる蓋然性の高い置石行為がされた場合には、その実行者と右行為をするにつき共同の認識ないし共謀がない者であっても、この者が、仲間の関係にある実行行為者と共に事前に右行為の動機となった話合いをしたのみでなく、これに引き続いてされた実行行為の現場において、右行為を現に知り、事故の発生についても予見可能であったといえるときは、実行行為と関連する自己の右のような先行行為に基づく義務として、当該置石の存否を点検確認し、これがあるときにはその除去等事故回避のための措置を講ずることが可能である限り、その措置を講じて未然に防止する義務を負うものというべき」（である。）

　本件において特徴的な点は、不作為者と加害行為者との間に共謀関係が認められない場合[20]であっても、「実行行為と関連する（中略）先行行為」の存在を根拠に、事故回避措置をとることを法的義務として要求した点である。
　また、判決文中の該当箇所を参照すると、実行行為の動機となった話合いの存在[21]に加え、(1)不特定多数の乗客の身体・生命等の損害という重大事

---

17)　本判決の評釈として、篠原勝美「本件判批」ジュリ890号（1987年）59頁以下、神田孝夫「本件判批」ジュリ910号（1988年）85頁以下、篠原勝美「本件判批」最判解説民事篇（昭和62年度）（法曹会、1990年）15頁等。

18)　神田・前掲注17）86頁。なお、本判決は現在もなお（後述の応援団事件とともに）不作為不法行為に関して重要な先例的価値を有するものとして評価されている。加藤新太郎「先行状況に基づく作為義務違反による不法行為の成否の限界」判タ1284号（2009年）151頁。

19)　加藤・前掲注18）151頁。

20)　仮に加害行為者と共犯関係に立つのであれば、作為義務を問題にするまでもなく（共同）不法行為責任が認められる。現に原審判決では、被告が実行行為者と置石行為を共謀したことや、その行為を助勢したこと、置石行為を容認してこれを利用する意思があったとは認められないとされ、被告の不法行為責任が否定されている。

195

故が惹起されること（被侵害法益の重大性）、(2)置石によりかかる事故が招来
される蓋然性が高いこと（結果発生の蓋然性）、(3)実行行為者と仲間の関係に
あること（加害行為者との関係性）、(4)実行行為の現場におり、実行行為を現
認していること、(5)事故発生が予見可能であったこと（予見可能性）といっ
た要素も作為義務を基礎づける事情として考慮されたことが伺われる[22]。

(2) 大学応援団事件

　大学応援団事件は、大学の有志団体である応援団が、学外での夏期合同訓
練中に団員の学生を集団で暴行し死亡させた件につき、大学側の不法行為責
任が認められた事案である[23]。

　同事案では、(1)応援団は非公認組織であるにもかかわらず大学施設を無断
で使用していたが、大学側はこれを黙認していた、(2)応援団では従前より
「気合入れ」と称して上級生から下級生に対する暴行が日常的に行われてい
たが、これを大学側も認識していた、(3)大学側も応援団の幹部に対して指導
を行っていたがそれ以上の是正措置はとらなかったという事実関係が存在し
た。そして、裁判所はこれらの事実関係を根拠に、大学の執行部会議、教授
会等には、応援団に対し暴力行為を止めるよう指導・要請し、応援団がこれ

---

21)　第一審判決（大阪地判昭和 59 年 1 月 31 日判時 1109 号 115 頁）及び原審判決
　　（大阪高判昭和 59 年 12 月 25 日判時 1158 号 210 頁）の事実認定によれば、本件で
　　は、①仲間のうち 1 人が「線路の上に石を置いたら火花が出るかも分からん。」と
　　言い出し、②別の者が小学校の頃に釘を置いたことがあること、更に別の者が 1
　　円玉や 5 円玉を置いたことがあることなど、それぞれの経験を語り合ううち、③
　　誰からともなく、電車が石を飛ばして通過していく様子を見てみたいという雰囲
　　気が醸成され、④実行行為者である少年が自ら置石をしたという事実経過を辿っ
　　た。

22)　本判決の調査官解説も、本判決が先行行為として捉えているのは置石の話合い
　　行為と実行行為の現認であるとした上で、これらを「自ら手を下した置石ではな
　　いため、先行する危険行為と評価するには多少微妙な点もある」と評価しつつも、
　　本件では置石という危険な実行行為に限りなく密着した位置・状況や、置石行為
　　がもたらす法益侵害の蓋然性・重大性が存在し、これらの諸要素が考慮されて作
　　為義務が認定されたと分析する（篠原・前掲注 17）最判解説民事篇（昭和 62 年
　　度）27 頁）。

23)　本判決の評釈として、増永謙一郎「本件判批」判タ 852 号（1994 年）108 頁、
　　加藤新太郎「本件判批」NBL524 号（1993 年）51 頁等。

に従わない場合には、部室の明け渡しや学内施設の使用を禁止し、応援団幹部に対する懲戒処分を行うなどの具体的措置を採る義務があったのにこれを怠った過失があるとした。そして、大学側の不作為による不法行為責任を認めた原審判決（大阪高判昭和63年6月29日判時1289号58頁）を支持し、大学の被用者である執行部会議や教授会等被用者の（不作為）不法行為につき、大学の使用者責任を肯定した。

　加害行為に関連する先行行為の存在に着目して作為義務を認めた置石事件と異なり、本件の被告である大学は、加害行為（応援団による暴行）の端緒となるような何らかの積極的な行為を行ったわけではない。それにもかかわらず本件では大学側の作為義務が認定されており、作為義務の認定のために必ずしも先行行為の存在が求められるわけではないことが明確化された。

　本件では作為義務の根拠となる事実関係につき、応援団による施設の無断使用や日常的な「気合入れ」行為に対する大学側の認識（主観面）が強調されている。しかし、他者の危険な行為や活動を認識していたからといって当然にこれを防止する義務が生じるわけではない。それにもかかわらず大学に作為義務が認められたのは、大学が持つ強力な権限、すなわち、①施設の管理者権限の行使として、部室の使用を禁止し、応援団を排除する権利や、②在学契約に基づく懲戒権の行使として、応援団を構成する幹部（学生）に懲戒処分を与える権利を有していたことが影響したものと考えられ、判決文においても作為義務の具体的な内容としてこれらの権限の行使が明示的に言及されている。いわば、危険源を構成する応援団の組織や活動に対する強力な支配権が、大学側の作為義務を基礎づけているものと評価できよう。

　また、判決文においては明言されていないものの、かかる危険排除の権限行使が大学の専権事項であり、非公認ながらも大学の組織として活動する応援団の活動に干渉することができたのは大学当局のみであったこと（支配の排他性）も、作為義務を根拠づける事情の1つとして斟酌された可能性も否定できない[24]。

　なお、本判決は在学契約に付随する安全配慮義務としてではなく、あくま

---

24)　加藤新太郎は、作為義務の認定にあたって裁判所が考慮する要素の1つに、不作為が第三者によってカバーされる可能性の有無を挙げている（加藤・前掲注23）52頁）。

で不法行為法上の義務として大学側職員らの作為義務を認定している[25]。
したがって、被害者との関係における大学側の在学契約上の地位は、本件の
作為義務の中核的な要素を構成するものではないこと[26]には留意が必要で
ある。

2 フランチャイザーの不法行為責任

2つの最高裁判決を通じて、(1)自らの行動が法益侵害に向かう因果系列の
端緒となっている場合、他の諸事情（被侵害法益の重大性や、不法行為者との
密接な関係性等）も含めて先行行為と評価され、結果防止措置を講じる義務
が課される場合があること、(2)先行行為と評価すべき積極的な行動がなくと
も、法益侵害を阻止しうる地位や権限を根拠として作為義務が課されうるこ
とが明確になった。

他方で、置石事件・応援団事件ともに、第三者の加害行為は刑法犯に該当
するような故意行為であったことや、作為義務者と不法行為者の間に特殊な
関係性が存在したこと等、本書が想定するような事案とは、前提となる事実
関係に相応の乖離が存在することは否めない。

そこで参考になるのが、フランチャイズ・ビジネスにおけるフランチャイ
ザーの不法行為責任である。フランチャイザーとフランチャイジーは、同一
かつ同種の事業を行う協力関係にあるものの、両者は異なる事業主体であり、
独立した法人格を有する。よって、フランチャイジーの債務について、フラ
ンチャイザーはいかなる法的責任も負担しないのが原則である。しかし、以
下のとおり、コンビニエンスストア・チェーンの加盟店で発生した利用客の
転倒事故につき、フランチャイジー（加盟店）だけでなく、フランチャイザ

---

25) 本判決は原審判決（前掲大阪高判昭和 63 年 6 月 29 日）について「学校法人自
　身の在学契約上の義務と当該学校法人の被用者の不法行為上の注意義務とを混同
　しているかのような部分があって、その説示において必ずしも適切でない憾みが
　ある」と評しており、在学契約上の義務と不法行為上の義務とが明確に区別して
　いる。

26) 加藤新太郎は、本件における具体的な作為義務は不法行為としての一般的注意
　義務であることを理由に、大学側の作為義務の根拠は在学契約ではなくあくまで
　条理であると考えるのが相当としつつ、在学契約の存在により学校当局の注意義
　務の程度が高まりうることは認められて良いと説く（加藤・前掲注 23) 56 頁）。

第1節　不作為不法行為について

ー（本部）にも不法行為責任が認められる場合がある。

(1)　ファミリーマート事件

　Ｙは全国的なコンビニエンスストア・チェーンを展開するフランチャイザー（本部）であり、Ａは実際の店舗経営を行う加盟店である。Ａの店舗では床清掃の際にモップによる水拭きが行われていたところ、清掃終了後も乾拭きが行われておらず、床上に水が付着したままの状態で放置されていた。利用客であるＸは店舗内を歩行中、床上に残された水に滑って転倒し大怪我をするに至った。そこでＸはＡ及びＹのそれぞれに対して不法行為に基づく損害賠償訴訟を提起したが[27]、原審判決（大阪地判平成12年10月31日判時1764号67頁）は転倒事故をＸの自招事故であると認定していずれの訴えも棄却した。しかし、高裁判決は原判決を取り消し、まずは以下のとおり述べ、Ａ（加盟店）の安全管理義務違反を認めた。

　「本件では、Ａが、顧客に提供する場所の床に、特に防滑性には優れておらず、乾燥時に比べると、湿潤時にＣ.Ｓ.Ｒ.値が大きく異なり、滑りやすさの増す床材を用いており、しかも、モップで水拭きをすることにより、床がより滑りやすい状態になることは明らかであるといえる。そうすると、Ａは、顧客に対する信義則に基づく安全管理上の義務として、水拭きをした後に乾拭きをするなど、床が滑らないような状態を保つ義務を負っていたというべきである。しかるに、Ａがこの義務を尽くしていないことは明らかであり、これにより床の湿潤状態を継続させ、重大な結果を生じさせたのであるから、不法行為責任を負うといわなければならない。」（下線部は筆者による。以下同じ。）

　そして以下のように、Ｙ（本部）にはＡに対する安全指導義務があるとして、（Ａのみならず）Ｙの不法行為責任も認められた[28]。

　「本件店舗の床材はファミリーマート全店における統一規格の特注品であり、モップと水切り（リンガー）もＹから統一的に支給されていた製品である。そして、証拠によると、Ｙはフランチャイザーとして、フランチャイジーに『ファミリーマート』の商号を与えて、継続的に経営指導、技術援助をしていること

　27)　Ｙに対する請求は、①Ｙ自身の民法709条に基づく不法行為責任と、②Ａを被用者とする民法715条に基づく使用者責任の2つで構成されていた。

　28)　本判決の評釈として、橋本陽子「本件判批」ジュリ1231号（2002年）193頁。

199

第5章　日本法における親会社の不法行為責任

が認められるから、Yは、本件店舗の経営主体たるフランチャイジー、又はフランチャイジーを通してその従業員に対し、顧客の安全確保のために、本件のような場合には、モップによる水拭き後、乾拭きするなど、顧客が滑って転んだりすることのないように床の状態を保つよう指導する義務があったというべきである。そして、〈証拠略〉によれば、Yがこの義務に反していることは明か〔筆者注：原文ママ〕であるから、Yはこの点について不法行為責任を負わなければならない（なお（中略）Yは、Xの主張する使用者責任も負うものと解される。）」

　上記のとおり、フランチャイジー（加盟店）とフランチャイザー（本部）はそれぞれ独立した法人格を有する事業体であり、両者はフランチャイズ契約を締結して事業運営を行う。したがって、本部と加盟店間の権利義務関係はフランチャイズ契約から導くことが可能であるが、これはあくまで契約当事者のみを拘束するものであり、フランチャイズ契約の当事者ではない顧客との関係を規律するものではない。

　また、店舗と利用客の二当事者間においては、店舗側が利用客に対し、店舗事故によって負傷することのないよう必要な措置をとる安全管理義務を負うことが判例上確立している[29]。しかし、かかる義務は不特定多数の顧客を呼び寄せて場所を提供し、訪れた利用客との間に社会的な接触関係が生じたことで発生する信義則上の義務として理解されており[30]、本部と利用客の二者間には妥当しない（本判決においても、店舗の安全管理義務を負うのは加盟店であることや本部と加盟店は別法人であること等を理由に、本部が直接に店舗の安全管理義務を負うことは否定されている。）。

　このように、加盟店の利用客が（加盟店ではなく）フランチャイズ本部に

29)　店舗の転倒事故において店側の安全管理義務違反を認めた近時の事例としては、東京高判令和3年8月4日判タ1501号90頁、岡山地判平成25年3月14日判時2196号99頁等が存在する。

30)　上記ファミリーマート事件においても、大阪高判はフランチャイジー（加盟店）の安全管理義務が認められる根拠として、「本件のような店舗は、年齢、性別、職業等が異なる不特定多数の顧客に店側の用意した場所を提供し、その場所で顧客に商品を選択・購入させて利益を上げることを目的としているのであるから、不特定多数の者を呼び寄せて社会的接触に入った当事者間の信義則上の義務」であることを挙げている。

200

第1節　不作為不法行為について

対して責任追及をするためには法律構成を工夫する必要があったところ、本件では、本部が（利用客との関係で）加盟店やその従業員に対する安全指導義務を負っていることが主張された点、そして裁判所がこれを肯定して本部に不法行為責任を課した点に特徴がある。

　本判決は、本部の安全指導義務が認められる根拠として、(1)加盟店に対して床材を指定し、清掃器具も統一品を支給していること、(2)商号を与えていること、(3)継続的に経営指導・技術援助をしていること、(4)これらがフランチャイザーとしての立場に基づいて行われていること等を挙げている。しかし、これらの個々の事実関係がなぜ作為義務を基礎づけるのかについて明確な説明はない。本件において法益侵害に至る因果系列に目を向けると、①防滑性に優れておらず、濡れた際に滑りやすくなる床材の性質があり（物の危険）、②モップで水拭きをすることで、特に滑りやすい状態が作出され（活動の危険）、③それにもかかわらず乾拭きを怠った結果、湿潤状態が継続した（状態の危険）という経過を辿っており、上記の(1)(3)(4)の各事実は、これらの危険源に対する本部の支配や先行行為を裏付けるものとして位置付けられる[31]。

　本件の争点は、ある事業体が異なる法人格を持つ事業体の指導のもとで事業を運営している場合において、当該事業に起因して生じた過失事故の賠償責任を誰に賦課するのか（当該事業を直接的に遂行している事業体に限定するのか、あるいはその背後から指示を行う事業体にも拡張するのか）という問題にほかならない。そして、指導を行う事業体に安全指導義務が認められる理論

31）(2)の事実（商号を与えていること）がなぜ本部の作為義務を基礎づけるのか、その理論的な根拠は明らかでない。判例上、旧商法23条（現商法14条、会社法9条）に基づく名板貸責任に類推適用の余地こそ認められているものの（最判平成7年11月30日民集49巻9号2972頁、神戸地裁姫路支判平成28年2月10日判時2318号142頁等）、本判決はあくまで本部自らの注意義務に基づく不法行為責任を認めるものであり、加盟店の責任とは明確に区別されている。ある種の外観法理的な観点から作為義務にアプローチするという発想自体はありうるように思われるが、本件は取引不法行為ではなく事実的不法行為が問題となっている事案であり、利用客の信頼保護を理由に作為義務を認めることは難しい。いずれにせよ、本判決においても商号の同一性は考慮要素の1つに過ぎず、これがなければフランチャイザーに作為義務が認められないことを含意するものとは読み取れない。

201

的根拠が、事業活動の持つ危険源に対する支配的影響力に求められるのだとすれば、子会社の事業活動に存在する危険源を支配する親会社に対しても同様に作為義務を課すことが正当化されよう。また、本件で認められた安全指導義務は、本部・加盟店間の分離・独立した法人格に阻害されることなく本部の責任追及を可能にするという機能的側面を持っており（前述のとおり、本部の安全管理義務は加盟店と法人格が異なることを理由に否定されている。）、このような観点からみても、本判決は親会社の作為義務を導く上で重要な先例的価値を有する。

(2) 通所介護施設事件

フランチャイジーの過失による不法行為との関係でフランチャイザーの安全指導義務違反が争点化した他の事案としては、東京地判平成27年4月24日判決（平成26年(ワ)3178号）LLI/DB判例番号L07031561が存在する[32]。

同事案では、小規模多機能介護事業のフランチャイズ・チェーンを展開する被告（フランチャイズ本部）に対し、フランチャイジーが運営する通所介護施設における介護サービスの提供上の事故（認知症を発症している利用者が他人の内服薬を服用してしまい、遷延性意識障害を発症したのち死亡）について遺族から責任追及がなされた。原告は、本件事故が施設職員の過失による不法行為によるものであることを前提に、フランチャイズ本部においても施設及びその従業員に対して、内服薬の服薬介助につき、預かった内服薬を適切に管理し服用状況を確認する体制を構築するよう指導監督する義務があったと主張した。

裁判所は服薬介助における職員の過失と施設側の使用者責任は肯定した一方で、フランチャイズ本部の指導監督義務の違反に関しては、「職員は、被告の指導監督によるまでもなく、内服薬を服用者に正しく服用させるべきで

---

32) 原告からフランチャイザーの安全指導義務違反が主張されるも、そもそもフランチャイジーの安全管理義務違反が認められず、フランチャイザーの責任が争点化しなかった事案は複数存在する。東京地判平成27年2月9日（平成25年(ワ)8924号）Westlaw Japan 文献番号2015WLJPCA02098002、東京地判平成26年7月24日（平成25年(ワ)9214号）Westlaw Japan 文献番号2014WLJPCA07248003、名古屋地判平成25年11月29日判時2210号84頁等。

ある」と述べつつ、①フランチャイズ本部が施設に対し、服薬介助・医薬品の管理等に関する注意点を記載したマニュアルを作成して配布するとともに、服用者及び服用時ごとに区分されたフォルダ等を利用して服薬管理を行うよう推奨していたこと、②現に施設においては当該フォルダが使用されていたことを挙げ、「本件において、フランチャイザーに指導監督義務違反があったとまでいうのは困難である」とし、フランチャイズ本部への請求を棄却した。

　ファミリーマート事件判決と異なり、本判決では服薬介助に関するフランチャイズ本部の指導監督義務の有無について明示的な言及はされていないものの[33]、フランチャイズ本部が実施していた指導内容とその履行状況に関する詳細な認定（上記①及び②）から請求棄却の結論を導いていることは注目に値する。

3　デジタルプラットフォーム事業者の不法行為責任

　フランチャイザーの不法行為責任と同様、第三者加害行為型における不作為者の作為義務が問題になる事案として、デジタルプラットフォーム（PF）事業者の不法行為責任が挙げられる。

　PF事業者はあくまでPFという場を提供するだけの立場であり、その場に参加した者によってなされた加害行為について責任を負うものではない。もっとも、PFで行われる全ての活動は、技術的・経済的にPF事業者の強力な支配下に置かれており、関係者の法益保護はPF事業者の対応に依存している。このようなPFの特性に照らし、日本ではPF上で行われた法益侵害について、一定の条件のもとPF事業者にこれを予防ないし除去する作為

---

33)　被告であるフランチャイザー側は、(1)関連法規上、医療資格を有しない者が服薬介助として行いうるのは「事前の本人又は家族の具体的な依頼に基づき、医師の処方を受け、あらかじめ薬袋等により患者ごとに区分し授与された医薬品」の使用の介助に限られるため、施設職員においてあらかじめ患者ごとに区分されていない内服薬につき服薬介助を行うことは予定されておらず、そもそもフランチャイザーに指導監督義務は存在しない、(2)仮に指導監督義務があったとしても、服薬管理の具体的な方法を指導し、マニュアルを作成・配布するなど適切な指導監督がなされていたという反論をしていたが、本判決は(1)の主張の適否に言及せず、(2)の点で請求を棄却している。

義務が課されてきた[34]。

(1) 2ちゃんねる動物病院事件

2ちゃんねる動物病院事件（東京高判平成14年12月25日判時1816号52頁）は、匿名掲示板に特定の動物病院の名誉を毀損する発言が投稿されたところ、被害者から掲示板の管理人に対して、管理人は当該投稿を削除する義務があったにもかかわらずこれを怠り、被害者の名誉が毀損するのを放置したことを理由として、民法709条に基づく損害賠償請求等を行った事案である。裁判所は、以下のように判示して、管理人の不法行為責任を肯定した。

「本件掲示板は、匿名で利用することが可能であり、その匿名性のゆえに規範意識の鈍麻した者によって無責任に他人の権利を侵害する発言が書き込まれる危険性が少なからずあることも前記のとおりである。そして、本件掲示板では、そのような発言によって被害を受けた者がその発言者を特定してその責任を追及することは事実上不可能になっており、本件掲示板に書き込まれた発言を削除し得るのは、本件掲示板を開設し、これを管理運営する控訴人のみであるというのである。このような諸事情を勘案すると、匿名性という本件掲示板の特性を標榜して匿名による発言を誘引している控訴人には、利用者に注意を喚起するなどして本件掲示板に他人の権利を侵害する発言が書き込まれないようにするとともに、そのような発言が書き込まれたときには、被害者の被害が拡大しないようにするため直ちにこれを削除する義務があるものというべきである（中略）控訴人は、本件掲示板を利用する第三者との間で格別の契約関係は結んでおらず、対価の支払も受けていないが、これによっても控訴人の責任は左右されない。無責任な第三者の発言を誘引することによって他人に被害が発生する危険があり、被害者自らが発言者に対して被害回復の措置を講じ得ないような本件掲示板を開設し、管理運営している以上、その開設者たる控訴人自身が

---

34) PF事業者が持つ強大な権限や競争上の優位性に照らし、PF事業者はもはや単なる「場貸し」にはとどまらないとの共通認識のもと、その責任範囲を拡張し、規制を強化する動きが国内外を問わず加速している（例えば日本では2021年にいわゆるデジタルプラットフォーム取引透明化法が施行され、大規模なPF事業者には取引の公正性や透明性に関する一定のコミットメントが課せられるようになった。）。立法のみならず法解釈の分野においても、民法、消費者法、独占取引法等さまざまな観点からPF事業者の法的地位やその責任について活発な議論が交わされている。もっとも、本書はPF事業者の責任をその主題とするものではないことから、下記の裁判例の紹介とそれに対する若干の分析を超えた内容には立ち入らないこととする。

被害の発生を防止すべき責任を負うのはやむを得ないことというべきであるからである。」

　本件において加害結果（名誉毀損）を直接発生させたのは、掲示板の管理人ではなく名誉毀損発言の投稿をした掲示板利用者である。それにもかかわらず、管理人には利用者による名誉毀損投稿の防止や、その被害の拡大を防止する義務が課せられており、本件はまさに第三者加害行為型の事案において作為義務が肯定された実例として位置付けることができる。また、本判決は掲管理人にそのような作為義務を課すことの根拠として、①投稿を削除できるのは実質的に匿名掲示板の管理人に限定されていることや、②法益の侵害が匿名掲示板の開設によって誘引されていることを挙げており、危険源に対する排他的な支配性や法益侵害に至るまでの因果の流れが作為義務の根拠となっていることが伺われる。

　なお、本件はいわゆるプロバイダ責任制限法（特定電気通信役務提供者の損害賠償責任の制限及び発信者情報の開示に関する法律）の施行前の事件であったが、現在では同法3条により、一定の要件を充足すれば、プロバイダは情報流通によって他人の権利が侵害されても賠償責任を負わないことが明記されている。

(2)　楽天市場事件

　楽天市場事件（知財高判平成24年2月14日判時2161号86頁）は、インターネットショッピングモール（ECモール）において、出店者が第三者の商標権を侵害する商品を出品したところ、当該第三者（商標権の権利者）がモール運営者に対して民法709条又は不正競争防止法4条に基づく損害賠償請求を行った事案である。裁判所は運営者の責任を否定したものの、以下のように述べ、PF事業者であるモール運営者が法的責任を負う可能性を肯定した。

　「ウェブページの運営者が、単に出店者によるウェブページの開設のための環境等を整備するにとどまらず、運営システムの提供・出店者からの出店申込みの許否・出店者へのサービスの一時停止や出店停止等の管理・支配を行い、出店者からの基本出店料やシステム利用料の受領等の利益を受けている者であって、

その者が出店者による商標権侵害があることを知ったとき又は知ることができたと認めるに足りる相当の理由があるに至ったときは、その後の合理的期間内に侵害内容のウェブページからの削除がなされない限り、上記期間経過後から商標権者はウェブページの運営者に対し、商標権侵害を理由に、出店者に対するのと同様の差止請求と損害賠償請求をすることができると解するのが相当である（中略）ウェブページの運営者は、商標権者等から商標法違反の指摘を受けたときは、出店者に対しその意見を聴くなどして、その侵害の有無を速やかに調査すべきであり、これを履行している限りは、商標権侵害を理由として差止めや損害賠償の責任を負うことはないが、これを怠ったときは、出店者と同様、これらの責任を負うものと解される。」

　2ちゃんねる動物病院事件と同様、本件においても直接の法益侵害を行った主体はサイト利用者（出店者）であるが、サイト運営者（モール運営者）にも、一定の場合には侵害状態を除去する作為義務が課されることが認められた。また、本判決はかかる義務がサイト運営者に生じる条件として、①運営者には出店者へのサービスの一時停止や出店停止などの管理・支配を行っていることや、②出店者から経済的利益を得ていることを挙げており、危険源への支配や受益関係が作為義務の根拠として重視されていることが伺われる。

(3)　電子商取引及び情報財取引等に関する準則

　経済産業省が策定・公表する「電子商取引及び情報財取引等に関する準則」（2022年4月改訂）では、ECモールの運営者は、当該ECモールの利用者がモール出店者との取引によって損害を受けたとしても、モール利用者に対する法的責任は負わないのが原則であるとされる。もっとも、不法行為責任等を認めうる特段の事情がある場合には例外的に法的責任が課せられる場合がありうるとされ、その具体例として「重大な製品事故の発生が多数確認されている商品の販売が店舗でなされていることをモール運営者が知りつつ、合理的期間を超えて放置した結果、当該店舗から当該商品を購入したモール利用者に同種の製品事故による損害が発生した場合」が挙げられている[35]。

---

　35)　経済産業省「電子商取引及び情報財取引等に関する準則」（2022年4月改訂）
　　　　92頁。

また、アプリマーケット運営事業者についても、アプリマーケットの状況や、取引に対する運営事業者の関与の程度等によっては、アプリの購入者（マーケット利用者）が被った損害に対する不法行為責任が認められる余地があるとされ、「アプリマーケット上で、動画サービスやゲームを偽装しつつ機微性の高いユーザー情報を密かに外部転送する機能を有するアプリが販売されている状態において、アプリマーケット運営事業者がこれを知っているか、外部からの明確な指摘がある等、知っていて当然である状態であるにもかかわらず、合理的期間を経過した後もなんら対応せずに放置していたような場合」であれば、不法行為責任が認められる可能性が高いと述べられている[36]。

個々の事案において不法行為責任が成立するかどうかは裁判所の判断次第ではあるものの、同準則は「電子商取引や情報財取引等に関する様々な法的問題点について、民法をはじめ、関係する法律がどのように適用されるのかを明らかにすることにより、取引当事者の予見可能性を高め、取引の円滑化に資することを目的として」[37]作成されている。また、同準則は法学者と法曹実務家で構成された有識者会議の検討結果をふまえて改訂されていることに鑑みれば、上記の内容は現時点の判例や学説における一定の共通理解が反映されたものとして、相応に重要な意義を持つものと考えられる。

4　小　　括

フランチャイズ・ビジネスにせよ、PF ビジネスにせよ、不特定多数の第三者（エンド・ユーザー）と実際に商取引を行うのは、ビジネス・ネットワークに参加した個々の事業者（フランチャイジー、モール出品者等）である。参加事業者と運営会社の法人格は異なるため、参加事業者の債務について、運営会社（フランチャイザー、PF 事業者等）は原則としていかなる法的責任も負担しない。これにより運営会社は、商取引による損失の危険を参加事業者に負担させつつ、当該商取引から得られる利益の一部を獲得することが可能となり、それこそが上記のビジネスモデルの根幹でもある。

36)　経済産業省・前掲注35) 99 頁。
37)　経済産業省『「電子商取引及び情報財取引等に関する準則」について』。

しかし、ファミリーマート事件判決や楽天事件判決が示すように、運営会社が事業上に存在する危険を支配ないし創出したと評価される場合であれば、かかる危険を除去ないし緩和する作為義務が課され、その義務の履行を懈怠すれば不法行為責任が成立する。この責任は運営会社が自らの義務違反によって独自に負担するものであり、直接の加害行為者の責任が派生するものではない。よって、加害行為者と運営会社（不作為者）の法人格が異なることは、（不作為）不法行為責任の成立を妨げる根拠にはならない。

このように、日本の判例・裁判例においては、⑴危険源に対する支配や先行行為によって、作為義務や（不作為）不法行為責任が発生しうることが認められており、⑵フランチャイズビジネスや PF ビジネスについてもその例外ではなく、⑶法人格の独立性やこれに付随するリスクの分散機能をもって、危険の支配者や先行行為者の作為義務が軽減ないし免除されている状況にはない。

第3項　小　　括

本節では、日本の学説における有力な見解を参照し、不作為不法行為における作為義務の実質的根拠は、原因から法益侵害に向かう因果系列と不作為者の「近さ」にあり、その「近さ」とは先行行為基準と支配領域基準によって判断されることを明らかにした。

また、第三者加害行為型の事案における裁判例も、危険源に対する支配や先行行為に着目し、不作為者に対して作為義務を課していることを示した。作為義務の対象となる加害行為は故意のみならず過失によるものを含み、作為義務を基礎づける支配の対象は特定の危険に限定されず、物の危険、活動の危険、状態の危険、場の危険など様々な危険源を含む。

このように、日本の学説・判例は、第三者によって直接的な法益侵害が引き起こされた場合であっても、加害行為者と不作為者の（法）人格が異なることをもって不作為者の責任を排除していない。危険源の発生から結果の実現に至るまでの因果系列に焦点があてられ、不作為者が果たした役割や影響力に応じて、加害結果を抑止・緩和するための対応をとる義務が課されてきたのである。

以上の点に鑑みれば、子会社事業の被害者に対する親会社の不法行為責任

を検討するにあたって、ことさらに法人格の分離・独立性を強調し、親会社の作為義務が成立する余地を否定することは不合理である。したがって、仮に法益侵害に向かう因果系列において、親会社が子会社事業に存在する危険源を創設ないし支配していたと評価できるのであれば、その内容に応じた作為義務を割り当てることが適切であり、かかる義務に違反した以上は、親会社であっても子会社による加害結果に対して（不作為）不法行為責任を負担させるのが相当である。

第2節　親会社の作為義務の検討プロセス

　第1節で分析した内容を前提とした場合、子会社のリスク管理に対する親会社の作為義務はどのように認定することができるだろうか。本書が問題にする場面、すなわち子会社の不適切なリスク管理を親会社が放置している状況においては、法益侵害の危険に対する親会社の不作為（危険源の管理の懈怠）が問題になるのであり、橋本の分類でいうところの危険源関係型に該当することになる。すなわち、かかる危険源と親会社の「近さ」を判断する上で、主として(1)親会社が危険源に対して事実的支配を及ぼしているか（支配領域基準）や、(2)親会社が自らの行為によって危険源を作出しているか（先行行為基準）という観点から作為義務の有無及びその内容を判断することになる。以下では、その具体的な検討プロセスについて考察する。

第1項　危険の分析

1　危険源の特定

　第1節第2項で述べたとおり、作為義務は法益侵害の結果に対する因果系列の近さに応じて発生することから、作為義務の認定にあたっては、まず当該事案における危険はいかなるものであり、法益侵害へ向けた因果系列がどのように進行していったのかということを特定する必要がある。

　例えば、ある有害物質が貯蔵施設から外部に漏出して周囲の健康被害をもたらした事案であれば、そもそも当該設備の漏出防止性能が不十分な水準だったような場合には、かかる設備自体が主要な危険源となることは明らかである。しかし、そもそも当該設備が備えるべき安全性能について十分な検討が行われずに（あるいは安全性能が不十分であることを認識しつつもこれを無視して）当該設備が導入・維持された場合には、そのような意思決定がなされた時点で、法益侵害に向かう因果系列が開始していたとみるべきである。

　また、当初は十分な水準の安全性能を持っていたとしても、その後の保守点検や設備更新の懈怠によってその性能が低下し必要な水準を下回っていたような場合には、かかる安全管理体制の瑕疵も危険源を構成することになろう。

さらに、現場の作業員の過誤によって有害物質が漏洩するような場合も想定される。このような場合、当該作業員の行為そのものが直接の原因ではあるが、例えばそれが作業員の知識・訓練不足や人員不足に起因するものであれば、安全管理体制や人員配置計画等も危険源になりうるし、活動の危険性によっては一定のヒューマン・エラーがありうることを前提に、そのリスクを保全するような（すなわち1名の現場作業員の過誤では法益侵害に繋がらないような）事故防止体制を構築することが要求されるケースも考えられる。

このように、一口に「危険」といっても、設備の危険、活動の危険、人の危険、これらの管理体制の危険などその種類は様々である[38]。そして、法益侵害に向けた因果系列を構成する要素は必ずしも1つに限定されるわけではなく、複合的な危険源が存在することも想定される。したがって、作為義務の有無やその内容を検討するにあたっては、まず損害を発生させた危険源にはどのようなものが存在し、いかなる因果系列を辿ったのかを特定した上で、その性質や親会社の関与の態様を分析する必要がある[39]。

38) 例えばChandler事件の事案では、直接的な危険はアスベストの持つ物質の有害性であったが、訴訟においては、子会社の作業員がアスベストの粉塵に曝露することが避けられないような工場設備、石綿版の製造工程や製品仕様、従業員に対する安全管理体制等が事故原因として問題となった。

39) このような因果的経路の流れを部外者である原告が自力で立証することには困難が伴う。近時では、一定規模以上の企業において不祥事が発生した場合、当該企業自らが（時には自主規制法人や監督官庁からの事実上の要請を受けて）調査組織を設置し、原因究明及び再発防止に係る調査を委嘱することが珍しくない。このような調査においては、関係者に対するヒアリングやデジタル・フォレンジック調査等を活用し、相当程度踏み込んだ調査・分析がなされるため、作成された調査報告書は被害者が不祥事発生の因果系列を特定するにあたっても有用な資料となりうる。会社に提出された調査報告書が対外的にも公表されるか、公表されるとしてもどの程度会社によって要約ないしマスキングされるかは事案により様々ではあるものの、原告としては裁判所への働きかけや文書送付嘱託・文書提出命令の申立て等を活用することで、より詳細な情報や原資料を入手することも考えられる。なお、子会社で発生した不祥事であっても、親会社による関与や影響が疑われる場合はその点に関する調査も実施されることが一般的であり、特段そのような疑義が生じていなくても、親会社のグループ内部統制の不備の有無を検証する観点から（子会社ではなく）親会社に調査委員会が設置されることも珍しくない（上記の点を含め、不正調査実務を分析する近時の有力な手がかりとして、竹内朗ほか「座談会 不正調査実務の現状と課題-第三者委員会等に関する論点-[上]」商事2366号（2024年）6頁参照）。

2 危険性の評価

通常の（作為）不法行為における注意義務の有無及び水準を決定する際に、被侵害利益の大きさ（発生結果の重大性）と、結果発生の蓋然性（危険性）が重要な要素であることは広く受け入れられている[40]。不作為不法行為においてもこれと別異に解する理由はないため、作為義務の有無及びその内容の認定においてもこうした要素を考慮すべきである。

まず、子会社の事業活動によって人の生命・身体を脅かす危険が存在する場合、そのことは作為義務を基礎づける強力な根拠となる[41]。さらに、商品が広く流通される消費生活用製品の事故や、顧客情報や利用者情報といった個人情報の大量流出、あるいは環境汚染のような大規模不法行為と呼ばれる事故類型は、その被害範囲の広さという観点でも被侵害利益が大きいと評価することが可能である。このように、侵害される利益の大きさは、質と量それぞれの観点から判断される。

次に、結果発生の蓋然性、すなわち子会社の事業によって法益侵害の結果が発生する可能性が高いことは、親会社の作為義務を認定する上での積極事情となる。蓋然性の立証方法は様々であるが、例えば法律やガイドラインで定められた安全基準や性能要件を大きく下回っていたことや、類似の事故が（いわゆるヒヤリハット事案も含めて）過去に発生していたことは、結果発生の蓋然性を基礎づける有力な事実となる。

なお、結果発生の蓋然性が低ければ作為義務が成立しないとすると、いわゆるテールリスク（発生確率は低いが、発生すると非常に大きな損失を生じさせるリスク）について親会社に不法行為責任が成立する余地がなくなってしまう。しかし、このようなリスクこそ株主による投機的行動が発生しやすいため（第1章の事例1参照）、かかる帰結は妥当ではない。通常の（作為）不法行為においても、被侵害利益の大きさと結果発生の蓋然性は相関関係的評価を受け、行為義務の成否・程度はあくまで諸因子の衡量によるものと理解さ

---

40)　平井宜雄『債権各論II　不法行為』（弘文堂、1992年）30頁、吉村良一『不法行為法〔第6版〕』（有斐閣、2022年）78頁、澤井裕『テキストブック事務管理・不当利得・不法行為〔第3版〕』（有斐閣、2001年）185頁。

41)　危険性が高い企業活動について高度の注意義務を課した例として、熊本地判昭和48年3月20日判時696号15頁。

れているおり[42]、子会社による法益侵害の蓋然性が低いことをもって当然に親会社の作為義務が否定されるわけではない。

第2項　危険の支配又は創設の認定

1　支配領域基準

　親会社が危険源に対して支配を行う場合、自ら直接的に支配する場合もあれば、危険を直接に支配している子会社（あるいはその部門や役職員）に対して指揮・干渉を行うことにより間接的な支配を行う場合もありうる[43]。危険源に対する事実的支配とは必ずしも直接的・具体的な支配である必要はなく、他者による直接支配を通じた間接的支配や、危険源の作出・維持という次元での一般的支配でも足りるため[44]、子会社やその役員に対する指揮を通じた支配であっても親会社に作為義務は成立しうる。

　問題はいかなる状態をもって危険源に対する親会社の支配を認定するかであるが、子会社事業における危険源の管理は、本来的に子会社の経営陣の責任と判断のもとで行われるべきものである。したがって、それが期待しがたいような状況、具体的には危険源の管理について子会社が自律的な判断を行うことが実質的に困難である場合や、その裁量が大幅に制限されている場合等においては、危険源に対する親会社の支配を認定して差し支えないものと思われる。そしてかかる検討を行うにあたっては、おおむね以下のような事実関係が考慮要素として挙げられる。

(1)　積極的介入（指示・命令等）

　親会社の支配が認められやすい典型的なケースとしては、子会社のリスク・マネジメントに対して親会社が能動的な介入を行っていた場合が考えら

---

42)　新注釈民法(15) 345-346 頁〔橋本佳幸〕。

43)　間接的支配は数次にわたる場合も考えられる。上記の有害物質の貯蔵施設の例でいえば、親会社が子会社の取締役に対して貯蔵施設における有害物質の取り扱いのオペレーションに関する具体的な指示や要求を行い、それを受けた取締役が当該活動を所轄する部門責任者に指示し、現場の実際の作業員がそれに従うという状況を想定した場合、親会社は子会社の取締役、部門責任者を介在して現場の作業員の行動によって生じる危険（活動の危険）を支配していることとなる。

44)　橋本 92 頁注 59。

れる。例えば、子会社事業の危険源やその管理に関する事項につき、親会社が自ら決定していた場合や子会社に対して指示・命令を行っていた場合、子会社がそれに反して自律的な意思決定を行うことは通常困難であると考えられるため、特段の事情がない限り、危険源に対する親会社の支配を認めることが相当である。

また、安全管理体制の構築やその運用といった子会社の業務上のオペレーションにつき、親会社が手順書やマニュアルを策定し、その内容に従うことが子会社に義務づけられているような場合も見受けられる。このような場合、当該オペレーションについて子会社の裁量は基本的に存在しないことから、かかる手順書等の内容上の不備や過誤によってもたらされる危険は、親会社の支配領域内に含まれるものと評価することが妥当である。

(2) 消極的介入（承諾・決裁等）

親会社が積極的な（能動的）な介入を行わず、子会社の提案や相談に対して親会社が承認や助言を行うような消極的（受動的）な介入であっても、実態として親会社の意向が子会社の判断を拘束し、子会社のリスク管理に対して重大な影響を与えているような場合であれば、やはり危険源に対する親会社の支配が肯定されうる。

他方で、親会社が子会社の判断を追認することが常態化していたような場合や、決裁の過程で親会社から示された意見や提案に対して子会社がその採否を主体的に検討することが許容されていたような場合は、親会社の事前承諾権や決裁手続の存在のみをもって支配を認定することはできない。

なお、親会社による事前承認や助言は、経営委任契約やグループ会社管理規程等によって定められた正規の手続として実施される場合もあれば、そうではなく事実上の慣行として行われているに過ぎない場合も存在する。しかし、重要なのはあくまで特定された危険源に対して親会社が現実的にどの程度の影響力を行使し、又は行使することが予定されていたかである。したがって、親会社の介入が正当な根拠に基づかないものであっても、そのこと自体は支配の認定にあたって消極事情とはならない。

(3) 経営資源の依存

親会社による介入行為がなかったとしても、子会社において危険源の適切な管理に必要な経営資源（専門的知見や人材等）が不足しており、親会社にその供給を依存していたような場合、かかる事実は危険源に対する親会社の支配を根拠づける積極事情となりうる[45]。

とりわけ、子会社の自助努力では危険源の管理に必要な経営資源の不足を解消することが困難であり、親会社への依存から脱却するための代替的手段も乏しいと認められる場合であれば、子会社による自律的な危険源の管理は期待できなかったという評価に結び付きやすいものと考えられる。

もっとも、子会社が勝手に（一方的に）親会社の経営資源をあてにしていたような場合にまで親会社に作為義務を課すべきではない。依存の事実を支配の認定の積極事情とするためには、親会社が当該事実を認識かつ認容していたことも必要と考えるべきであろう[46]。

(4) 役職員の派遣

子会社に対する役員の派遣は、親会社が子会社の経営に対してより密接に影響力を行使するための手段の1つである。しかし、子会社の業務執行における派遣役員の役割や位置付けは様々であるから、役員派遣の事実それ自体をもって危険源に対する親会社の支配を認めることはできない。

実務上よく見受けられるのが、子会社の情報収集や最低限のグリップを利かせるために役員を派遣するケースである[47]。かかる目的で役員派遣が行われ、当該役員の関与の態様もいわば「お目付け役」の域を出ないものであれば、親会社の支配に係る積極的事情としては評価しがたい。

他方で、子会社が実質的に親会社の事業部門や部署の1つとして事業を営んでおり、子会社役員も親会社の従業員のポストの1つに過ぎず、親会社の

---

45) 前述のとおり、Chandler 事件判決では、アスベストに関する親会社の知見が子会社に優越しており、アスベストに係る子会社の安全対策状況が親会社に依存していたことも作為義務を肯定する上での根拠の1つとされた。

46) 刑法の不作為犯における作為義務の実質的根拠においても、（身分的・社会的関係がある場合を除き）排他的支配の開始が自己の意思に基づいていることや、法益保護を自ら引受けたことを必要とする見解が有力となっている（亀井源太郎＝小池信太郎ほか『刑法 I 総論〔第2版〕』（日本評論社、2024年）128頁以下）。

役職員（上司）から指揮命令を受けて業務を行っているような場合も少なくない。そのような場合、子会社の経営陣が親会社から独立して自律的なリスク・マネジメントを行うことは現実的に困難である（し、もとより親会社からもそのような期待はされていない）ことも多く、危険源に対する親会社の支配が認められやすいものと思われる。

　上記の点は、役員のみならず従業員の派遣（出向）についても同様である。すなわち、派遣された役職員の形式的な肩書や職位ではなく、当該役職員の業務内容や現実的な影響力、子会社の人員構成、親会社との関係性などに照らして、危険源の管理に係る子会社の主体的な判断や裁量がどの程度制約されていたかを多角的に検討することが求められる。

(5) 議決権比率

　役員派遣と同様、形式的な議決権比率の多寡も、支配の有無や強度を直接的に決定する要素にはならない。完全親子会社関係であっても子会社の独立性を尊重し、業務執行については原則として子会社の経営陣委ねている場合もあれば、逆に保有する議決権が過半数に満たない場合であっても、ハンズオンで投資先の事業運営に深く関与し、強い影響力を投資先に対して日常的に行使している場合も多く存在する[48]。また、出資先に対して何らかの影響力を及ぼす場合であっても、現実に議決権を行使するのはあくまで最終手段に位置付けられ、平時はよりソフトな手法が選好されることが通常である[49]。このように、保有する議決権の多寡と現実に行使される影響力の有無やその程度が常に一致するとは限らない。

　また、議決権のみでは子会社に対して実際に行使できる影響力は限定され

---

47) こうした機能はグループ会社管理規程や経営委任契約の締結を通じて子会社に報告義務を課すことや、親会社に承認権限を与えることでも達成できるものの、子会社の義務や親会社の権利として定めてもそれが実効的に機能する保証はないことから、役員派遣によってこれを補完ないし代替することが期待されている。特に海外子会社の場合、親子会社間で事前調整や情報共有を行う必要性が十分に浸透せず、単に制度やシステムを整備するだけでは子会社管理が実効的に機能しないという事態が生じやすい。このような場合、親会社の牽制を利かせるために子会社の役員ポストや要職へ現実に人材を送り込む必要性が高くなる（中村直人編著『コンプライアンス・内部統制ハンドブック』（商事法務、2017年）394頁も参照）。

るため、子会社の経営への介入や監視強化を図る観点から、これを親子会社間の契約（経営委任契約や経営管理契約など名称は様々である。）によって別途手当てする場合が存在する。これについても議決権と同様、単に契約締結をしているだけであればそれは親会社が契約に定められた権限を行使して介入を行う機会を持ったことを意味するにとどまるが、契約に基づく支配的な影響力が実際に行使されており、かかる影響力の射程に危険源が含まれるような場合であれば、それは危険源に対する親会社の支配を基礎づける有力な根拠となりうる。

(6) グループ内部統制システム

ア 一元管理型と分権型

親会社が子会社事業のリスク管理のために導入しているグループ内部統制システムも、危険源に対する支配の端緒になりうる。グループ内部統制システムの態様としては、(1)親会社に設置された内部統制部門がグループ各社におけるリスク管理体制を自ら一体的かつ一元的に整備し、これを運営するパターン（一元管理型）と、(2)グループ各社のリスク管理につき、その経営陣やリスク管理部門による自律的な判断・運用に委ね、親会社はそのモニタリングを行うにとどめるパターン（分権型）の2つに大きく区分される[50]。一般論としては、前者の体制を採用している企業集団の方が、後者を採用している企業集団よりも子会社のリスクに対する親会社の干渉権限は強いと考えられるが、単に一元管理型のグループ内部統制システムが導入されているだけで危険源に対する支配が認められるわけではなく、あくまで当該システムのもとで、検出・特定された具体的な危険に対して親会社の影響力がどのように行使されたか（行使されることが予定されていたか）が重要である。

---

48) 合弁事業やCVCを通じてマイノリティ投資を行っている場合において、特にこのような傾向が強いように思われる。また、持分法適用会社としてその利益の一部が自社の連結決算に取り込まれる場合や使用させているブランド価値の毀損を防ぐ必要がある場合など、重要性の高い投資先については子会社に準じた管理のされ方をすることも珍しくない（藤田友敬＝澤口実編著『新・改正会社法セミナー－令和元年・平成26年改正の検討－』（有斐閣、2023年）349頁［長谷川発言］）。

49) 藤田＝澤口編著・前掲注48）349頁［澤口発言］も参照。

第 5 章　日本法における親会社の不法行為責任

イ　通報制度（ホットライン）

　子会社事業のリスク管理のために導入されている施策は様々であるが[51]、その中でも企業グループ内におけるコンプライアンス・リスクを検知するためのツールとして、内部通報制度をはじめとする各種通報窓口の有用性が広く認識されるようになってきている。既に平成 28 年（2016 年）の時点で内部通報制度を導入している事業者の約半数がグループ会社の従業員も通報者の対象に含めているとの調査結果[52]も存在し、自社グループの従業員のみならず取引先の役職員や退職者といった社外からの通報も受け付けている例も少なくない。

　通報により子会社のコンプライアンス・リスクを検知した場合にいかなる対応をとるかは様々なパターンが存在するが、親会社に設けられたリスク管理を専門とする組織（「リスク統括委員会」等の名称を持つ専門委員会や、コンプライアンス担当部署など）が所管し、通報内容の重大性や緊急性などの個別事情をふまえ、当該子会社に調査を指示するか、親会社自ら子会社に対して調査を実施するかを事案ごとに判断する体制を採用しているケースが多いように思われる[53]。

　個別事案によるものの、上記のような体制が整備され実効的に運用されている状況であれば、通報があった以降の期間については、子会社の危険源（通報対象事実）が親会社の支配領域内に入っていたものと評価しうる。かかる状況下においては、もはや子会社に危険源への対処方針を自ら決定する裁

---

50)　畠田公明『企業グループの経営と取締役の法的責任』（中央経済社、2019 年）90 頁、齊藤真紀「企業集団内部統制」神田秀樹編『論点詳解　平成 26 年改正会社法』（商事法務、2015 年）136 頁等。なお、実務上は特に重要な子会社（1 社～数社）をグループの中核会社に位置付けた上で、最終親会社が強力な監督権限とともに直接管理し、孫会社やその他の子会社については、各社の自律的な管理に委ねるか、中核会社に実質的な監督権限を委譲することで間接的な管理を行うにとどめているパターンも頻繁に見受けられる。このように、一元管理型と分権型は択一的なものではなく、グループ内の法人数が多い企業グループや、持株会社制を採用しているような企業グループにおいては、両者を併用した上で重層的な管理体制を構築していることの方が多いように思われる。

51)　松山遥ほか『実効的子会社管理のすべて』（商事法務、2018 年）99 頁以下。

52)　消費者庁「平成 28 年度　民間事業者における内部通報制度の実態調査　報告書」36 頁。

218

量が存在しないためである（結果として子会社に1次的な調査や対応が任されることがあっても、それは親会社がそのような判断をしたからに過ぎない。）。

ウ　イビデン事件判決

上記の点を考える上では、近時の最高裁判決（最判平成30年2月15日判時2383号15頁、いわゆるイビデン事件）も参考になる。同事案では、子会社で発生したセクシャル・ハラスメント被害につき（子会社のみならず）親会社の法的責任も追及されたところ、最高裁は請求を棄却しつつも、以下のとおり判示し、親会社に信義則上の対応義務が生じる余地があることを明らかにした。

「上告人〔筆者注：親会社〕は、本件当時、本件法令遵守体制の一環として、本件グループ会社の事業場内で就労する者から法令等の遵守に関する相談を受ける本件相談窓口制度を設け、上記の者に対し、本件相談窓口制度を周知してその利用を促し、現に本件相談窓口における相談への対応を行っていたものである。その趣旨は、本件グループ会社から成る企業集団の業務の適正の確保等を目的として、本件相談窓口における相談への対応を通じて、本件グループ会社の業務に関して生じる可能性がある法令等に違反する行為（以下「法令等違反行為」という。）を予防し、又は現に生じた法令等違反行為に対処することにあると解される。これらのことに照らすと、本件グループ会社の事業場内で就労した際に、法令等違反行為によって被害を受けた従業員等が、本件相談窓口に対しその旨の相談の申出をすれば、上告人は、相応の対応をするよう努めることが想定されていたものといえ、上記申出の具体的状況いかんによっては、当該申出をした者に対し、当該申出を受け、体制として整備された仕組みの内容、当該申出に係る相談の内容等に応じて適切に対応すべき信義則上の義務を負う場合があると解される。」

53)　親会社がグループ管理規程として子会社への調査権限を定めても、子会社がこれに従う義務が当然に発生するわけではない。そのため、親会社としては、⑴子会社においても同じ規程を自社の規程として定めさせるか、⑵子会社との間の契約（経営管理契約等）においてグループ管理規程の遵守義務や親会社による調査の受入義務を規定する（あるいは子会社からその旨の確認書・誓約書等を差し入れさせる）といった対応が必要になり、実務上はこれらのうちいずれか、あるいは複数の対応がなされていることが通常であるように思われる（石井祐介＝金村公樹「グループ内部統制システムの構築・運用と監視・監督」商事2157号（2018年）8頁も参照）。

第 5 章　日本法における親会社の不法行為責任

　上記判決において、親会社が設置していた相談窓口は「本件グループ会社から成る企業集団の業務の適正の確保等を目的として（中略）法令違反行為等を予防し、又は現に生じた法令違反行為に対処する」ために設置されたものであると認定されており、当該窓口に申出があった場合は、申出の具体的状況によっては「体制として整備された仕組みの内容、当該申出に係る相談の内容等に応じて適切に対応」する義務を負う可能性があるとされている。これは親会社が整備したグループ内部統制システムの運用に起因して、親会社自身が第三者に対する直接責任を負担しうることを示すものである。上記の判示部分は雇用契約上の付随義務違反の有無の文脈において述べられたものであるが[54]、裁判所は「以上説示したところによれば、上告人は原告に対し、本件行為につき、不法行為に基づく損害賠償責任も負わないというべきである。」とも述べており、本判決の信義則上の義務違反の有無に関する考え方は、不法行為上の注意義務違反についても同様に妥当するものと理解されている[55]。

　親会社は子会社を通じて子会社従業員の就労環境に存在する危険に干渉しうる立場にある。そのため、リスク検出時における親会社の対応がシステムとして規定されている場合、内部通報窓口への申出によって危険が親会社に認知され、当該危険がかかる対応プロセスに取り込まれることにより、具体的な危険源に対する親会社の支配を観念することができる。したがって、上記判示事項で示されたような親会社の義務（体制として整備された仕組みの内容、相談の内容等に応じて適切に対応すべき義務）は、本書が支持する不法行為責任構成からも導くことができる。

　他方で、グループ内部統制システムの設計・運用にあたっては親会社取締役の広範な裁量が認められる。したがって、検知された子会社事業上のリス

----

　54)　本判決は親会社の責任原因として、(1)親会社の雇用契約上の付随義務違反（信義則上の義務違反）と(2)不法行為責任を検討しており、上記の判示部分は(1)の検討の中で示された判断である。

　55)　林史高「判批」ジュリ 1536 号（2019 年）87 頁、得津晶「判批」法学 82 巻 2 号（2018 年）67 頁等。原弘明「判批」民商法雑誌 154 巻 6 号（2019 年）1280 頁も、「裁判所は（中略）信義則上の義務違反は、不法行為に基づく損害賠償請求権における権利侵害要件でも用いることができることを認めているとも言えるだろう。」と指摘する。

220

クに対してどのような対応を行うかについても、原則として親会社（当該リスクを所管する専門組織が親会社内に設置されている場合は、当該組織やその担当取締役）の判断が尊重されるべきである。また、検知されたリスクの内容や親子会社間の関係性、人的リソースを含む調査体制等によっては、子会社自身に調査・是正の対応を任せることが適切である場合や、そうせざるを得ない場合も現実に存在する。したがって、構築されたグループ内部統制システムを根拠に親会社に支配（作為義務）が認められるとしても、親会社自らが調査を実施する義務や、子会社による違法行為を防止する義務がただちに導かれるわけではなく、検知された危険源の性質や構築されたシステムの中身（親子会社間の役割分担・分掌を含む）などを総合的に考慮した上で、親会社がとるべき行動の内容が特定される[56]（後述の第4項も参照）。

2　先行行為基準

　先行行為基準によれば、自らの行為によって物・場所ないし人に危険を孕ませた場合、かかる危険源を作出したことに対する責任として、当該危険源（それらが孕む法益侵害の危険）を制御することが義務づけられる[57]。

　したがって、例えば親会社が自らの指示する事業を行わせるために子会社に加害リスクの高い設備を提供したような場合には、それが適切に取り扱われるように子会社に対して必要な指示を行う義務や、当該設備に機能的な欠陥があることが判明した際に遅滞なくその情報を子会社に共有すべき義務など、一定の作為義務を課す余地が生まれよう。

　なお、危険源の創出は直接行為者に対する支配関係を背景にして実行されるケース[58]も想定され、そのような場合には、先行行為と危険源の支配が同時に観念されることとなる。もっとも、先行行為基準と支配領域基準は、いずれも法益侵害に至る因果系列と不作為者の「近さ」を判断するための評価基準であるため両立は可能であり、個別事案における特定の行為を「先行行

56）　上記のイビデン事件判決も、あくまで「体制として整備された仕組みの内容、当該申出に係る相談の内容等に応じて適切に対応」する義務の可能性を認めるものであり、体制や通報の内容等によって、親会社がとるべき対応も変容することを前提としている点に留意する必要があろう。

57）　橋本30頁。

為」と「危険源の支配」のいずれに分類するかは必ずしも重要な意味を持たないものと思われる[59]。

3　その他の考慮要素

(1)　親会社による受益の程度

　法益侵害の原因となった子会社事業から親会社が利益を得ていた事実やその程度は、作為義務を基礎づける考慮要素になりうると考えられる。

　子会社において事故防止に必要なコストが投じられなかった場合、子会社利益の一部は本来であれば潜在的被害者が享受すべきであった利益（自身の生命・身体に係る法益が保護される利益）を犠牲にして獲得されたものとなる。したがって、配当等によって親会社に多額の金銭が吸い上げられていた場合など、被害者から親会社への不当な利益の移転を観念できるような事案において、親会社に賠償責任を課すことは、親会社が獲得した不当な利益を吐き出させるという側面も有する。

　また、いわゆる報償責任の例に代表されるように、ある活動から利益を得ている者に対してその活動によって生じる損害の防止や除去、填補のコストを負担させることは、責任分配における基本的な価値判断の1つとして広く受容されている考え方である。裁判例においても、PF事業者に作為義務を課す根拠の1つとして事業者がPFの運営を通じて利益を得ていることが明示的に挙げられており（楽天市場事件判決）、危険源の支配によって利益を獲得している者に責任も課すことは、このような報償責任や裁判例の考え方とも整合する。

---

58)　前述のファミリーマート事件を例にすると、滑りやすい床材の支給やモップによる水拭きの指示は危険源の創出（先行行為）として評価可能であるが、本部にそのような行為ができるのは加盟店に対する垂直的な力関係があるからにほかならない。加盟店においてマニュアルを無視し、勝手に違う床材に交換したり、店舗オペレーションから水拭きを除外したりすることは原則として考えられないため、「滑りやすい床」に関連する危険源が本部の支配領域に含まれることは否定しがたい。

59)　一般論としては、危険源の支配のみをしていた場合よりも、それに加えて創設行為にまで関与していた場合の方が因果系列と不作為者がより「近い」と認められ、強度の高い作為義務を課すことが正当化されやすいということは可能であろう。

あくまで作為義務の根拠の中核を成すのは危険源に対する支配や創出行為であるが、それらを通じて親会社が獲得した利益についても、作為義務の認定にあたって補助的な要素として斟酌することが考えられる。

(2) 親会社の対外的な表示内容

親会社が開示書類や自社のIR活動において、子会社事業のリスク・マネジメントに対するコミットメントを対外的に開示していた場合はどうだろうか。

前述のとおり、英国のVedanta事件判決では、親会社の対外的な公表資料における記載を根拠として不法行為責任が認められる可能性が示唆されたが、なぜ開示の内容が親会社の不法行為責任を基礎づけるのかについて明らかではない。

そして、日本法における不作為不法行為の解釈論としても、対外的な開示内容は危険源の支配や先行行為との関連性が乏しい。よって、仮に子会社事業の危険源を適切に管理しているかのごとき対外発信を行っていた場合であっても、当該事実をもって親会社の作為義務を導くことは困難であるように思われる。また、事実的不法行為の場面では開示内容に対する信頼が不法行為被害に結び付くことは想定しづらいことから、外観法理的な発想で開示主体（親会社）の作為義務を認定することも困難である。

他方で、親会社が対外的に開示していた内容は、親会社の危険源に対する支配を原告が主張・立証する上で有用な証拠になりうる。例えばVedanta事件のように、親会社が子会社のハイリスク事業における安全性の確保について指導的立場にあり、人材訓練や技術支援、衛生管理を通じて子会社のリスク・マネジメントを行っている旨が開示資料において記載されていた場合、そこに記載された内容自体が親会社の危険源に対する支配の内容・程度を推知する上での根拠となりうる。また、親会社が「実は開示資料において記載していた内容は形式的なものに過ぎず、子会社に対して実態を伴ったリスク・マネジメントは行っていなかった（よって危険源に対する支配はなかった）」と主張するような場合、かかる主張は禁反言によって排斥することも考えられよう[60]。

第5章　日本法における親会社の不法行為責任

(3)　親会社の関わり方の異様さ（消極）

　第4章で述べたとおり、米国法においては、親会社による子会社への干渉の態様が、子会社に対する監督の通念に照らして異様（eccentric）なものであるか、親会社によって通常なされる関与の程度を超えるものであるかといった基準で参加責任の有無を判断する立場が有力である[61]。

　しかし、親子会社間の関係性や関与の態様は、各企業グループによって千差万別であり、同じ企業グループ内であっても子会社によって大きく異なることも珍しくない。そのため、何をもって、またどのように「子会社に対する監督の通念」や「通常なされる関与の程度」を線引きするのかという問題があり、この点を曖昧にしたまま、そこからの逸脱を判断することはできない。また、米国法の判例群においても、上記のような規範に依拠しつつ実際には子会社に対する関与の態様とその影響力の程度を詳らかにすることに関心が向けられ、「通念」、「通常」の範囲やその根拠が不明確なままに親会社の参加責任の検討がなされているようにも見受けられる。さらに、仮に関与の程度について標準的なプラクティスを観念できたとしても、そこから乖離することがなぜ親会社の作為義務を導くことができるのか、その理論的根拠は明確ではない。

　以上の理由により、親会社による干渉の態様の異様さという観点で作為義務の有無を判断すべきではない。

第3項　結果発生に対する予見可能性の認定

　不法行為においては、過失の前提として結果発生に対する予見可能性（予見義務）が必要とされる[62]。前述のとおり、不作為不法行為を独自の責任類型と観念するか否かにかかわらず、作為義務の有無は過失要件のもとに解消ないし近接するものと理解されており、また予見できない結果についてその

---

60)　企業の策定する人権方針について禁反言法理（民法1条2項）の適用の可能性を示唆するものとして、宍戸常寿ほか「座談会『ビジネスと人権』規範の企業への拘束力の背景と諸相－ソフトローが企業に及ぼす『ハード』な効力－」商事2348号（2024年）16頁［久保田発言］。

61)　Bestfoods事件判決、Waste Management事件判決、PCC事件判決、Melton事件判決等。詳細は第4章第1節第2項を参照。

62)　新注釈民法⒂338頁［橋本］。

224

発生を防止する措置をとる義務を課すことは不合理である。そのため不作為不法行為においても結果発生に対する予見可能性（予見義務）が必要となる。

　もっとも、危険源の支配や創設行為が認められる状況であれば、結果発生に対する予見可能性についても比較的容易に認めることができる場合が多いように思われる。また、予見義務の内容や程度は行動の危険性に応じて異なり、行為の危険性が高い場合はそれに応じた高度の予見義務が生じる [63]。したがって、自らが現実的な支配を行っている子会社の事業活動に重大な危険が内在することを、抽象的に認識可能な状況であれば、親会社には自ら又は子会社をして危険の有無やその具体的な内容等を調査する義務が課される場合もあろう。

　なお、加害リスクの予見可能性を基礎づける情報（ヒヤリハット事例や被害の兆候に関する情報など）が子会社内部にとどまっており、危険源を支配する親会社にはその情報が伝達されていないといった状況も想定される。子会社のリスク・マネジメントについて親会社がどこまで介入するかは親会社（取締役）の広範な裁量が認められており、子会社からの情報収集についても同様であると考えられることや、親会社（取締役）が子会社の情報収集のために行使できる法律上の権限も限定的であることに鑑みれば、子会社が当該情報を認識していたことをもって、ただちに親会社の予見可能性を肯定することは適切ではない [64]。もっとも、上記のとおり、親会社が支配する危険の性質をはじめ具体的な状況次第では、親会社にとって既知の情報を前提として、自ら積極的に子会社の持つ情報を収集・分析する義務が課される可能性はある（第4項も参照）。

第4項　義務内容の特定

　上記の検討を経た上で、親会社に作為義務があるとなれば、今度はその義務の具体的な内容（親会社において具体的に子会社に対してどのような行動をとるべきであったのか）を特定する必要がある。その際、各考慮要素の検討結果は義務の具体的な内容に反映され、危険源の危険性や支配の強度が高ければ高いほど、あるいは法益侵害やその可能性に対する認識が明確であればあ

---

63)　吉村良一『不法行為法〔第6版〕』（有斐閣、2022年）73頁。

るほど、作為義務として要求される行為やその水準も、具体的かつ高度なものになると考えられる。

個別事案次第ではあるが、典型的な作為義務としては、危険の実現を防止するための措置が適切にとられるよう、子会社のリスク・マネジメントを指導・監督し、不十分な点があればその是正を積極的に働きかけ、必要に応じて自らの行使可能な権限を適切に行使する義務（指導監督義務）が考えられる。

また、子会社の調査能力やリスクの性質によっては、単に子会社に対して調査を指示するだけでなく、子会社の調査結果を親会社においても二次的に検証することや、親会社自ら主体的にリスク調査・分析を行う義務（積極的調査義務）が課される場合も想定されよう。

さらに、危険源の支配者は、法益侵害に向かう因果系列の初期段階から（すなわち法益が現に侵害される前から）これに介入することが義務づけられ

64）　法人内部や結合企業間における悪意の効果帰属につき、ドイツ法の議論も参考にしつつ詳細な分析を加えた近時の研究として、溝渕将章『法人における悪意判断の法的構造』（有斐閣、2024年）が挙げられる。同研究は、主として法人の悪意の認定について論じるものであり、不法行為責任における予見可能性を対象としたものではないが、情報不伝達のリスクを誰に負担させるべきかという観点で行われた分析は、本書との関係でも有力な手がかりになるように思われる。溝渕は、親子会社間の情報不伝達のリスクを（親会社の取引相手ではなく）親会社に負担させ、子会社からの情報伝達確保を親会社に間接的に強いることは、①子会社から情報提供を受ける親会社の法的権利を保障しておらず、②子会社に対する介入の義務を（親会社の取引相手に対して）親会社（取締役）が負うものではないとする会社法の原則に反することを根拠に、親子会社関係があるだけで子会社の悪意に基づく不利な効果を親会社に引き受けさせるべきではないとする。その上で、親会社が自己の業務を子会社に委託していると評価できるような場合であれば、親会社は委託によって分業利益を得ている以上、同業務に伴う情報取得の結果についてもそれを引き受けるのが公平であることに加え、親会社が子会社への委託を行うか、あるいは自ら業務を行うかの選択によって親会社の取引相手の法的地位が変わることは妥当でないため、子会社の悪意による不利益を親会社に負担させることが許容されると説く（溝渕・前掲254-259頁）。溝渕の分析は親会社－不法行為被害者間のリスク分配においても共通する部分があるように思われるところ、仮に同様に考えることが許されるとしたら、子会社の事業が実態としては親会社の事業（の一部）である評価できるような場合においては、子会社が保有又は認識しているリスク関連情報をもとに親会社の予見可能性を認定することも正当化できるだろうか。

るが[65]、現実の法益侵害の結果（＝因果系列の終点）に向かうにつれ、その義務内容は高度化・具体化していく。特に既に法益侵害の結果が発生しているか、その可能性が疑われる場合は、現実に発生している（又はその可能性がある）法益侵害行為を速やかに中止させ、被害の拡大を防止するために必要なアクションをとる義務（損害拡大防止義務）が課せられることになろう。

　また、親会社において、いわばアリバイ作り的に抽象的・形式的な指示を行うだけでは、危険源の支配者や先行行為者として法益侵害に向かう因果系列を食い止めたとは評価できない。したがって、作為義務の内容として子会社の役職員に対して何らかの対応を指示することが要求される場合、子会社がその指示に沿ったリスク・マネジメントを実行しているかどうかをモニタリングし、不十分な点があれば更なる是正・改善指示を行う義務（モニタリング義務）も親会社の作為義務に含まれうる。

　前述のとおり、親会社において構築・整備された子会社のリスク管理体制が存在し、危険源への対処が当該管理体制に基づく措置の一環として実施されていると評価できるような場合であれば、かかる事実も作為義務の内容の特定にあたって斟酌することが相当である。いかなるリスク管理体制を構築するか、構築された体制に基づいて具体的にどのようなアクションを選択するかについては、原則として親会社（取締役）の裁量が認められ、その判断が尊重されるべきであるが、親会社の裁量も無制限に認められるわけではない。そのため、親会社の対応が整備されたシステムの内容からも逸脱している場合[66]や、親会社の対応内容やその決定過程に著しく不合理な点がある場合[67]には、裁判所が独自に親会社の作為義務の内容を特定し、その違反をもって不法行為責任を課すことが許容されよう。とりわけ、本書が念頭に置く大規模不法行為の事案の中には、危険の実現によって社会にもたらされる悪影響の大きさを考慮し、作為義務の特定及びその違反の認定にあたって

---

65)　橋本は、その理由として「社会相当程度をこえる法益侵害の危険は、法益の侵害段階をまつことなくそれ自体として、作為義務の賦課を通じた法益保護（危険制御）を要請・正当化する」と説く（橋本87頁）。
66)　一例として、子会社のコンプライアンス違反について通報があった場合には、親会社が独自に調査を行うか、子会社に対して調査を命じる旨の判断をする旨が内部規程において定められていたにもかかわらず、そのいずれも行わなかったような場合が考えられる。

227

も、親会社の裁量を狭く評価することが適切である事案も少なくないと思われる[68]。

第5項　親会社（法人）自身の不法行為

　法人自体に過失を認めて民法709条の不法行為責任を問うことができるかについては学説や裁判例[69]において両論が存在する。もっとも、学説上はこれを肯定する見解（民法709条適用肯定説）が多く、近時では通説又は支配的見解として位置付けられているようである[70]。また、近年の裁判においてはこの点が争点化することもなくなり、特段の検討を経ることなく裁判所によって法人の民法709条責任を肯定する事例が散見される。

　このように、未だに明確な決着を見ていない論点ではありながらも、法人に不法行為が成立しうることについては、一定の共通了解が形成されている状況であるように思われる[71]。本書では、この論点について立ち入った検討は行わず、法人自体の不法行為が認められうることを前提として、親会社

67)　一例として、広範かつ深刻な加害結果をもたらしうる危険が検出されている状況や、危険に対する子会社の対応能力に明白な疑義がある状況（具体的には、必要な知見や対応リソースが欠如している場合や、危険の創出に子会社経営陣が関与しており、自浄作用がまともに機能しないことが強く疑われる場合等）にもかかわらず、漫然と子会社に対応を丸投げしているような場合が考えられる。

68)　取締役の善管注意義務の文脈では、負の外部性の重大性により、取締役の裁量幅が狭まることを指摘する見解も有力である（倉橋雄作「経営判断原則と信頼の原則を『よき意思決定』に活かす〔上〕」商事2369号（2024年）33頁等）。倉橋は、東京電力株主代表訴訟事件（東京地判令和4年7月13日判時2580・2581号5頁）や旧拓銀事件（最決平成21年11月9日判時2069号156頁）の内容もふまえ、「負の外部性が重大である場合、つまり社会・経済全体に及ぼす悪影響が広範かつ深刻である場合、取締役の裁量が狭くなり、より慎重な情報収集・分析・検討が求められる、少なくとも日本の裁判所はそのような判断を示す傾向にある」と指摘する。かかる指摘は、親会社の裁量の広狭を検討する上でも参考となろう。

69)　肯定裁判例として熊本地判昭和48年3月20日判時696号15頁、福岡地判昭和52年10月5日判時866号21頁、熊本地判昭和54年3月28日判時927号15頁等。否定裁判例として、東京高判昭和63年3月11日判時1271号3頁、大阪地判平成11年3月29日判時1688号3頁等。

70)　平野・前掲注16）102頁、橋本佳幸「『法人自体の不法行為』の再検討－総体としての事業組織に関する責任規律をめぐって－」論究ジュリスト16号（2016年）52頁（なお、橋本自身は不法行為の帰責構造に照らすと、法人自体の行為について民法709条を適用することには理論的疑念が残ると指摘する。）。

228

の作為義務を認定する上でポイントとなる点について検討する。

　まず、作為義務の主要な発生根拠である支配や先行行為についてであるが、これは親会社という法人を基準に判断される。したがって、仮に危険源に対する親会社の役職員の関与の態様が、個々人としては危険源の支配や創出と評価するには不十分なものであったとしても、それらを集積的・一体的に評価することで所定の水準に達するのであれば、法人としての作為義務は肯定されることとなる。同様に、特定の役職員ではなく部署や部門といった組織単位で危険源に対する干渉が行われている場合にも、それが危険源の支配や創出と評価できるのであれば、法人として作為義務が課されることになる。

　また、親会社に作為義務を認めるためには、子会社事業による加害結果の発生について親会社の予見可能性が必要となる。これについても法人（親会社）に備わる情報収集能力や分析能力を基準にして判断され、各人・各部署が有する情報の収集・分析能力や、現実に取得した情報等を総合することによって加害結果の発生を予見することができるのであれば、法人（親会社）としての予見可能性を肯定できる[72]。したがって、仮に親会社による子会社への干渉行為（危険源の支配や創出行為）の決定権者自身には十分な情報が与えられておらず、加害結果への発生の予見可能性がなかったとしても、親会社はそのことのみをもって責任を免れることはできない[73]。

---

71)　平野裕之「取締役の消費者に対する不法行為責任－会社法 429 条 1 項の直接損害への適用の是非について－」加藤新太郎ほか編『加藤雅信先生古稀記念・21 世紀民事法学の挑戦下巻』（信山社、2018 年）669 頁。また、1990 年代の時点で既に多くの裁判例が意識的・無意識的に企業の加害行為を直接に捉えてその故意・過失に基づいて責任を追及しており、学説も多くがこれを支持するに至っているとの状況分析を行うものとして、西原道雄「企業の過失責任」小室直人ほか編集代表『西原寛一先生追悼論文集・企業と法（下）』（有斐閣、1995 年）89 頁を参照。

72)　橋本・前掲注 70) 54-55 頁。

73)　このように、民法 709 条責任肯定説に立った場合、必要な情報・分析が責任者のもとに集中していなかったために誤った事業上の決定がなされることによって生じるリスクは法人に対して割り当てられることとなる。橋本は、このようなリスク分配には合理性があると評価し、その理由として、事業組織では決定権を持つ者が下位者による補佐を得て事業上の決定を下すという体制がとられているところ、そのような組織的意思決定の仕組みが機能しないリスクは事業組織を用いた事業活動に内在するものであり、事業主体たる法人に割り当てることがふさわしいと指摘する（橋本・前掲注 70) 55 頁）。

第5章　日本法における親会社の不法行為責任

　なお、法人としての不法行為責任という構成に依拠しなくても、第4項で述べた判断プロセスに従い、親会社の取締役又は従業員個人についても作為義務とその懈怠が認定されるのであれば、当該役職員個人としての不法行為責任が認められ、かかる個人責任を介して親会社自身に対しても会社法350条又は民法715条に基づく法的責任の追及を行うことも可能である。しかし、企業グループの部外者に過ぎない不法行為被害者が、危険源を支配している親会社の役職員を特定した上で、当該人物による危険支配の程度・態様や、そこから導かれる作為義務の具体的な内容を立証することは多くの場合において困難であり、法人自体の不法行為責任を肯定する意義は大きい[74]。

第6項　小　　括

　上記で述べたとおり、我が国の裁判例では加害行為者やその活動に対する支配関係、若しくは先行行為があることを根拠に当該加害行為を阻止する義務が肯定されており、学説においても、支配領域基準と先行行為基準を作為義務の実質的な根拠（判断基準）にして不作為不法責任を導く見解が有力となっている。これらの考え方を前提にすれば、日本法においても、子会社の不適切なリスク管理に対する親会社の作為義務（指導監督義務等）を導くことが可能であり、これによって子会社事業の被害者に対する親会社の不法行為責任を肯定することができる。

---

[74]　被害者の立証の困難は、法人自身の不法行為責任を支持する見解の有力な根拠の1つである。これに加え、法人の不法行為責任を認めるにあたり常に役職員個人に不法行為の成立を必要とすると、当該役職員にとって酷に過ぎる場合もありうる（法人と個人の責任を分離できれば、法人に対しては個人よりも高度な注意義務を課すことも可能となる）ことも、法人の不法行為責任を肯定する上での実際的な有用性としてしばしば指摘される（神田孝夫「『企業ないし組織体の不法行為』の法理」山田卓生編集代表『新・現代損害賠償法講座⑷使用者責任ほか』（日本評論社、1997年）4頁）。

第3節　予想される論点とその分析

　第1節及び第2節においては、不作為不法行為責任に関する学説や判例に照らし、子会社事業の被害者に対する親会社の不法行為責任が認められうることを示した。しかし、「不法行為責任構成に依拠できるか（しうるか）」という可否の問題と、「不法行為責任構成に依拠すべきか」という是非の問題は区別して考えるべきであろう。前者では専ら不法行為責任に関する既存の解釈論との整合性が問題になるのに対して、後者は子会社事業の被害者に対する親会社の責任の在り方としてそれが社会的に望ましいのかという点も考慮せざるを得ない。そこで、本節では不法行為責任構成に依拠することによって生じうる懸念や関連する論点について検討を行う。

第1項　合理的無関心

1　問題の所在

　不法行為責任構成は、親会社の作為義務の発生根拠として、子会社事業の危険源に対する支配の有無やその内容を重視する。そのため、親会社が子会社事業のリスク管理について積極的に関与すればするほど、作為義務が課され不法行為責任を負担する可能性が高まることになる。これに対し、子会社の事業運営に一切関心を持たず、リスク管理を子会社経営陣に丸投げしているような親会社は危険源への支配が認められにくい。その結果、親会社としては、下手に子会社事業のリスク・マネジメントに関与するよりも、意図的にこれを放置して関わり合いを持たない方が自らのリスクを低減できるという動機付けがされかねない。すなわち、子会社事業の危険源に対する支配を根拠に作為義務を認定するアプローチを採用すると、かえって子会社の適切なリスク管理に対する親会社のコミットメントが阻害されかねないという問題が存在する。

　このような懸念は、親会社の支配に基づく不法行為責任が既に確立した英国法においても複数の論者から指摘されている。Martin Petrin（2013年）は、Chandler 事件判決につき、仮に親会社が子会社におけるアスベスト被害について研究を行わず、放任・不干渉を貫いていれば責任を免れた可能性があ

ると指摘した上で、「一般的に言って、親会社がそのような活動〔筆者注：子会社の安全衛生に関する調査や改善努力〕に従事することを抑制させるような動機付けは、従業員の集団的利益に繋がらないと思われる。」として、親会社の関与を媒介にして法的責任を導くアプローチに否定的な立場をとる[75]。Christian Witting（2018 年）も、「（支配に基づく責任を認めることで）リスクの高い業界の親会社は、戦略的な支配を維持しつつも、不法行為被害を引き起こす可能性が高い業務上の問題を子会社に委任することで責任を回避することになる。このような親会社の経営戦略の変化は、危険な活動によって負傷する従業員やその他の人々を増加させ、結果として不法行為法は、適切な行動基準を設定するという任務において自らを弱体化させることとなる。」として、不法行為責任構成を批判する[76]。

　日本においても、あえて子会社を放置する方が親会社の法的リスクを軽減する上では望ましいという状況が生じる可能性自体は否定できない。もっとも、日本の親会社がそのような合理的無関心を戦略的に選択するか（できるか）という点については、以下のとおり疑問である。

2　検　　討

(1)　親会社取締役にとっての利益状況

　まず、無関心（放任・放置）という行動選択が合理的な戦略になるかどうかは、当該行為者に帰属する利益の得失の計算によって決せられる。しかし、子会社のリスク・マネジメントに対する親会社の関与の態様を決定するのは親会社取締役であり、親会社取締役としては自身が個人責任を負うようなリスクは極力小さくしたいと考えるのが通常である。よって、親会社の行動を決定するにあたっては、親会社自身が負担するリスクだけでなく、その意思決定や業務執行を担う親会社取締役が負担するリスクの多寡も考慮されることになる。

　そして、子会社の事業リスクを意図的に放置することは、親会社取締役にとって個人責任が課されるリスクを著しく増大させる。第 2 章で述べたとお

---

75)　Petrin 618.

76)　Witting 363.

り、親会社取締役は子会社に対する監督義務やグループ内部統制システムの構築義務を負担するところ、具体的にどのような方法・態様で子会社の監督体制を構築するかについては原則として取締役の広範な裁量が認められる。しかし、そもそも子会社の損失の危険の管理について何らの対策もとっていなかった場合、かかる意思決定は経営判断原則による保護を受けられず、内部統制システムの構築義務違反が認められる可能性が出てくる[77]。また、子会社の業務運営に対する親会社の監督義務という観点からも、意図的に子会社の監視・監督を完全に放棄することは善管注意義務違反が問われる危険を高めることになる[78]。

これに対して、グループ内部統制システムの一環として、子会社の事業運営上のリスクについても一定の監督体制を構築していた場合は、仮に親会社の不法行為責任が認められたとしても、そのことからただちに親会社取締役の任務懈怠責任が導かれるものではない（第2節第4項参照）。むしろ、どのような内容・水準の監督体制を構築するかは親会社取締役の広範な裁量に委ねられるため[79]、構築された子会社のリスク管理体制に著しく不合理な点がなければ取締役の義務違反は認められないこととなる。

このように、親会社取締役個人の立場からすれば、親会社として子会社のリスク管理に対して積極的な関与を行う方が、子会社を放置する場合と比べて個人責任を追及されるリスクは低くなる。言い換えれば、仮に親会社としては子会社の危険源を戦略的に放置する方が得られる利益が大きかったとし

---

77) 野上 207 頁、山下友信「持株会社システムにおける取締役の民事責任」金融法務研究会編『金融持株会社グループにおけるコーポレート・ガバナンス』（金融法務研究会事務局、2006 年）37 頁、齊藤・前掲注 50) 135 頁等（齊藤は、「今日の議論からは、子会社の監視・監督をまったく放置するという方針が、親会社取締役の職責に適うとは、もはやいえないであろう。」と分析する。)。

78) 管理コストに見合う利益が期待できない子会社については、株主有限責任のもと、あえて特段の管理を行わずに放置するという選択も許容されるかという点について論じるものとして、藤田＝澤口編著・前掲注48) 337 頁以下。

79) 齊藤は、企業集団内部統制システムの構築・運用にあたり、子会社の規模や重要度、子会社の営む事業に伴うリスク等に応じて監視・監督の濃淡を設けること、規模や業務の属性、利用しうる資源、費用対効果などを考慮すること、子会社の機関構成、さらには階層的な親子関係における中間親会社、上場子会社における市場などのガバナンス・メカニズムを勘案することも、取締役の裁量に含まれるとする（齊藤・前掲注50) 136 頁）。

ても、その意思決定や業務執行を行う親会社取締役個人にとっては失う利益の方が大きい。よって、合理的無関心の図式は成立せず、支配を根拠にして親会社の作為義務を導くとかえって子会社事業による加害リスクが高くなるという批判は（少なくとも日本法においては）妥当しないように思われる。

(2) 外部環境上の要請

近時の外部環境をふまえると、少なくとも上場親会社に関しては、グループ会社の事業リスクに対するコミットメントを放棄するという戦略をとることは現実的には想定しがたい。例えば、2018年3月30日に日本取引所グループが策定・公表した「上場会社における不祥事予防のプリンシプル」の原則5では「グループ全体に行きわたる実効的な経営管理を行う。管理体制の構築に当たっては、自社グループの構造や特性に即して、各グループ会社の経営上の重要性や抱えるリスクの高低等を踏まえることが重要である」旨が規定され、グループ会社で発生した不祥事も企業価値に甚大な影響を及ぼすことに鑑み、子会社・孫会社等をカバーするレポーティング・ラインが確実に機能する体制を構築することの重要性が説かれている（解説5-1）。また、株式会社東京証券取引所「コーポレートガバナンス・コード～会社の持続的な成長と中長期的な企業価値の向上のために～」（2021年6月11日改訂）においても、グループ全体の全社的リスク管理体制の整備が取締役会に対して要請されている（補充原則4-3④）。こうした規律を受けて、上場会社はグループ会社のリスク管理体制を整備し、統合報告書をはじめとする開示資料において、かかる体制の整備や運用に対する親会社のコミットメントを表明することが一般的となっている。

さらに、近時ではビジネスと人権の分野に対する関心が高まっているところ、2022年9月に経済産業省によって策定・公表された「責任あるサプライチェーン等における人権尊重のためのガイドライン」では、国内外の子会社事業における人権侵害リスクについて親会社が人権デュー・ディリジェンスを実行し、リスク評価やその軽減に取り組むことが要請されている[80]。

こうした現状に照らすと、少なくとも上場企業においては、作為義務の回避を目的として子会社事業のリスク管理に対するコミットメントを戦略的に放棄することは現実的な選択肢として存在しないのが実状であると思われ

る[81]。

　負のインセンティブを必ずしも深刻な問題として捉えない見解は、英国法においても有力である。Andrew Sanger（2019 年）は、Vedanta 事件判決の反動で企業側の弁護士がグループのガイドラインを見直し、親会社に責任がないことを明確化する可能性があると指摘しつつも、「内国法上の義務や国際的なガイドラインにより、多国籍グループ全体やサプライチェーンに対して人権デュー・ディリジェンス・ポリシーを持つことが求められる場合、そうすることは必ずしも可能なことではないかもしれない」と述べ、近時の外部環境に照らし親会社が責任逃れを行うことには事実上の制約が存在する旨を指摘する[82]。Tara Van Ho（2020 年）も、Vedanta 事件判決のような広範なアプローチが親会社にとって負のインセンティブを生むことになるおそれはあるとしつつも、⑴多くの機関投資家は、投資先企業に対して各種指針やその実践内容の開示を求めること、⑵鉱業や石油・ガス採掘のような本質的に危険を内在する産業では、新規事業の許可を得るためにグループ会社全体の知見や指針に依存せざるを得ないこと、⑶国内及び国際的な潮流とし

80）　同ガイドライン 1.3 も参照。なお、ガイドラインの公表に先立つ 2021 年 11 月には経済産業省と外務省が東証一部・二部（当時）に上場する企業等 2,786 社に対してアンケート調査を行ったところ（回答企業数 760 社）、人権デュー・ディリジェンスを実施している企業のうち、その対象にグループ会社も含めている企業は 81%（317 社）であった。

81）　古賀祐二郎は「親会社には子会社の事業に関する自らの責任を薄める選択も残されているとの考え方もあるが、いまの経営環境下で、経験の集約・共有を基礎としたリスク低減と事業ライセンス維持の必要や、グループ全体でのリソースの共有と展開がより効率的な経営モデルの一部として浸透しており、機関投資家の要請もあること、さらには DD を含む企業グループやバリューチェーンでの管理手法の統一が先進各国で進展しつつあることを踏まえると、もはや、そのような選択肢は国際的企業グループには残されて」（いない）と説く（古賀祐次郎「途上国での事業で生じた人権・環境問題に対する欧州親会社の民事責任」国際取引法学会 8 号（2023 年）337 頁）。また、前述のイビデン事件（最判平成 30 年 2 月 15 日判時 2383 号 15 頁）を前提にすれば、内部通報窓口への通報者に対する直接責任の発生を予防する見地からは、グループ会社内の内部通報窓口自体を廃止した方が良いということにもなりかねないが、実務上もそのような理解や対応は一般的なものではない（弁護士法人中央総合法律事務所編『内部通報制度の理論と実務〔第 2 版〕』（商事法務、2022 年）295 頁も参照）。

82）　Andrew Sanger, "Parent Company Duty of Care to Third Parties Harmed by Overseas Subsidiaries"（2019）The Cambridge Law Journal 486, 489.

第5章　日本法における親会社の不法行為責任

て、人権デュー・ディリジェンスの実施の義務づける動きが進行していることから、親会社が不法行為責任の追及を回避するために子会社への関与を離れることが標準的なプラクティスになることはないと分析する[83]。

3　小　　括

　以上のとおり、親会社の取締役にとっては子会社のリスク管理に対して放任型のアプローチを採用する方が、自身の法的リスクを高めることになる。また、上場会社を中心に、グループ会社のリスク管理に対する積極的な関与が求められる潮流の中で、意図的にこれを放棄するという戦略を採用すること自体が現実的に困難となりつつある。以上に鑑みれば、親会社に危険源の支配に基づく（不作為）不法行為責任を課したとしても、そのことが親会社による適切なリスク管理をかえって阻害する懸念は限定的であると思われる。

第2項　株主有限責任制度との関係

1　問題の所在

　不法行為責任構成は、親会社自身に作為義務を課すことで、株主有限責任制度の存在にもかかわらず、子会社事業の被害者から親会社に対する直接的な責任追及を可能とする法律構成である。

　これまで見てきたとおり、英国法においては、親子会社関係においても通常の（不作為）不法行為の一類型として親会社の義務違反の有無を検討するという姿勢が確立している状況にある（第3章第3節参照）。他方で、米国法においては、伝統的に法人格の独立性や株主有限責任制度との関係性が強く意識され、親会社の参加責任（直接責任）の成立範囲についても、「親会社の投資家としての地位に見合った活動」や「親会社によって通常なされる程度」を超えるような、「異様な」介入が存在する場合に限定する傾向が見受けられた（第4章第1節参照）。また、カナダ法においても、親会社の直接責任を認めることの政策的妥当性について裁判所が判断を留保している状態にある（第4章第2節参照）。

---

83)　Tara Van Ho "Vedanta resources plc and Another v Lungowe and Others." (2020) 114(1) The American Journal of International Law 110, 111.

したがって、日本法においても、株主有限責任や法人格の独立性を尊重すべく、親会社の子会社に対する異様な干渉や介入が存在する場合に限定して親会社の不法行為責任を認めるという考え方もありうるものと思われる。もっとも、以下のとおり、本書はそのような考え方に消極的である。

2 検 討

⑴ 株主有限責任の意義とその正当化根拠

まず、子会社の不適切なリスク・マネジメントに関連して親会社に不法行為責任を課すことは株主有限責任制度と論理的に矛盾するものではない。株主有限責任とは、あくまで株主（親会社）がその出資額を超えて会社債務に対する責任を負担しないという原則であり、株主が独自の責任原因において負担すべき固有の義務や責任の免脱を許容するものではないためである。仮に、子会社の弁済資力の低下によって発生した既存債権者の間接損害についてまで親会社に責任を認めるのであれば、実質的には株主（親会社）がその出資額を超えて会社（子会社）の債務に対する責任を負担することと近接する。しかし、本書で検討してきた直接損害の事例において、親会社が賠償すべき損害の発生は子会社の弁済資力の低下と無関係であり、株主有限責任原則と何ら矛盾するものではない[84]。親会社（株主）は自らの投資の失敗を理由に責任を負担するのではなく、危険源を創設・支配しているにもかかわらず、その実現を防止する措置をとらなかったことを理由に賠償義務を負うのである。

また、取引債務のみならず不法行為債務についても有限責任を認めることの意義として、株主を不法行為の賠償責任から切断することにより、リスクは高いが社会的に有益な事業への参入が促進されることが挙げられる[85]。しかし、仮に会社（子会社）の事業の不法行為リスクから株主（親会社）を保護することが社会的利益としてはプラスであったとしても、そのことにより生命・身体に関わる個人の重大な法益侵害の発生が当然に正当化されるわけではない[86]。加えて、加害行為の態様によっては個人の法益侵害のみな

---

84) このような観点からも、株主有限責任に起因するモラル・ハザードの問題は、直接損害型と間接損害型に分けてそれぞれの最適な対処方法を検討すべきである。

85) 後藤7頁、向井314頁注84等。

らず社会的にも多大なコスト負担が発生しうるため、当該リスク事業への参
入及び操業の継続によって獲得された社会的利益よりも、加害結果によって
もたらされた社会的不利益の方が大きいということも十分に考えられる。し
たがって、株主有限責任制度が会社の取引債務のみならず不法行為債務につ
いても株主の有限責任を許容しているからといって、株主自身に不法行為責
任を課すことまで否定されるものではない。

(2) 解釈論の限界

　上記のとおり、親会社の不法行為責任は株主有限責任と両立するが、株主
保護の要請は不法行為一般の規律に優先すべきとの価値判断を前提に、株主
(親会社) の不法行為責任の成立範囲に特別な制限を加えること自体は、1つ
の政策判断としてありうるように思われる。

　しかし、かかる制限は身体・生命を含む重要な法益侵害につき金銭的な被
害回復を行うことを困難にさせるものであり、被害者にとっては重大な権利
の制約にほかならない。制度設計としてそのようなリスク分配を是とするか
については、立法を通じた社会的な合意形成が不可欠であり、裁判所の法解
釈によって対応可能な範囲を超えている [87]。現に、我が国ではハイリスク
でありながらも社会的有用性の高い事業活動を保護するべく事業者の有限責
任が規定されている立法例や、制定の過程でかかる規定の導入が国会におい
て議論されたものの、最終的にはこれが盛り込まれなかったような事例も存
在する [88]。

　親会社 (株主) の不法行為責任の成立範囲に特別な制限を加える (株主に
特別な免責を認める) のであれば、特定の事業の有用性や責任制限によって

---

86) この点は、過失の有無の判断にあたって当該事業の社会的有用性・公共性を考
慮することができるかという不法行為領域における議論も参考になると思われる。
大塚直「生活妨害の差止に関する基礎的考察(7)－物権的妨害排除請求と不法行為
に基づく請求との交錯－」法学協会雑誌 107 巻 3 号 (1990 年) 107 頁以下、新注
釈民法⑮ 346 頁以下 [橋本] も参照。
87) Christian Witting は外部化問題につき、代位責任構成をはじめとする法制度の
実質的な変更となるような対策は、法解釈ではなく立法をもって実現すべきであ
ると説き、自らの提唱する企業ネットワーク責任についても同様の立場をとる
(Witting 403, 420)。

生じる弊害を精緻に検討した上で、個別立法によって手当てすべきであろう。

(3) 過度な責任範囲の拡大の危険

英国法や米国法の議論を参照すると、親会社の不法行為責任の成立範囲を制限すべきと考える立場は、親子会社間には垂直的な力関係が存在することが前提であり、通常の不法行為と同じように考えると親会社の責任が容易に認められてしまい、結果として株主有限責任や法人格の独立性が骨抜きになってしまう事態が懸念されているようにも見受けられる。

しかし、日本の不法行為法上の作為義務は、あくまで特定された危険源に対する具体的な支配や創設行為があってはじめて認められる。親会社の（不作為）不法行為責任も同様であり、危険源から結果発生に至るまでの因果系列において、親会社が子会社事業における危険源を支配ないし創設したと評価できる場合にのみ作為義務が課される。また、第4章で述べたとおり、作為義務の認定やその内容の特定にあたっては、子会社のリスク管理について一次的に責任を負うべきは子会社やその経営陣であることや、検知された子会社のリスクへの対応方法の決定には親会社の裁量が認められることなど、会社法上の原則との調和も図られる。

英国でも、Chandler 事件判決が現れた際には、親会社の責任範囲に歯止めがかからなくなり有限責任制度が形骸化するのではないかという懸念が指摘されていたが（第3章第3節第2項参照）、その後かかる懸念が現実化したようには見受けられない。英国と日本では法体系も社会状況も違うことから一概に同列視することはできないが、少なくとも第2節で示した作為義務の認定プロセスを逸脱しない限り、親会社の不法行為責任が認められる場合は

---

88)　実際の立法例としては、船舶の所有者等の責任の制限に関する法律（昭和50年法律第94号）、船舶油濁損害賠償保障法（昭和50年法第95号）。また立法の経緯において有限責任条項の導入が議論されたものの、最終的に見送られた事案として、製造物責任法（平成6年法律第85号）、原子力損害の賠償に関する法律（昭和36年法律第147号）等。特に現行の原子力賠償法のように、原子力事業者について無限責任を採用する立法例は世界的にも少数であるところ、我が国では東日本大震災における原子力発電所の事故以降も改めて有限責任制の導入の是非が議論となった（内閣府原子力委員会・原子力賠償制度専門部会第1回〜第21回会議資料・議事録〈http://www.aec.go.jp/kaigi/senmon/songai/〉）。

相当程度限定されることが見込まれ、株主有限責任制度やグループ内部統制をはじめとする会社法の規律内容とも十分に両立する（むしろ相互に補完し合う）関係性にあるものと思われる。

3　小　　括

以上のとおり、子会社事業によってもたらされた加害結果につき、一定の条件下で親会社の（不作為）不法行為責任を認めても、それは株主有限責任制度となんら矛盾することにはならない。また、一般的には危険源を創設又は支配していれば、それに応じて危険の現実化を防止する義務が課される。それにもかかわらず、親会社（株主）であることを理由にその責任を軽減することは、親会社（株主）に特権的な地位を認めることと同義であり、明文の規定もなくこれを許容すべきではない。さらに、親会社に作為義務を認めたとしても、それは資本関係や形式的要素から機械的に導かれるものではないことから、親会社の責任範囲が過度に拡大し、株主有限責任制度や法人格の独立性が形骸化することは想定しがたい。

したがって、会社の不法行為責任を株主有限責任原則の例外と位置付け、その干渉態様が異様（eccentric）な場合においてのみ責任を肯定するようなアプローチを日本法において採用すべきではない（なお、「異様（eccentric）」や「通常なされる関与の程度を超える」といった規範自体が有する問題点については、第2節第2項3(3)を参照）。

第3項　役員の個人責任

子会社事業の被害者が親会社に対して直接責任を追及するにあたっては、多くの場合において、親会社・子会社役員の個人責任の追及もあわせて検討することになろう。本項では、親会社に支配や先行行為に基づく（不作為）不法行為責任が認められることを前提に、役員の個人責任の取り扱いについての私見を整理する。

1　親会社取締役の個人責任
(1)　親会社の責任との関係性
親会社に不法行為責任が成立する場合であっても、親会社取締役の親会社

に対する任務懈怠が当然に肯定されるわけではない[89]。無論、親会社が不法行為責任を負担することは（保有資産である子会社株式の価値の低下と比較して）より直接的な形で親会社の損失に繋がることから、これを防止すべく適切な内部統制システムを構築し、子会社が加害事故を引き起こさないように監督すること（もって親会社に直接の不法行為責任が生じないようにすること）は、親会社取締役が親会社に対して負担する善管注意義務に含まれる。

　しかし、親会社が不法行為責任を負うことをもって親会社取締役の任務懈怠を（事実上）推認することは、親会社取締役を親会社の保証人的地位に立たせることにもなる。したがって、親会社取締役の任務懈怠の有無については、子会社管理における親会社取締役の広範な裁量についても留意した上で、当該取締役の役割や権限、リスクに対する認識等の個別事情をふまえつつ、親会社の法的責任の有無とは切り離して検討すべきである。

　同様に、親会社取締役個人の不法行為責任についても、親会社自身の不法行為責任の成否とは独立して判断される。したがって、親会社取締役自身に危険源の支配や先行行為に基づく作為義務が認められるのであれば、その懈怠により（法人とは別に）個人として被害者に対する不法行為責任を負う。他方、ある行為が法人の不法行為として評価される場合、これと併存する当該法人内部の個人（法人の機関を構成する個人及び従業員）の不法行為というものは観念できなくなるとして、（法人としての不法行為は認めた上で）取締役個人の不法行為責任を否定した裁判例[90]も存在する。しかし、そのように考える理論的な根拠は明らかではなく、取締役は会社に不法行為責任が成立することを主張して自らの不法行為責任を免れることが可能となるため妥当ではない。

---

[89]　齊藤真紀「企業集団内部統制」商事 2063 号（2015 年）24 頁。齊藤は「会社が第三者に対して私法上の作為・不作為義務を負い、その義務の不履行により、会社が当該第三者に対して債務不履行責任や不法行為責任を負うことになったとしても、そのことにより、意思決定・執行した取締役が、会社に対して任務懈怠があると当然に評価されるわけではない」とし、親会社取締役による子会社管理の在り方が、親会社の取締役としての善管注意義務に適っているかどうかと、親会社の行為が子会社又はその関係者からみて違法かどうか（不法行為に該当しないか等）は別の問題であると説く。

[90]　大阪高判平成 29 年 4 月 20 日判時 2348 号 110 頁。

親会社と親会社取締役それぞれについて不法行為責任が成立して損害賠償債務を負担する場合、両者の関係をどのように整理するかも問題となる。仮に関連共同性を充足して共同不法行為が成立するのであれば[91]、両者の債務は連帯債務の規定によって規律されることになる[92]。また、共同不法行為が成立しない場合であっても、会社法350条に基づく会社責任と代表者個人の不法行為責任や、会社の第三者に対する損害賠償債務と会社法429条に基づく取締役の第三者責任がそれぞれ不真正連帯債務になると理解されていること[93]との平仄を考えると、親会社及び親会社取締役の不法行為責任についても不真正連帯債務になるものと考えられよう。

この場合、共同不法行為が成立するか（民法436条の要件を満たして連帯債務の規定が適用されるかどうか）によって、求償にあたり負担部分を超えた弁済が必要になるかどうかに違いが出てくる可能性はあるものの[94]、いずれにせよ親会社と親会社取締役相互において求償が可能であり、その場合に両者の負担割合をどのように考えるかが重要な問題となることには変わりない。事案ごとの判断にならざるを得ないものの、親会社取締役による危険源の支配や先行行為は親会社のためにその業務執行として行われているであろうことや、使用者責任における被用者への求償制限の考え方とのバランスも考慮すると、親会社に寄せた負担割合を認定することが損害の公平な分担に適う場面が多いものと考えられる。なお、以上で述べた点は、親会社に不法行為責任が成立し、親会社取締役に会社法429条に基づく対第三者責任が成立する場合においても妥当するものと考える。

---

91) 関連共同性要件をどのように理解するかは諸説あるものの、少なくとも客観説の立場を前提にすれば、親会社と親会社取締役の間の関連共同性要件は充足されるものと思われる。

92) 債権法改正前は、民法719条1項前段の規定に基づく連帯債務は不真正連帯債務と理解されてきたが、債権法改正後は「法令の規定（中略）によって数人が連帯して債務を負担するとき」として連帯債務の規定が適用される。

93) 野上519頁。

94) 民法436条の要件を満たさない（＝連帯債務の規定が適用されない）不真正連帯債務となる場合であっても、改正法が従前の不真正連帯債務を主として想定しながら連帯債務の規定を新たに設けた以上、その規定が類推適用されるとの考え方も成立しうるとされる（窪田充見『不法行為法－民法を学ぶ－〔第2版〕』（有斐閣、2018年）467頁）。

(2) 会社法上の義務との関係

　第2章で確認したとおり、親会社の取締役はグループ内部統制システムの整備義務を負い、子会社管理においても適切なリスク・マネジメントを行うことが義務づけられる。しかし、これはあくまで会社法上の義務であり、さらに義務を負う相手方は会社であることから、当該義務の違反が被害者に対する不法行為責任に直結するわけではない。

　会社法350条に基づく会社の責任の前提として代表者の民法709条に基づく不法行為責任の有無が問題になった近時の裁判例[95]においても、「会社の代表者が会社に対して負う上記義務〔筆者注：「十分なリスク管理体制（内部統制システム）を構築・改善し、かかるリスク管理体制を有効に機能させるべき義務」〕については、特段の事情がない限り、会社以外の第三者に対して負うものではない」として、代表者の不法行為責任の成立が否定されている。学説の中には、会社法上の内部統制システム構築義務を不法行為法上の結果回避義務として位置付ける見解[96]も存在するが、会社に対して負担する義務がなぜ第三者を名宛人とする不法行為法上の義務に転換されるのかという点において疑問が残る[97]。

　無論、会社に対するグループ内部統制システム構築義務の違反を構成する評価根拠事実が、結果として取締役の第三者の利益を保護する義務（作為義務）の違反を構成する評価根拠事実と重複することは十分に考えられる。そのような場合であれば、会社法上の義務違反の認定に依拠ないしこれを参照する形で不法行為法上の義務違反も認定されるということは起こり得よう[98]。

---

95)　東京高判平成29年2月23日資料版商事法務402号61頁。

96)　平野・前掲注71) 669-671頁。

97)　南健吾は「取締役の従業員監督義務はあくまで会社に対する義務であって、不法行為被害者に対する義務ではないことから、理論的にいえば取締役の不法行為責任を問うことはできないように思われる。」とした上で、組織過失の文脈においてこれを自然人の過失として考えることができるのであれば、かかる観点からは取締役の不法行為責任が肯定されうると分析する（南健悟「消費者被害と会社役員の責任」静岡大学法政研究18巻3-4号（2014年）158頁）。

98)　その意味において、内部統制構築義務違反が「直ちに」第三者に対する過失とはならないとする指摘（木村真生子「判批」ジュリ1374号（2009年）102頁、弥永真生「判批」ジュリ1385号（2009年）61頁）に対して本書も賛成である。

第5章　日本法における親会社の不法行為責任

　なお、グループ内部統制システムの整備にあたっては親会社の取締役に広範な裁量が認められるため、子会社が引き起こした加害事故に関して親会社の取締役にグループ内部統制システムの整備義務違反を立証するのは容易ではない。そのため、親会社の取締役個人の不法行為責任の有無を主張・判断するにあたり、わざわざ会社法上の義務違反の有無を経由する必要性は乏しく、端的に不法行為上の義務として、親会社の取締役が被害者との関係でいかなる義務を負担していたのか（そしてかかる義務に違反したと評価できるか）を検討すれば足りるように思われる[99]。

2　子会社取締役の個人責任

　子会社取締役はそのリスク管理について一次的に責任を負うべき立場であるから、親会社に不法行為責任が課せられる場合、子会社取締役自身にも任務懈怠責任や第三者責任が認められる可能性が高い。

　親会社が子会社の危険源を自己の支配領域下に置いていた場合、子会社取締役が親会社の指示に反することや、自律的な意思決定で適切なリスク・マネジメントを実施することが現実的に困難であるような場合も想定される。そのような場合にまで子会社取締役に法的責任を課すのは酷であるようにも思われるが、少数株主や第三者の利益保護の必要性から安易な責任軽減は認めるべきではない[100]。したがって、支配領域基準に基づく作為義務が親会社に課せられるからといって、当然に子会社取締役が責任を免れるわけではない。

　もっとも、子会社取締役が完全親会社（一人株主）の指示に従ってリス

---

99)　実際の訴訟の場面を想定すると、親会社取締役の不法行為責任が問題となる場合、会社法429条1項に基づく第三者責任もセットで主張されることがほとんどであると考えられる。したがって、（どちらを先行して判断するかの問題はあるにせよ）不法行為責任の有無の判断にあたり、親会社取締役の親会社に対する義務違反の有無という争点が同時発生することは事実上避けられないように思われる。

100)　齊藤真紀は、子会社経営陣が困難な立場に置かれることへの懸念を示しつつ、親会社の支配的影響力の存在は子会社取締役の責任を軽減する事由にはならないとして、きわめて限定的な場合（会社法467条1項4号に定める経営の全部委任の契約に準ずるような契約を親子会社間で締結し、かつ株主総会決議による承認を得た上で反対株主に株式買取請求権を付与する場合等）にのみ子会社取締役の免責を肯定する（齊藤・前掲注50）143頁）。

244

ク・マネジメントに係る業務を遂行していたような場合、当該指示に従った結果として子会社に発生した損害につき、完全親会社（一人株主）から子会社取締役による任務懈怠責任の追及を認めることは不合理である。したがって、このような場合には子会社取締役の対会社責任は否定されるべきである[101]。

　子会社と子会社取締役の双方に責任が認められる場合の両者の関係性については、第3項1(1)で述べた内容が妥当する。また、親会社と子会社の双方に不法行為責任が認められる場合も、両者は（不真正）連帯債務の関係に立ち、その負担割合については、親会社による子会社への支配の程度や加害事故の発生に至るまでの具体的な事実経過等に照らし、各事案の個別事情を斟酌して判断されるべきである。

101）　東京地判平成31年3月22日判タ1474号249頁は、一人株主の指示に従って業務を執行した取締役の善管注意義務違反が問われた事案において、「株式の全部を一人の株主が保有する場合においては、取締役は、一人株主の意思決定に従わなければ解任される危険を負う一方で、一人株主の意思決定に従っても善管注意義務違反の責任を追及される危険を負うこととなれば、進退窮まる事態となり、取締役の保護に欠く」ことを理由として、「一人株主の業務遂行の意思決定があった場合の取締役の善管注意義務の水準は（中略）特段の事情のない限り、同意思決定を尊重すべきこととなる」と述べ、取締役の任務懈怠責任を否定した。もっとも同判決は特段の事情として、指示された業務が法令定款に違反する場合や会社が債務超過状態にある場合を挙げており、これらの事情がある場合は「取締役には、一人株主の決定した業務が法令及び定款に違反することや会社を害することを一人株主に通知し、業務遂行の指示の変更を求める義務がある」とも述べる（控訴審である東京高判令和元年9月25日金判1613号40頁も、原審判決を支持。）。本判決に依拠した場合、子会社取締役は、原則として完全親会社の指示に従ったリスク・マネジメントを行っていれば任務懈怠責任を負わないものの、親会社の指示の内容が法令に違反するような場合は、親会社に対して指示の変更要求をしていなければ任務懈怠責任を負担することとなる。

第5章　日本法における親会社の不法行為責任

第4節　不法行為責任構成の評価

第1節及び第2節で述べたとおり、不法行為責任構成は日本法においても採用可能な法律構成である。以下では、外部化問題への対処法として不法行為責任構成を活用することのメリット、そして先行研究で提唱されてきた他の法律構成との比較という観点から、不法行為責任構成の評価を行う。

第1項　不法行為責任構成の利点

1　判例・裁判例との整合性

これまで述べてきたとおり、不作為者による危険源の創設や支配に着目して作為義務を課し、その懈怠をもって不法行為責任を課すというアプローチは、これまでの日本の裁判実務においても頻繁に活用されてきた。そして、不作為者と加害行為者の法人格が独立していることは、作為義務や不法行為責任を肯定する上で妨げとならない。このように、本書が提唱する不法行為責任構成やその検討プロセスは、既存の裁判実務や条文上の文言との衝突がないため、判例変更や法改正に頼らず、また法人格の独立性を前提としながら、親会社に対する責任追及が可能となる。

第2章で検討したように、判例の立場や通説的理解を前提にすると、親会社に対する責任追及を妨げる障壁は高く、そのことは外部化問題に対処する上でのボトルネックの1つとなっている。今日において、現実に第1章の事例1のような大規模不法行為が発生したと仮定すれば、親会社へ責任追及しようとする被害者（原告代理人）としては、判例や標準的な条文解釈を前提にしながら請求原因を組み立てざるを得ない。

不法行為責任構成は、そのような現実の訴訟活動を想定した場合において特に有用な法律構成であり、他の法律構成では代替が難しい。

2　検討プロセスの柔軟性

親会社の直接責任を不法行為責任として構成することで、過失（作為義務）という規範的要件の評価根拠事実（あるいは評価障害事実）として、当該事案における様々な事情を柔軟に判断プロセスに取り込むことが可能となる。

これは予測可能性とのトレードオフという側面があることは否めない。しかし、危険源の種類や結果発生に至るまでの因果系列は事案によって様々であり、子会社に対する親会社の関与の態様やその手法も一様ではない。したがって、硬直的な責任判断のプロセスでは個別事情を十分にカバーすることができず、結果として機能不全に陥ってしまう可能性は否めない。その点においても、不法行為責任構成が持つ上記の特性には一定の価値がある。

　また、企業グループにおける親会社やその取締役に期待される役割や社会的要請は時代の経過とともに常に変化し続けてきたし、グループ子会社のリスク管理という文脈においてもそれは例外ではない。不法行為における「過失」とは通常人に期待される注意を基準とする抽象的過失であるが、ここでいう通常人とはその職業・地位・立場等の社会生活上の役割ごとで類型化されて観念される[102]。そのため、親会社やその取締役に期待される役割や社会的な要請が変化すれば、それに応じて注意義務の水準も高度化・厳格化する余地がある。

　このように、不法行為責任の過失概念はその抽象性と守備範囲の広さゆえに社会的な価値観・規範の変化への感応度が高く、スケーラビリティ（拡張可能性）を持った責任類型である。そのような特性を活かすことができるという点も、不法行為責任構成の特長として挙げられる。

第2項　他の法律構成との比較

　第1項で述べた不法行為責任構成の利点をふまえると、親会社に直接責任を課すことを可能とする他の法律構成（法人格否認の法理、事実上の取締役）とは、以下の点で差別化することができる。

1　法人格否認の法理

(1)　判例の立場

　法人格否認の法理は、株主有限責任原則や法人格の独立性の否定という重大な効果をもたらすため、その適用要件は制限的に解釈せざるを得ない。判例の立場を前提とした場合、親子会社関係に同法理を適用するためには、親

---

102)　新注釈民法(15) 344 頁［橋本］。

会社が子会社を意のままに道具として操っていると評価しうる程度の支配と、法人格の濫用目的が認定されなければならず、原告に課せられる主張・立証のハードルは非常に高い。

　これに対して不法行為責任構成は、法人格の独立性や株主有限責任の存在を前提としつつ、これと両立する形で親会社に直接責任を課すことを可能とする。法人格否認の法理と同様、作為義務の根拠の1つとして支配領域基準は存在するものの、支配の対象はあくまで危険源であるから子会社全体の支配である必要はなく、その水準も「意のままに道具として操る」と評されるような高い強度までは求められない。加えて目的要件も課されないことから、親会社による濫用の主観的意図までを立証する必要はなく、あくまで危険源への支配や創設行為を基礎づける客観的事実が立証できれば良い。不法行為被害者が企業グループの部外者であった場合、上記の外形的事実を立証することも決して容易ではないが、法人格否認の法理の適用要件を立証することと比べれば、主張・立証上の負担が軽減されるケースも少なくないと思われる。

　また、判例が前提とする法人格否認の法理（濫用事例）は、支配と濫用目的に着目して責任判断を行うことから、このいずれにも該当しない事情を判断プロセスに取り込むことが難しい。また、法的効果も「法人格の濫用に該当するか／しないか」＝「法人格が否認されるか／されないか」の二択である。他方で、不法行為責任構成であれば、危険の大きさや結果発生の蓋然性、親会社の受益の程度など、当該事案における様々な要素を検討プロセスに取り込んだ上で、それらを作為義務の水準に反映することができる（第2節で述べたとおり、「作為義務があるか／ないか」だけではなく、それがどのような内容の作為義務か、それに親会社は違反したと評価できるかも含めて検討対象となる。）。したがって、「親会社に作為義務は認められるが、当該義務は履行されていた（＝よって不作為不法行為責任は認められない）」という結論となることも十分考えられ、事案に即した適切な解決を図ることができる。

(2)　後藤元の見解

　第2章では、いかなる場合に株主の責任を認めるべきかという観点と、それをいかなる法律構成によって実現するべきかという観点から、後藤と向井

の見解の分析を行った。まず、前者の観点に係る後藤の見解は、本書の立場と大きな乖離はないようにも思われる。

前述のとおり、後藤は「株主によって事故防止措置の実施等の事業上の注意水準が社会的に最適な水準から乖離させられた場合」には有限責任を否定すべきとし、具体例として、(1)株主が事故の発生を促進させるような積極的な行動をとった場合、(2)株主が事故の発生を抑制する方策をとらなかった場合がこれに該当すると主張する。

まず、(1)のような「株主が事故の発生を促進させるような積極的な行動をとった場合」に関しては、かかる行動が危険源の創設又は支配に該当する行為であれば、その危険性を除去ないし緩和する作為義務を親会社に課すことにより、不法行為責任構成においても株主の直接責任を導くことが可能である。また、(2)のような「株主が事故の発生を抑制する方策をとらなかった場合」につき、後藤はこれを作為義務の問題とした上で、かかる義務が認められるかどうかは株主が会社の業務にどの程度関与しているかという個別事情に依存すると説く。本書の見解も、株主（親会社）による会社（子会社）の業務の態様に着目した上で、危険源の支配ないし創設行為を根拠に作為義務を導くものであるから、基本的な考え方としては近接するように思われる。

さらに後藤は、（個別事情に依存すると慎重に留保を置いた上で）一般的には、(2-a) 経営陣が適切な損害防止措置を実施していないことや損害に繋がりうる事故が発生していることを株主が認識していた場合には、それを放置せずに是正する義務を、(2-b) 損害発生の潜在的可能性がある活動については、適切に情報を取得する義務を課すべきと説く。

これについても、(2-a)「経営陣が適切な損害防止措置を実施していないことや損害につながりうる事故が発生していることを株主が認識していた」ことは本章第2節第3項の予見可能性の問題として、(2-b)「損害発生の潜在的可能性がある」ことは第2節第1項の危険の評価の問題として、不作為不法行為の検討プロセスにおいても重要な考慮要素に位置付けられる（その結果として、指導監督義務や調査検証義務が導かれうることも第2節第4項に記載のとおりである。）。

このように、いかなる場合に株主（親会社）に責任を認めるべきかについては、本書の見解は後藤の立場と基本的な方向性に大きな隔たりはないよう

に思われる。本書が差別化できる点があるとすれば、親会社の責任が認められるべき場合の特定（＝作為義務の認定）において考慮されるべき要素を具体化・細分化し、その検討プロセスを明確化したことに集約されよう。

　他方で、後藤は上記を実現する手段として法人格否認の法理の活用を主張する。しかし、第2章で分析したとおり、インセンティブの歪みにより不法行為コストを外部化することを法人格の濫用として捉える以上、濫用目的を認定するためには、（少なくとも）インセンティブが歪んでいることを親会社自身が認識している必要がある（前述のとおり、「濫用」と評するからには、インセンティブの歪みを積極的に利用し自社の利益を図ろうとする意図まで要求するのが自然であろう。）。そうだとすれば、親会社がそのような認識を欠く場合には直接責任を負担しないことになり、また現実にはインセンティブの歪みの認識があったとしても、それを立証するのは相当の困難が伴うことが見込まれる。

　支配要件との関係でも（判例の立場を前提とするのであれば）上記のとおり子会社を意のままに道具として操っていると評しうる強度の支配が求められ、（判例の立場を前提としないのであれば）判例との整合性をどのように説明するかという難題に直面する。

　このように、株主が直接責任を負担する法的根拠を、法人格否認の法理ではなく不法行為法上の作為義務に求めることで、判例との整合性や責任の成立範囲の狭さ、立証の困難といった従来の問題を（部分的ながら）克服することができる。これは、従来の法律構成に加えて、不法行為責任構成も検討することの意義の1つであるように思われる。

(3)　向井貴子の見解

　前述のとおり、向井の見解は、非任意債権者に対する無限責任を負担すべき「支配株主」の該当性判断において、議決権割合（形式的な支配）と事業活動に対する支配（実質的支配）の双方に着目するものであった。そして、後者の実質的支配については、「①リスクが高いことが明らかな事業活動に多くの情報を有し、そのリスクの高さを認識し、それにもかかわらず（そうであるからこそ）、②過剰なリスクテイキングを経営者に促し、また、リスク・マネジメントへの投資を十分に促さなかった株主で、③そのリスクのあ

る事業活動から得られた会社の利益を、自分の免責資産へ移動する能力が高く、実際にその能力を行使し、④出資割合よりも大きい利益をそのリスクの高い事業活動から得てい（る）」ことをその要件として主張する（第2章参照）。

　上記①〜④の各要素は、本書が支持する不法行為責任構成の検討プロセス（第2節参照）においても考慮される[103]。他方で、本書はあくまで親会社による危険源の支配又はその創設行為、そして結果発生に対する予見可能性があれば作為義務を認定しうるとの立場であり、①〜④全ての要素を充足することを要求するものではない（特に③と④は補助的な考慮要素に過ぎず、作為義務の認定にあたっては必ずしも中核的な位置付けを占めるものではない。）。

　また、向井の見解によれば、親会社の危険源へのかかわり方としては「過剰なリスクテイキングを経営者に促し（た）」ことのみが要求されており（②）、その態様や影響力の多寡は問題とされていない。したがって、子会社経営陣が主体的にその採否を判断できるような軽微な提案行為であったとしても、他の要件を充足しさえすれば親会社に直接責任が認められかねないように思われる。これに対して、不法行為責任構成においては単に経営者にリスクテイキングを促すだけで作為義務が課されることはなく、それが因果系列にもたらす影響に着目して作為義務の有無と内容を判定することになる。

　なお、第2章で述べたとおり、上記①〜④の要件を充足した場合において親会社に直接責任を課すための法的根拠について、向井は「本来ならば、法人格否認の法理を通して、本書で提示した法的枠組みを裁判所の判断に期待することが筋なのかもしれない。」とする一方で、それは実現困難であるとの見立てから立法論にも言及し、最終的な態度を保留している。もっとも、実際に親会社に対して責任追及を行うことを考えた場合、どのような法的根拠（法律構成）に依拠して請求原因事実を組み立てるかということは極めて重要であり、この点をクリアできなければ外部化問題への有力な対処法たり

103）　例えば上記①は結果発生に対する予見可能性の認定の問題として、上記②は危険源の創設行為又は支配として、それぞれ作為義務の検討プロセスにおいても考慮される。また上記③、④については、必ずしも資産の移動能力（③）や出資割合との対比（④）を意識するものではないものの、親会社による受益の程度の問題として作為義務を基礎づける一事情となりうる。

えない。その点において、不法行為責任構成には一定の意義がある。

2 事実上の取締役

　親会社を事実上の取締役ないし主宰者として考え、会社法429条に基づく第三者責任を負担させる見解との関係では、支配の対象と継続性に制約がないという点が不法行為責任構成の利点となろう。親会社に子会社の「取締役」ないし「主宰者」として責任を問うためには、子会社の経営全般に対する継続的な関与を認定する必要があるが、不法行為責任構成であればそのような制約はなく、親会社による支配はあくまで危険源との関係において認定できれば良い。

　また、不法行為責任構成であれば、作為義務を認めるにあたって必要な支配の水準を法益侵害の蓋然性や侵害法益の重大性といった諸要素との関係で相関的に調整することが可能である。これに対して、会社法429条に依拠する場合、これらの諸要素は任務懈怠の認定で考慮できるものの、その前提となる「取締役」ないし「主宰者」の該当性判断に取り込むことができない。

　先行研究が重視する支配と責任の一致という考え方は、支配を作為義務の根拠の1つに位置付ける不法行為責任構成にも共通するところがあり、本書もこのような考え方に強く共感するものである。他方で、直接責任の根拠規定を会社法429条に置くことで、当該条文の文言や構造上の制約を受けることは避けがたい。民法709条に依拠する不法行為責任構成は、そのような困難を回避しうるという点においても強みがあるように思われる。

第5節　小　　括

　本章で検討してきたとおり、不法行為責任構成は日本法においても採用可能な法律構成である。不作為不法行為の領域では、危険を支配する者に対して、その危険が現実化するのを防止するために必要な措置を講じる義務（作為義務）が課されうるということが、判例・学説において承認されている。また、裁判例（ファミリーマート事件、楽天市場事件、イビデン事件等）に照らせば、不作為者と加害行為者が異なる法人格を有しており、かつ各々の法人格が独立していることは、不作為者に不法行為責任を課すにあたって障壁となるものではない。このように、本書が提唱する不法行為責任構成は独自の規範や法解釈を新たに提示するものではなく、既存の不作為不法行為事案における判例や学説を前提にしつつ、それらを親子会社関係にあてはめて整理したものに過ぎない。

　不法行為責任構成は、これまで親会社（支配株主）の直接責任を追及するための法律構成としてその可能性が言及されるにとどまり、本格的な検討の対象とはなってこなかったように思われる。しかし、従来提唱されてきた他の法律構成と比較しても、既存の判例や条文の文言解釈との親和性は高い。とりわけ、当該事案における危険や支配の内容と態様を精緻に分析し、それを不法行為上の作為義務の内容に落とし込むという検討プロセスは、総合考慮型のアプローチを好む裁判実務とも親和性が高いように思われるのである。

終　章

第 1 節　本書のまとめ

　本書は、株主有限責任制度の弊害のうち、直接損害型における外部化問題を課題として認識した上で、これへの対応策として親会社に直接責任を課す法律構成を検討し、不法行為責任構成を提唱するものである。

　第 1 章の事例 1 のような状況において、親会社が自社の利益のために子会社に命じて安全対策を行わせないことは、危険源の支配ないし創設に該当しうる。そのような親会社に対して作為義務違反に基づく直接責任（不作為不法行為責任）を課すことで、不法行為コストが内部化され、インセンティブの歪みが是正される。また、不法行為責任構成においては目的要件が存在しないため、親会社の不当な目的が立証されずとも、危険源に対する関与の態様次第では不法行為責任が課されることになる。したがって、第 1 章の事例 2 のように親会社にインセンティブの歪みが生じていない状況や、親会社自身が歪みを認識していない状況であっても、危険源の支配や先行行為が認定できれば被害者に対する直接責任が生じうる。これにより、不法行為コストは親会社の私的費用に取り込まれるため、子会社事業への関与にあたって、危険源について関心を持ち、その加害リスクの評価を適切に行う動機が親会社に生じる。結果として、子会社の不適切なリスク・マネジメントの改善効果（ひいては加害結果の発生の予防効果）が期待でき、仮に加害結果が発生しても、親会社の資産が賠償の弁済原資となることで被害者救済にも資する。このように、本書が検討課題として設定した外部化問題への対応策の 1 つとして、不法行為責任構成は有用なアプローチであると結論づけられる。

255

終　章

　株主有限責任の弊害としての外部化問題は、これまで主として商法（会社法）の領域において関心を集め、その解決方法についても商法上のアプローチを中心に議論が蓄積してきた。一方、本書が提示する不法行為責任構成は、株主有限責任制度という商法上の基本的な原則から生じる問題に対して、民法上の責任規定を用いて解決を図ることを提唱するものである。その背景には、商法上のアプローチでは現実の訴訟における活用という点で課題が残ることや、要件の柔軟性という観点において不法行為責任の方がより多様な問題状況・場面をカバーできることが挙げられる。いわば、近時の英国法の発展と同様、商法上の救済のみでは不十分な点を、不法行為法によって補うことを志向する。

　しかし、本書は商法上のアプローチの有用性を否定するものではない。不法行為責任構成は、子会社の危険に対する親会社への支配や先行行為を責任の根拠とするものである。したがって、親会社が子会社事業に内在するリスクについて関心を持たず、その管理を放棄しているような場合についてまで責任を課すことはできない。そのため、子会社による事業リスクの管理を適切に行わせ、もって加害結果の発生を防止するという観点からは、危険を支配する親会社に対して不法行為責任を課すことと同時に、親会社やその取締役に対して、子会社事業における加害リスクの適切な管理にコミットせよという規範を与えることが必要となってくる。これはまさに商法領域の役割であり、これまでも親会社の取締役の子会社に対する監督義務や、グループ内部統制システムの構築に関する議論や立法（ハードローだけでなく、コーポレートガバナンス・コードや各種のガイドラインに代表されるソフトローを含む。）の発展を通じて、親会社は自社のみならずグループ企業におけるリスク管理について、より重要な役割を果たすようになってきた。

　このように、子会社の事業が持つ加害の危険に対して親会社に適切なコミットメントを促し、危険が実現化する可能性を軽減するためには、民商法はそれぞれ車の両輪とも言うべき関係に立つ。社会における適切なリスク分担の実現という点において、民商法はその目的を部分的に共有していると考えられ、外部化問題における不法行為責任構成は、両者の相互補完的な連携の可能性を示す一例であるようにも思われる。

第2節　派生論点と今後の課題

第1項　契約関係への適用

1　契約関係における外部化問題

　第5章第2節で述べたとおり、親会社の作為義務の中核的な発生原因となるのは、あくまで危険源に対する支配と先行行為であり、資本関係はその端緒に過ぎない。よって、資本関係が存在せず、契約関係のみで結ばれている相手方が引き起こした加害結果についても、その危険源に対する支配や先行行為が存在するのであれば、不作為者に不法行為責任が発生する余地がある[1]。このことは、前述のファミリーマート事件判決の内容からも裏付けられる。

　そして、契約関係に対しても不法行為責任構成が適用しうることは重要である。なぜなら、以下のとおり、インセンティブの歪みは資本関係のみならず契約関係においても生じうるためである。

> A社はある事業を実施するために必要な技術や経験、仕入・販売等のチャネル（以下「事業ノウハウ」という。）を有している。この事業は、3,000万円の営業利益の発生が見込まれる一方、20%の確率で事故が発生し、事故が発生した場合は1億円の不法行為債務が生じる。しかし、1,000万円を投じて事故防止のための設備投資をした場合、事故の発生可能性は0になる。A社は、資本関係を持たないB社と契約を締結し、かかる事業ノウハウを提供してB社の事業実施を支援する代わりに、B社が得られた営業利益の50%をA社にロイヤルティとして分配する合意をした。

　上記の事例においては1,000万円をかけて事故防止のための設備投資を行うことで、1億円×0.2＝2,000万円の期待損失を0円にすることができるのであるから、社会全体の利益で考えた場合、かかる設備投資は実施されることが合理的である。しかし、A社の収益という観点で考えた場合、B社が設備投資をした場合における営業収益は3,000万－1,000万＝2,000万円となり

---

[1]　Vedanta判決の影響力が契約関係にも及ぶ可能性を指摘するものとして、Tara Van Ho "Vedanta resources plc and Another v Lungowe and Others." (2020) 114 (1) The American Journal of International Law 110, 115.

（実際には減価償却の問題などもあるが、ここでは割愛する。）、その5割にあたる1,000万円がA社にロイヤルティとして支払われる。他方で、B社が設備投資をしなかった場合、営業利益は3,000万円のままであるから、この50%にあたる1,500万円がA社の受取ロイヤルティとなる。

A社がB社に対して供与したのは事業ノウハウのみであり、事業実施のために必要な費用はB社が負担する。よって、仮に事故が発生してもA社に金銭的損失は発生しない。その結果、A社にとっては、B社に事故防止のためのコストをかけさせず、かかる資金を広告宣伝費など売上増加のための施策に集中させた方が、自らの期待利益は大きくなる。仮に事故が発生し、B社が単独では返済不能な不法行為債務を負担して破綻したとしても、独立した法人格を有するA社はかかる債務から遮断され、不法行為コストは外部化される。このように、企業グループを形成して一体的な事業運営を行うことや、グループの特定の構成員にリスクを押し付けることは、資本関係を介在させなくても実現可能である。

フランチャイズ・ビジネスやライセンス・ビジネス、各種のレベニュー・シェア型のビジネスに象徴されるように、契約関係によって一定の企業グループやコンソーシアム（共同事業体）を形成し、参加企業間のリスクとリターンを柔軟に調整しながら事業運営を行うことは、現代社会においてごく当たり前に行われている。このようなスキームには、①単独の企業だけでは負担できないリスクの分散、②各参加企業の持つエキスパティーズの活用、③スケール・メリットに伴う事業運営の効率化など、様々な利点が存在する。しかし、法人格の分離独立性を根拠に他の事業体へリスクを移転させることができる以上、株主有限責任制度と同様、インセンティブの歪みや不法行為コストの外部化の問題が生じることとなる[2]。

したがって、契約関係によって構築された企業グループや共同事業体との関係でも、不法行為責任構成を検討する意義は大きい。

---

2) Christian Witting（2018年）は、リスクの外部化が資本関係のみならず契約関係や協調関係を軸とする企業ネットワークを通じて行われていることを根拠に、人身傷害に係る賠償債務については、企業ネットワークの構成員に対して無限責任（network liability）を課すことができるような立法対応が必要であると主張する（Witting 413. 第2章第1節第1項参照）。

2　親子会社関係との違い

契約関係においても不法行為責任構成は採用しうる一方で、資本関係（親子会社関係）が存在する場合と完全に同列に考えることは難しい。

親会社は、役員の選解任をはじめとする各種の株主権、取締役の行為の差止請求権（会社法360条1項）、監査役が持つ子会社調査権（同法381条3項）などを通じて、子会社のリスク・マネジメントに対して法的な強制力を持った介入ができる（現実にこれらの権限を行使するには至らなくとも、その権限を背景とした圧力をかけることができる。）。

他方で、契約当事者がその相手方のリスク・マネジメントに対して行使できる権限は大幅に制限される[3]。むしろ、一方の契約当事者による他方当事者への過度な干渉・介入は、優越的地位の濫用として独占禁止法に違反するおそれがあるため、（それが問題とならない）同一企業集団内部における権限行使と比べると明らかな質的違いが存在する。

また、契約相手に対して行使できる数少ない権限としては、契約関係の解消（新規の受発注の停止や更新拒絶、契約解除等を含む。）が挙げられる。不作為者は、自らの支配領域から危険源を排除しつつ、認識した危険源に対して（とりうる選択肢の中で最も強力な）対応を行ったという客観的事実を残すことで、危険が現実化した際における自らの不法行為責任リスクを軽減することができる。しかし、サプライチェーン上における人権リスク対応の文脈で既に議論されているように[4]、危険源に対して一定の影響力を持つ者に対してそのような回避行動を動機付けることが本当に被害者の法益保護に繋がるのか（危険の実現防止の観点ではかえって逆効果にならないか）については、慎重な検討が必要となろう。

3）　契約内容次第では親会社以上の権限を持たせること自体は可能であるが、あくまで債権的効力にとどまる。したがって、エンフォースメントまで含めて考えるのであれば、親会社を上回る権限を契約関係で実現するのは困難である。

4）　武井一浩は、契約相手に対する支配を根拠に相手先の法益侵害行為についても何らかの義務を負うとなれば、責任を回避するためにはかかる相手先との契約関係を解消せざるを得なくなるが、そうなれば相手先の状態はより悪化し、相手先に法益侵害行為による被害者は更に救われなくなるという悪循環になってしまうと指摘する（神田秀樹ほか編著『コーポレートガバナンス改革と上場会社法制のグランドデザイン』（商事法務、2022年）55頁［武井発言］）。

終　章

　前述の「責任あるサプライチェーン等における人権尊重のためのガイドライン」では、人権尊重のための各種取組みの対象範囲として資本関係と契約関係を特段区別することなく並列的な位置付けがなされている。しかし、少なくとも作為義務という法律上の義務を課すにあたっては、両者を同質のものと考えることは困難である[5]。本書が検討してきた親子会社関係における不法行為責任構成についても、これをそのまま契約関係に適用するのではなく、両者の違いに対応した調整を行うことが必要になるものと考えられる。

3　近時の英国における裁判例（Maran 事件）

　近時の英国法には、資本関係がなく契約関係のみで繋がっている事業者によって引き起こされた加害結果についても、発注者が不法行為責任を負う可能性を肯定した控訴院判決[6]（2021 年）が存在する。

⑴　事案の概要

　同事案では、英国における海運会社（Maran（UK）Ltd）が、自社のグループ会社が保有する石油タンカーの耐用年数が経過したため、仲介業者を通じてタンカーの売却と解体を手配したところ、最終的にバングラデシュの劣悪な作業環境において当該船舶が解体され、解体作業に従事していた作業員が事故により死亡した。作業員の遺族は、海運会社の注意義務違反を主張し、英国の裁判所に訴訟提起した。

　本件の背景には、巨大船舶の解体にまつわる特殊な事情が存在する。専門家の証言によれば、巨大な船舶を安全な作業環境で解体できる場所は世界中で中国かトルコのみであるが、一定規模の石油タンカーについては（主にコ

---

　5)　神田秀樹は、近時の会社法学では資本関係が契約関係の積み重ねであると考えられてきていることを理由に、資本関係と契約関係を異なるものとして考えるのが良いかは議論に値する問題であるとし、加藤貴仁も、企業の国際的な事業活動が人権問題や環境問題を引き起こす原因の１つとなっているという認識からは、契約関係か資本関係かという区別は重要ではなくなる旨を指摘する。これに対して武井は、子会社に対してできることと取引先にできることは現実問題として厳然と異なり、企業ができもしない責務を負うような法制度になればその帰結は契約の相手先との契約関係の打ち切りであり、結果として相手先のステークホルダーの利益がかえって害されることになると説く（神田ほか編著・前掲注4）56-58 頁）。
　6)　Begum v Maran（UK）Ltd（Rev1）[2021] EWCA Civ 326

260

ト面の理由から）この２か国ではほぼ解体されておらず、大半はバングラデシュが解体地となる。そして、バングラデシュにおける船舶解体が危険な作業環境下で行われていることは有名であり、長年にわたり国際社会からも懸念が表明されているにもかかわらず、未だに死亡率や重傷率は高い。

　そのため、原告は、⑴海運会社は、手配の過程で船舶がバングラデシュで解体されることを知っていたか、あるいは予見可能であったにもかかわらず、⑵バングラデシュにおける解体によって作業員が晒される危険性を重視せず、これを回避するための措置を講じなかったこと等を理由として、海運会社の注意義務違反とこれに基づく不法行為責任の成立を主張した。

　また、本件では、本案審理に入る前段階として却下や略式判決の可否（すなわち、原告の訴えの合理的根拠や勝訴する現実的な見込みの有無）が問題となり[7]、本判決はその点に関する裁判所の判断を示すものである。

⑵　判示事項等

Coulson 裁判官は Littlewoods 事件判決に言及し、第三者の介入によって生じた損害であっても、不作為者が危険の創出を行った場合には、不作為者に一定の注意義務が認められうることを述べ、「ネグリジェンスの分野で現在最も急速に発展している分野の１つが、第三者の介入によって生じた損害に不法行為責任は生じないという一般原則に対する例外と、その範囲や程度に関するものである」と指摘する（para61）。そして、原告が主張する仮定的事実を前提とすれば、⑴本件では、海運会社は船舶をバングラデシュに送ることで積極的な役割を果たし、解体作業に伴う重大な危険に労働者を故意にさらしたと評価できること、⑵そのため、Littlewoods 事件判決における空の映画館と異なり、船舶とその解体はより危険なものとなる可能性があること、⑶事故現場における安全設備の不備とそれによってもたらされる結果

---

[7]　英国民事訴訟法における却下及び略式判決（サマリー・ジャッジメント）の内容を説明する近時の文献として、溜箭将之『英米民事訴訟法』（東京大学出版会、2016 年）187-195 頁。いずれも、正規の事実審理（トライアル）を経ずに、裁判所が迅速に終局判決を下すことを許容する手続である。両者は異なる手続であるが、その差は相対的であり、却下の判断基準（請求原因に合理的根拠が見いだせるか）と略式判決の判断基準（現実的な勝訴の見込みがあるか）の境界は曖昧であるとされる（溜箭・前掲 191 頁）。

は、Dorset Yacht 事件判決における加害行為のリスクよりも予測可能であったこと、⑷海運会社は、適切な作業環境が確立されている作業所への売却を主張でき、またそうすべきであったこと等を述べ（para64〜67）、原告の請求は非現実的なものではなく、勝訴の見込みがあることから、訴状却下及び略式判決は認められないと結論づけた（para116）。

　また、Males 裁判官も、「第三者の行為によって引き起こされた損害に対して責任を負わないという原則には確立された例外があり、それは被告が危険な状態をつくりだし、その結果、第三者が原告に傷害を負わせた場合に適用される。」（para124）と述べ、原告が主張する仮定的事実を前提とすれば、作業員が死亡又は重傷を負うリスクにさらされることは確実であり、被告はそのことを知りながら船舶を処分したと評価できるため、原告の請求が成功する見込みは十分あると結論づけ、Coulson 裁判官の判断を支持した（para132）。

　本判決も正規の事実審理（トライアル）を経た実体的判断を示すものではなく、原告の作業員の死亡結果に対する不法行為責任を実際に肯定したものではない。しかし、原告の主張する仮定的事実を前提とする限りにおいて、被告に責任が成立する現実的な可能性を肯定するものであり、これは omissions doctrine の例外が、資本関係ではなく契約関係で結ばれた（役務の）サプライチェーンにも適用されることを示唆する。

　本件の事実関係には、巨大タンカー船の解体にまつわる様々な特殊事情が含まれている。したがって、本判決の内容は、サプライチェーン上の加害リスクに関する注意義務全般にあてはまるものではない。しかし、不作為不法行為は資本関係のみならず契約関係においても現実に問題となりうること、そして危険の創設行為と結果発生に対する認識（可能性）次第では、サプライチェーン上の末端で発生した加害結果について受益者が不法行為責任を負担しうることを明らかにした点において、本判決には重要な意義がある。

第2項　外国子会社における加害行為

　一般論として、日本は環境や安全衛生に関する規制が比較的充実しており、監督官庁の執行能力や廉潔性も高く、（上場会社を中心に）平均的な事業者の法令遵守意識も一定の水準が保たれていると評しても差し支えないように思

第 2 節　派生論点と今後の課題

われる。他方で、新興国の一部では、法的規制やその執行体制が十分に整備されていないことや、現地事業者の遵法意識も日本企業のそれと大きく乖離していることも少なくない。それにもかかわらず、地理的な離隔や商慣習等の違いから、日本の親会社が現地法人の活動に対して十分なグリップを効かせることができず、グループ・コンプライアンスの観点で大きなリスクを抱えているという状況も散見される。したがって、グローバルに活動する企業グループにおいて外部化問題が顕在化するとすれば、それは日本国内の子会社ではなく、海外子会社の事業活動によってもたらされるものである場合も少なくないように思われる [8]。

　不法行為債権の成立及び効力は、原則として結果発生地法により規律される（法の適用に関する通則法 17 条）。つまり、日本の裁判所で日本の親会社の不法行為責任を追及する場合であっても、加害結果が外国で発生していれば、あくまで現地法の解釈に基づいて親会社の責任が肯定されるかどうかが問題となる [9]。したがって、海外子会社を通じて生じる外部化問題も捕捉するのであれば、不法行為責任構成以外の法律構成が優位性を持つ可能性もある [10]。

　もっとも、不法行為事案においては日本法が累積的に適用されるため、日

---

[8]　このことは、近年の英国法において親会社の直接不法行為責任が問題になった 5 事例のうち、直近の 3 事例（Unilever 事件、Vedanta 事件、Okpabi 事件）において直接の加害者は海外子会社であったこととも整合する。

[9]　国境を越えた法益侵害において現地法が適用される結果、現地子会社の不法行為被害者に極めて不十分な救済しか与えられない場合は公序（法の適用に関する通則法 42 条）によって外国法の適用の排除の可能性を示唆する見解として、横溝大「『ビジネスと人権に関する指導原則』と抵触法」ジュリ 1560 号（2021 年）43 頁。

[10]　例えば法人格否認の法理の可否に係る準拠法につき、法廷地の強行的適用法規として適用の余地を認める見解に立つのであれば、（日本法における）法人格否認の法理を用いて親会社の直接責任を認めることが可能となる。もっとも我が国の近時の判例・有力説は、法人格否認の実質的理由に即して準拠法を判断する立場を採用しており（東京地判平成 22 年 9 月 30 日判時 2097 号 77 頁等）、これによれば過少資本や会社・株主間の混同のように制度的利益が問題となる場面では当該会社の従属法（海外子会社の現地法）が適用される。かかる見解に依拠するのであれば、外部化問題に関する日本法上の解釈としての差別化要因はなくなりそうである（神作裕之『法人格否認の法理』「国際私法判例百選〔第 3 版〕」別冊ジュリスト 256 号（2021 年）42 頁も参照）。

終　章

本法において不法とならない場合は、現地法上では不法であっても損害賠償請求権の成立が否定される（同法22条1項）。よって、準拠法が外国の不法行為法となる場合においても、日本の不法行為法において親会社の直接責任が認められるかどうかが重要な論点となることには変わりない。

　このように、国境を越えた法益侵害の事案においても不法行為被害者の実効的な救済を図るためには、外国法や抵触法の観点からの検討が必要不可欠であり、ビジネスと人権の文脈においてもこの分野に強い関心が寄せられている[11]。本書では日本の民法と会社法の観点から分析を行ったが、渉外紛争や国際私法という領域においても、今後の立法や判例の動向や議論の発展が注目される。

第3項　親会社による子会社債務の損失負担

　本書では、子会社の債務につき親会社が株主有限責任を根拠に金銭的負担を拒絶しているような状況を仮想し、親会社に対して直接に責任追及を行う法的根拠として不法行為責任構成を検討してきた。

　しかし、実際にはそのような状況ばかりではない。子会社が業績不振により債務超過となって事業の継続に窮する場合であっても、親会社は子会社債権者を切り捨てることはせず、実質的に子会社債務の肩代わり（損失負担）を行うこと[12]がしばしば見受けられる。そのため、子会社が大規模不法行為を引き起こした場合においても、親会社の企業イメージの悪化や信用低下による間接的な不利益を回避すべく、親会社が自発的に子会社の債務を実質的に負担し、被害者の救済を図ろうとする例は少なくないものと思われる。

　問題は、子会社債務を肩代わりすることは、親会社取締役の善管注意義務違反の懸念を生じさせるという点である。特に、子会社の再生ではなく清算（廃業）を前提とする場合、親会社が保有する子会社株式の価値は無価値と

11）　グローバル・サプライチェーンで発生した人権侵害の司法的救済につき、EU及び日本における国際裁判管轄や準拠法に関する問題を分析した近時の文献として、西谷裕子「国際取引における企業の社会的責任－『ビジネスと人権』をめぐって－」国際取引法学会年報24号（2022年）85頁以下（西谷は、法の適用に関する通則法22条の規定を前提に、日本法上は親会社の共同不法行為を基礎づけるのが困難であり、損害賠償請求や差止請求が否定されることが多いと思われることを理由として、日本における司法的救済には限界があると説く。）。

なり、損失負担によって生じた子会社に対する債権も回収不能となることが確定する。その上、救済によって得られる親会社の利益は間接的なものにとどまり、定量的に評価することも困難であるため、損失負担には慎重にならざるを得ない[13]。そのため、親会社が子会社債権者を救済したくてもこれを断念するということが現実に発生しており、同様の状況は大規模不法行為における被害者救済の場面でも起こり得よう。

しかし、親会社が被害者に対して直接に不法行為責任を負う（可能性がある）のであれば話は変わってくる。この場合、被害者に対する金銭の支払いは、"法律上は支払う義務がない金銭の恩恵的出捐"から、"自らが（潜在的に）負担する損害賠償債務の履行"へと性質を変える。無論、それだけで善管注意義務の問題がクリアされるわけではなく、事実関係や被害者らとの交渉状況をふまえ、訴訟提起の可能性やその場合における敗訴可能性等も含めた総合的な検討が必要となる。しかし、企業イメージや信用の低下と、これらに付随する間接的な損失のみを理由とする場合に比べ、子会社を支援することの経済的合理性は大幅に補強されることとなる[14]。

また、子会社を存続させる場合、親会社の損失負担は、一定の例外（法人

12) 具体的には、子会社に対して既存債務の弁済原資を含む清算費用を貸し付けるか、親会社が既存債権者の債権を買い取ることによって自らを単独債権者とした上で、子会社は特別清算手続を申し立てる。同手続において、債権の全部又は一部を免除する内容の協定を可決させ、裁判所の協定認可決定をもって権利変更を行い、特別清算手続を終結させる。これにより親会社が子会社に対して有する債権は貸し倒れることとなるが、特別清算手続の認可決定を経ているため、親会社の損金に算入することができる（基本通達9−6−1(2)）。なお、以前は手続の迅速性の観点から、いわゆる個別和解方式の特別清算手続も多く行われていたが、これによって子会社に対する債権を放棄した額につき損金算入を否定した裁判例（東京高判平成29年7月26日税務訴訟資料267号13038順号）をふまえ、現在は基本的に協定型が用いられているように思われる。

13) 子会社救済時における取締役の善管注意義務について論じる文献として、手塚裕之「子会社・グループ会社救済と取締役の責任」江頭憲治郎ほか『子会社救済と取締役の責任−保証類似行為を中心として−』別冊商事法務172号（1995年）16頁等。手塚は、子会社を整理する場合における親会社による救済は、子会社債権者という第三者に対する利益供与的な要素があることを指摘する。そのため、取締役の経営判断に対する評価においても、事実認識における過失の判断や判断過程の著しい不合理性の判断は、再建型のそれと比べて厳しいものになるのではないかとの見方を示す（手塚・前掲28-29頁）。

終　章

税基本通達9−4−1及び9−4−2参照）を除いて寄附金に該当し、損金算入が制限される（法人税法37条1項）。しかし、自らの損害賠償債務の履行として被害者に対する支払いを行うのであれば、寄附金には該当せず、損金算入が可能となる（同法22条3項3号）場合も考えられよう。

　このように、親会社が自発的に損失負担を検討する場面においても、親会社取締役の善管注意義務違反のリスクや、損失負担時における親会社の課税関係を分析する過程で、本書が述べた不法行為責任構成の分析内容（とりわけ作為義務の有無の検討プロセス）は一定の意義を持つ。

14)　手塚・前掲注13）27頁は、「第三者〔筆者注：子会社債権者等〕の救済は、親会社が子会社等の経営破綻や支払不能について法的責任を当該第三者に対して負っている場合には、救済というより、むしろ法的責任の履行ないしそれに代わる措置に過ぎないのであって、そのような事態を招来したこと自体についての責任は別として、すでに存在する法的責任を履行することそれ自体について、取締役の会社に対する責任が発生するものではない。」とする。

266

第3節　結　　語

　日本において、子会社事業の被害者に関する親会社の不法行為責任につき、学術的な議論が十分に蓄積されてきたとは言い難いように思われる。これは、そもそも日本においてそのような法律構成を必要とする場面が頻繁に発生するわけではないことに起因するのかもしれない。

　しかし、不法行為責任構成が活用できる場面は必ずしも大規模不法行為の場合に限られるものではない。子会社に十分な賠償資力がある場合でも、親会社も賠償義務者に加えることでより迅速かつ容易に被害救済を実現できるような場面も想定される。また、不法行為責任構成が裁判実務においても確立すれば、親会社においても子会社事業のリスク・マネジメントを適正化するインセンティブが一層強まることも期待できる。さらに、人権デュー・ディリジェンスをはじめとする昨今のビジネスと人権の分野に対する関心の高まりや、近年の外国における紛争事例等をふまえれば、同種の紛争が日本の裁判手続に持ち込まれ、親会社の直接不法行為責任の有無が争点化するのも時間の問題であるように思われる。

　以上のとおり、不法行為責任構成が持つポテンシャルは高い。本書の研究内容がそれを十分に示すことができたかは心もとないが、今後この論点が何らかの形で検討の俎上にのぼった際、その一助となることができれば幸いである。

事項索引

【欧 文】

Adams 事件 ···················· 71
Bestfoods 事件 ··················· 165
Caparo テスト ··············· 97, 103
CCWS 事件 ····················· 148
Chandler 事件 ··················· 95
Coastal 事件 ···················· 167
Companies Act 1862 ·············· 61
Companies Act 1985 ·············· 91
Companies Act 2006 ·············· 91
Comprehensive Environmental
　Response Compensation and
　Liability Act ·················· 165
Connelly 事件 ··················· 87
Cox 事件 ······················ 149
D&O 保険 ······················ 49
DHN 事件 ···················· 67, 69
Dorset Yacht 事件 ··············· 105
Esmark 事件 ···················· 164
Forsythe 事件 ··················· 169
Gilford Motor 事件 ············ 67, 68
Hudbay 事件 ···················· 180
Insolvency Act 1986 ··········· 92, 93
JGE 事件 ······················ 147
Joint Stock Companies Act 1844 ··· 59
Joint Stock Companies Act 1856 ··· 59
judgement proofing ········ 30, 32, 33
Land Compensation Act 1961 ······ 69
Limited Liability Act 1855 ········· 58
Lipman 事件 ·················· 67, 68
Littlewoods 事件 ············ 107, 261
Lubbe 事件 ····················· 89
Maran 事件 ····················· 260

Matrimonial Causes Act 1973 ······ 76
Melton 事件 ···················· 177
National Labor Relations Act ····· 164
Okpabi 事件 ···················· 137
omissions doctrine ··············· 104
PCC 事件 ······················ 176
Prest 事件 ····················· 76
Renwick 事件 ··················· 119
Salomon 原則（salomon principle）
　·············· 65, 71, 75, 78, 79, 81
Salomon 事件 ··················· 62
Unilever 事件 ··················· 123
Vedanta 事件 ··················· 129
Waste Management 事件 ·········· 168
Woolfson 事件 ················ 67, 70

【あ 行】

安全指導義務 ············ 199, 201, 202
一元管理型 ····················· 217
イビデン事件 ···················· 219
因果系列 ······················· 192
インセンティブの歪み
　············· 6, 8, 29, 30, 31, 250, 257
隠蔽の原則（concealment prin-
　ciple）························· 80
置石事件 ······················· 194

【か 行】

回避の原則（evasion principle）···· 80
外部化問題 ······················ 7
影の取締役（shadow director）
　···························· 39, 94
過少資本 ······················· 27

株主有限責任制度‥‥‥‥‥2, 18, 112, 154, 236
川岸工業事件‥‥‥‥‥‥‥‥28
間接損害型‥‥‥‥‥‥‥‥‥9
企業責任（enterprise liability）‥‥‥19
議決権比率‥‥‥‥‥‥‥‥‥216
危険源‥‥‥‥‥‥‥192, 210, 213
危険源関係型‥‥‥‥‥‥‥‥193
強制保険‥‥‥‥‥‥‥‥‥‥53
共同不法行為‥‥‥‥‥‥‥‥242
近接性（proximity）‥‥‥97, 98, 103
グループ内部統制システム ‥‥‥‥‥‥52, 217, 233, 243
形骸化事例‥‥‥‥‥‥‥‥‥26
結果発生の蓋然性‥‥‥‥‥‥212
現実の問題（real issue）‥‥‥125, 130
合理的無関心‥‥‥‥‥‥‥‥231
コーク委員会‥‥‥‥‥‥‥‥93
雇用類似の関係性（akin to employment）‥‥‥‥‥‥‥‥‥‥147

【さ　行】

最低資本金‥‥‥‥‥‥‥‥‥54
サプライチェーン‥‥‥235, 259, 262
参加責任‥‥‥‥‥157, 163, 171, 173
　　親会社の――‥‥‥‥‥‥162
　　取締役の――‥‥‥‥‥‥158
参加理論‥‥‥‥‥157, 159, 160, 163, 164, 173
資産代替‥‥‥‥‥‥‥‥‥‥10
事実上の主宰者‥‥‥‥‥‥‥37
事実上の取締役‥‥‥‥‥37, 252
指導監督義務‥‥‥‥‥‥‥‥226
支配と責任‥‥‥‥‥‥‥37, 38
支配領域基準‥‥‥‥‥‥192, 213
受動的債権者‥‥‥‥‥‥‥‥23
消極的介入‥‥‥‥‥‥‥‥‥214
人権デュー・ディリジェンス ‥‥‥‥‥‥‥‥234, 235, 236

制度的変更説‥‥‥‥‥‥‥‥24
責任の引受け（assumption of responsibility）‥‥‥‥‥100, 104, 109, 114, 116
積極的介入‥‥‥‥‥‥‥‥‥213
積極的調査義務‥‥‥‥‥‥‥226
先行行為基準‥‥‥‥‥‥192, 221
損害拡大防止義務‥‥‥‥‥‥227
損失負担‥‥‥‥‥‥‥‥‥‥264

【た　行】

代位責任（vicarious liability）‥‥‥145
大学応援団事件‥‥‥‥‥‥‥196
大規模不法行為‥‥‥‥‥‥1, 212
第三者加害行為型‥‥‥‥‥105, 194
単一の経済単位（single economic unit）‥‥‥‥‥‥‥70, 73, 74
単なるうわべ（mere façade） ‥‥‥‥‥‥‥‥70, 73, 74
直接参加責任　→　参加責任
直接参加理論　→　参加理論
直接損害型‥‥‥‥‥‥‥‥‥6
デジタルプラットフォーム（PF） 事業者‥‥‥‥‥‥‥‥‥‥203

【な　行】

内部通報制度‥‥‥‥‥‥‥‥218
2ちゃんねる動物病院事件‥‥‥‥204
ネグリジェンス‥‥‥‥‥‥‥102

【は　行】

破産管財人‥‥‥‥‥‥‥‥‥46
被侵害利益の大きさ‥‥‥‥‥212
非任意債権者‥‥‥‥‥10, 20, 22, 32
表示に基づく責任‥‥‥‥‥135, 142
ファミリーマート事件‥‥‥‥‥199
不作為不法行為‥‥‥‥‥190, 191
不当取引（wrongful trade）‥‥‥92

事項索引

不法行為コスト ·········· 13, 18, 19, 29, 31, 250, 258
不法行為責任構成 ·················· 2
フランチャイザー ··············· 198
分権型 ························· 217
法益関係型 ····················· 192
法人格否認の法理 ········· 25, 67, 247
法人自体の不法行為 ············· 228
法人取締役 ················· 38, 39

【ま 行】
無限責任 ············· 19, 20, 22, 24, 32

モニタリング義務 ················ 227
モラル・ハザード ·········· 19, 32, 53

【や 行】
役員責任査定 ····················· 47
役員派遣 ······················· 215
予見可能性 ····················· 224

【ら 行】
楽天市場事件 ··················· 205
濫用事例 ························ 26

270

判例索引

〔日　　本〕

【最高裁判所】

最判昭和 37 年 12 月 14 日民集 16 巻 12 号 2368 頁‥‥‥‥‥‥‥‥‥‥‥‥‥‥‥ 42

最判昭和 44 年 2 月 27 日民集 23 巻 2 号 511 頁‥‥‥‥‥‥‥‥‥‥‥‥‥‥‥‥‥ 25

最判昭和 45 年 2 月 12 日判時 591 号 61 頁‥‥‥‥‥‥‥‥‥‥‥‥‥‥‥‥‥‥‥ 42

最判昭和 48 年 10 月 26 日判タ 302 号 145 頁‥‥‥‥‥‥‥‥‥‥‥‥‥‥‥‥‥‥ 27

最判昭和 62 年 1 月 22 日民集 41 巻 1 号 17 頁‥‥‥‥‥‥‥‥‥‥‥‥‥‥‥‥‥ 194

最判平成 4 年 10 月 6 日判時 1454 号 87 頁‥‥‥‥‥‥‥‥‥‥‥‥‥‥‥‥‥‥‥ 194

最判平成 7 年 11 月 30 日民集 49 巻 9 号 2972 頁‥‥‥‥‥‥‥‥‥‥‥‥‥‥‥‥ 201

最決平成 21 年 11 月 9 日判時 2069 号 156 頁‥‥‥‥‥‥‥‥‥‥‥‥‥‥‥‥‥‥ 228

最判平成 30 年 2 月 15 日判時 2383 号 15 頁‥‥‥‥‥‥‥‥‥‥‥‥‥‥‥ 219, 235

【高等裁判所】

大阪高判昭和 59 年 12 月 25 日判時 1158 号 210 頁‥‥‥‥‥‥‥‥‥‥‥‥‥‥‥ 196

東京高判昭和 63 年 3 月 11 日判時 1271 号 3 頁‥‥‥‥‥‥‥‥‥‥‥‥‥‥‥‥‥ 228

大阪高判昭和 63 年 6 月 29 日判時 1289 号 58 頁‥‥‥‥‥‥‥‥‥‥‥‥‥‥ 197, 198

東京高判平成 14 年 12 月 25 日判時 1816 号 52 頁‥‥‥‥‥‥‥‥‥‥‥‥‥‥‥‥ 204

大阪高判平成 15 年 1 月 30 日労判 845 号 5 頁‥‥‥‥‥‥‥‥‥‥‥‥‥‥‥‥‥‥ 26

大阪高判平成 19 年 10 月 26 日労判 975 号 50 頁‥‥‥‥‥‥‥‥‥‥‥‥‥‥‥‥‥ 26

東京高判平成 20 年 7 月 9 日金判 1297 号 20 頁‥‥‥‥‥‥‥‥‥‥‥‥‥‥‥‥‥ 40

知財高判平成 24 年 2 月 14 日判時 2161 号 86 頁‥‥‥‥‥‥‥‥‥‥‥‥‥‥‥‥‥ 205

福岡高判平成 24 年 4 月 13 日金判 1399 号 24 頁‥‥‥‥‥‥‥‥‥‥‥‥‥‥‥‥‥ 50

高松高判平成 26 年 1 月 23 日判時 2235 号 54 頁‥‥‥‥‥‥‥‥‥‥‥‥‥‥‥‥‥ 37

東京高判平成 29 年 2 月 23 日資版商事法務 402 号 61 頁‥‥‥‥‥‥‥‥‥‥‥‥‥ 243

大阪高判平成 29 年 4 月 20 日判時 2348 号 110 頁‥‥‥‥‥‥‥‥‥‥‥‥‥‥‥‥ 241

東京高判平成 29 年 6 月 29 日判例集未登載‥‥‥‥‥‥‥‥‥‥‥‥‥‥‥‥‥‥‥ 67

東京高判平成 29 年 7 月 26 日税務訴訟資料 267 号 13038 順号‥‥‥‥‥‥‥‥‥ 265

東京高判令和元年 9 月 25 日金判 1613 号 40 頁‥‥‥‥‥‥‥‥‥‥‥‥‥‥‥‥‥ 245

東京高判令和 3 年 8 月 4 日判タ 1501 号 90 頁‥‥‥‥‥‥‥‥‥‥‥‥‥‥‥‥‥‥ 200

【地方裁判所】

東京地判昭和 44 年 11 月 27 日判タ 244 号 260 頁‥‥‥‥‥‥‥‥‥‥‥‥‥‥‥‥ 28

仙台地判昭和 45 年 3 月 26 日労民集 21 巻 2 号 330 頁‥‥‥‥‥‥‥‥‥‥‥‥‥‥ 28

判例索引

大阪地判昭和 47 年 3 月 8 日判時 666 号 87 頁 ･･････････････････････ 27
熊本地判昭和 48 年 3 月 20 日判時 696 号 15 頁 ････････････････ 212, 228
東京地判昭和 49 年 6 月 10 日判時 753 号 83 頁 ････････････････････ 28
福岡地判昭和 52 年 10 月 5 日判時 866 号 21 頁 ･･･････････････････ 228
熊本地判昭和 54 年 3 月 28 日判時 927 号 15 頁 ･･････････････････ 228
東京地判昭和 55 年 8 月 28 日判時 989 号 64 頁 ･･････････････････ 27
東京地判昭和 55 年 11 月 26 日判時 1011 号 113 頁 ･････････････････ 40
大阪地判昭和 57 年 7 月 30 日判時 1058 号 129 頁 ･･･････････････ 26
名古屋地判昭和 57 年 9 月 20 日判タ 487 号 110 頁 ･････････････ 28
大阪地判昭和 59 年 1 月 31 日判時 1109 号 115 頁 ･･･････････････ 196
大阪地判平成 11 年 3 月 29 日判時 1688 号 3 頁 ･･････････････････ 228
大阪地判平成 12 年 10 月 31 日判時 1764 号 67 頁 ･･･････････････ 199
札幌地判平成 14 年 5 月 29 日 LLI/DB 判例番号 L0550657 ･･････････ 27
東京地判平成 15 年 3 月 7 日 LLI/DB 判例番号 L05830992 ･･････････ 27
名古屋地判平成 22 年 5 月 14 日判時 2112 号 66 頁 ････････････････ 37
東京地判平成 22 年 9 月 30 日判時 2097 号 77 頁 ･･･････････････ 27, 263
大阪地判平成 23 年 10 月 31 日判時 2135 号 121 頁 ･･････････････ 37
岡山地判平成 25 年 3 月 14 日判時 2196 号 99 頁 ･･････････････････ 200
名古屋地判平成 25 年 11 月 29 日判時 2210 号 84 頁 ･･･････････････ 202
東京地判平成 26 年 7 月 24 日（平成 25 年（ワ）9214 号）Westlaw Japan 文献番
　　号 2014WLJPCA07248003 ･･･････････････････････････････ 202
東京地判平成 27 年 2 月 9 日（平成 25 年（ワ）8924 号）Westlaw Japan 文献番
　　号 2015WLJPCA02098002 ･･････････････････････････････ 202
東京地判平成 27 年 4 月 24 日判決（平成 26 年（ワ）3178 号）LLI/DB 判例番号
　　L07031561 ･･ 202
神戸地裁姫路支判平成 28 年 2 月 10 日判時 2318 号 142 頁 ･････････ 201
東京地判平成 31 年 3 月 22 日判タ 1474 号 249 頁 ･･･････････････ 245
東京地判令和 2 年 2 月 13 日金判 1600 号 48 頁 ･･････････････････ 50
東京地判令和 4 年 6 月 29 日 LLI/DB 判例番号 L07731808 ･･････････ 26, 27
東京地判令和 4 年 7 月 13 日判時 2580・2581 号 5 頁 ･･････････････ 228

〔カ ナ ダ〕

Haskett v Equifax Canada Inc. [2003] CanLII 32896（ON CA）··············184

R v Imperial Tobacco Canada Ltd [2011] SCC 42···························181

Choc v. Hudbay Minerals Inc., [2013] ONSC 1414（CanLII）···············180

〔イギリス〕

Broderip v A Salomon Co Ltd ［1893］B 4793 ······················63

Le Lievre v Gould ［1893］1 Q.B.491 ·····················103

Broderip v A Salomon Co Ltd ［1895］2 Ch 323 at 338-341 ···············64

Salomon v A Salomon Co Ltd ［1897］AC 22 at 31 ················64

Bulawayo Market and Offices Co Ltd ［1907］2 Ch 458, CA 2006 s.155 ··········39

Gilford Motor Company Ltd v Horne ［1933］Ch.935 （CA） ·················68

Jones v Lipman ［1962］1 All ER 442 ·····················68

Hedley Byrne & Co Ltd v Heller & Partners Ltd ［1964］AC 465 ···········109

Dorset Yacht Co Ltd v Home Office ［1970］AC 1004 ··············105, 106

D.H.N Food Distributions Ltd v Tower Hamlets London Borough Council
　［1976］1 WLR 852 ·························68

Woolfson v Strathclyde Regional Council ［1978］38 P& CR 521 ············68

Re Southard & Co Ltd ［1979］1 WLR 1198 ·················72

Nicholas v Nicholas ［1984］FLR 285 ·····················77

Bank of Tokyo Ltd. v Karoon ［1987］AC 41 ·················73

Smith v Littlewoods Organization Limited ［1987］AC 241 ··········105, 109

Caparo Industries plc v Dickman ［1990］2 AC 605 ··············103

Ngcobo v Thor Chemical Holdings Ltd ［1996］····················89

Stovin v Wise ［1996］A.C. 923 ·······················104

Connelly v RTZ Corporation Plc ［1997］UKHL 30 ···············87

Lubbe and Others v Cape Plc. ［2000］UKHL41 ··················89

Lister v Hesley Hall Ltd ［2001］UKHL 22 ·················146

Chandler v Cape Plc ［2011］EWHC951 （QB） ··················96

Chandler v Cape Plc ［2012］EWCA Civ 525 ·················99

JGE v Trustees of the Portsmouth Roman Catholic Diocesan Trust ［2012］
　EWCA Civ 938 ···························147

Catholic Child Welfare Society v Various Claimants and Institute of the Broth-
　ers of the Christian Schools ［2012］UKSC 56 ··············148

R v Sale ［2013］EWCA Crim 1306 ·····················83

Antonio Gramsci Shipping Corporation v Recoletos Ltd ［2013］EWCA Civ
　730 ·······························84

Lungowe v Others v Vedanta Resources Plc ［2016］EWHC975 ···········131

Cox v Ministry of Justice ［2016］IRLR 370 ················149

AAA & Others v Unilever Plc ［2017］EWHC371 ···············126

Lungowe v Others v Vedanta Resources Plc ［2017］EWCA Civ 1528 ·········131

Okpabi & Others v Royal Dutch Shell Plc ［2017］EWHC 89 ···········138

Armes v Nottinghamshire CC ［2017］UKSC 60 ···············145

AAA & Others v Unilever Plc ［2018］EWCA Civ1532 ·············126

判例索引

Okpabi & Others v Royal Dutch Shell Plc ［2018］ EWCA Civ191 ··············138
Lungowe v Others v Vedanta Resources Plc ［2019］ UKSC20 ···················132
Okpabi & Others v Royal Dutch Shell Plc ［2021］ UKSC 3 ·····················140
Begum v Maran（UK）Ltd（Rev1）［2021］ EWCA Civ 326 ····················260

判例索引

〔アメリカ〕

Wicks v Milzoco Builders 261 F.2d 406,（10th Cir. 1958）······················158

Tillman v Wheaton-Haven Recreation Association, Inc., 517 F.2d 1141（4th Cir. 1975）······················160

Wicks v. Milzoco Builders, 470 A.2d 86, 89-90（Pa. 1983）······················159

Vuitch v Furr, 482 A.2d 811（D.C. 1984）······················161

Frances T. v Village Green Owners Assn.（1986）42 Cal.3d 490, 229 Cal.Rptr. 456；723 P.2d 573······················160

Esmark, Inc. v. N.L.R.B 887 F.2d 739（7th Cir. 1989）······················164

Heronemus v. Ulrick No. CIV.A.97C-03-168-JOH, 1997 WL 52427（Del. Super Ct.）······················161

United States v Bestfoods 524 U.S. 51（1998）······················165

Coastal Corp. v Torres 133 S. W3d 776（Tex. App. 2004）······················167

Waste Management v Superior Court 119 Cal.App.4th 105（Cal. Ct. App. 2004）······················167

Forsythe v Clark USA Inc, 864 N.E.2d 227（Ill. Sup Ct. 2007）······················170

Born v Simonds International, No. 200602483C（Mass. Cmmw. Dec. 30, 2009）······················176

Melton Props., LLC v. Ill. Cent. R.R. Co., CIVIL ACTION NO. 4:18-cv-00079-DMB-JMV（N.D. Miss. Nov. 4, 2020）······················177

●著者略歴

木下　岳人（きのした・たけと）

2012 年　早稲田大学法学部卒業
2014 年　一橋大学法科大学院修了
2015 年　最高裁判所司法研修所修了(68 期)・弁護士登録
2020 年　リーズ大学法学修士課程（LLM）修了
2022 年　イリノイ大学アーバナ・シャンペーン校客員
　　　　　研究員
2024 年　京都大学大学院法学研究科法政理論専攻博士
　　　　　後期課程修了

子会社事業の被害者に対する親会社の
不法行為責任

2025 年 3 月 20 日　初版第 1 刷発行

著　　者　　木　下　岳　人

発 行 者　　石　川　雅　規

発 行 所　　株式会社 商 事 法 務

〒103-0027 東京都中央区日本橋 3-6-2
TEL 03-6262-6756・FAX 03-6262-6804〔営業〕
TEL 03-6262-6769〔編集〕
https://www.shojihomu.co.jp/

落丁・乱丁本はお取替えいたします。　　　印刷／大日本法令印刷
© 2025 Taketo Kinoshita　　　　　　　　　　Printed in Japan
Shojihomu Co., Ltd.
ISBN978-4-7857-3146-5
＊定価はカバーに表示してあります。

JCOPY ＜出版者著作権管理機構 委託出版物＞
本書の無断複製は著作権法上での例外を除き禁じられています。
複製される場合は，そのつど事前に，出版者著作権管理機構
（電話 03-5244-5088，FAX 03-5244-5089，e-mail: info@jcopy.or.jp）
の許諾を得てください。